# Praxiswissen Arbeitgeber

## Rechtliches Know-how für Selbstständige und Kleinbetriebe

Dr. Otto N. Bretzinger

Akademische Arbeitsgemeinschaft | Mannheim

Postfach 10 01 61 · 68001 Mannheim
Telefon 0621/8626262
Telefax 0621/8626263
www.akademische.de

1. Auflage

Stand: September 2021



Zum Zwecke der besseren Lesbarkeit verwenden wir allgemein die grammatisch männliche Form. Selbstverständlich meinen wir aber bei Personenbezeichnungen immer alle Menschen unabhängig von ihrer jeweiligen geschlechtlichen Identität.

Redaktion: Dr. Torsten Hahn, Benedikt Naglik

Geschäftsführer: Christoph Schmidt, Stefan Wahle

Layout und Umschlaggestaltung: futurweiss kommunikationen, Wiesbaden

Bildquelle: ©Rido – adobe.stock.com

Printed in Poland

ISBN 978-3-96533-152-5

# Vorwort

In Deutschland bestehen mehr als 2,5 Millionen Kleinbetriebe. Und viele davon haben weniger als fünf Beschäftigte. Das Besondere bei diesen Betrieben ist, dass das Arbeitsrecht, das in erster Linie den Arbeitnehmer schützen soll, nicht vollständig zur Anwendung kommt. So besteht beispielsweise in diesen Betrieben für Arbeitnehmer kein gesetzlicher Kündigungsschutz. Es besteht kein Betriebsrat. Mithin bedarf der Arbeitgeber keiner Zustimmung zu personellen Maßnahmen und es gibt keine Betriebsvereinbarungen, die parallel zum Arbeitsvertrag berücksichtigt werden müssen. Auch tarifliche Regelungen finden keine Anwendung, weil die Beteiligten regelmäßig nicht tarifgebunden sind.

Dieser Ratgeber will Ihnen als Arbeitgeber oder als dem in einem Kleinbetrieb mit weniger als fünf Arbeitnehmern Verantwortlichen helfen. Zwar werden Sie wegen der geringen Anzahl von Beschäftigten nicht tagtäglich mit arbeitsrechtlichen Fragen und Problemen konfrontiert sein, gleichwohl müssen Sie mit den wichtigsten Grundsätzen des Arbeitsrechts vertraut sein, und zwar vom Zeitpunkt der Anbahnung des Arbeitsverhältnisses über den Abschluss des Arbeitsvertrags, das laufende Arbeitsverhältnis bis zu dessen Beendigung. Dabei geht es nicht nur darum, Ihnen die Rechte und Ansprüche des Arbeitgebers zu erläutern und so diesem bereits durch den Abschluss des Arbeitsvertrags eine günstige Rechtslage zu verschaffen, der Ratgeber will vielmehr auch gleichzeitig die dem Arbeitgeber durch das Arbeitsrecht gezogenen Grenzen aufzeigen.

Zwar werden im Arbeitsrecht Probleme und Streitigkeiten unter den Beteiligten regelmäßig recht pragmatisch gelöst, indem sie früher oder später einvernehmlich beigelegt werden, gleichwohl geht es für den Arbeitgeber nicht zuletzt darum, Einstellungsgespräche, Arbeitsverträge und personalrechtliche Maßnahmen gut vorzubereiten und sich so eine gute Rechtslage zu verschaffen. Dabei muss in diesem Zusammenhang auch darauf geachtet werden, dass es sich bei vielen arbeitsrechtlichen Rechtsvorschriften um zwingendes Recht handelt, von dem zum Nachteil des Arbeitnehmers nicht abgewichen werden darf. Vor allem auch auf diese Fallstricke müssen Sie in der arbeitsrechtlichen Praxis achten. Insgesamt beschränkt sich dieser Ratgeber auf Rechtsfragen, die für Kleinbetriebe praktisch relevant sind.

Vertragsmuster, Formulierungshilfen und Musterbriefe, die Ihnen dabei helfen sollen, Verträge richtig zu formulieren und Ihre Rechte und Ansprüche gegenüber dem Arbeitnehmer geltend zu machen, finden Sie im Ratgeber »Der Arbeitgeberassistent«. Während Sie im vorliegenden Ratgeber die jeweilige arbeitsrechtliche Rechtslage kennenlernen, erhalten Sie im Formularbuch die notwendige Hilfestellung bei der Umsetzung Ihrer Rechte.

Dr. iur. Otto N. Bretzinger

# Inhalt

# 1 Anbahnung des Arbeitsverhältnisses

Das Arbeitsverhältnis kommt mit dem Abschluss des Arbeitsvertrags zustande. Jedoch bestehen bereits im Stadium der Anbahnung des Arbeitsverhältnisses sowohl für Sie als künftigen Arbeitgeber als auch für den Bewerber Rechte und Pflichten. Solche Pflichtverletzungen im sogenannten vorvertraglichen Schuldverhältnis können Schadensersatzansprüche oder andere rechtlich nachteilige Folgen nach sich ziehen.

## 1.1 Stellenanzeige und Stellenausschreibung

Es bestehen verschiedene Möglichkeiten, Arbeitnehmer anzuwerben. In Betracht kommen insbesondere die Anwerbung über Stellenanzeigen, die Agentur für Arbeit oder Personal-Service-Agenturen. Erfolgt die Anwerbung über eine interne oder externe Stellenanzeige, ist insbesondere darauf zu achten, dass **keine Diskriminierung nach dem Allgemeinen Gleichbehandlungsgesetz** (AGG) erfolgt.

Nicht nur im bestehenden Arbeitsverhältnis, sondern auch bereits bei dessen Anbahnung sind die gesetzlichen Diskriminierungsverbote zu beachten (§ 11 AGG). Deshalb dürfen Stellenanzeigen nicht zu einer Benachteiligung aus Gründen der Rasse oder wegen der ethnischen Herkunft, des Geschlechts, der Religion oder Weltanschauung, einer Behinderung, des Alters oder der sexuellen Identität führen (§ 7 Abs. 1 AGG). Ausnahmsweise kann eine unterschiedliche Behandlung zulässig sein, so etwa wenn dieser Grund wegen der auszuübenden Tätigkeit oder der Bedingungen ihrer Ausübung eine wesentliche und entscheidende berufliche Anforderung darstellt (vgl. §§ 8 ff. AGG).

---

**Achtung:** Achten Sie darauf, einen Arbeitsplatz **geschlechtsneutral auszuschreiben,** und zwar selbst dann, wenn ein bestimmtes Geschlecht eine wesentliche und entscheidende berufliche Anforderung für die Tätigkeit ist. Das Stellenangebot muss sich also an Frauen und an Männer richten, z.B. Buchhalter[in] oder Buchhalter [m/w/d]. Eine Stellenanzeige, die nicht geschlechtsneutral verfasst ist, begründet ein hinreichendes Indiz für eine Diskriminierung aus Gründen des Geschlechts. In diesem Fall müssen Sie dann unter Umständen beweisen, dass Sie nicht gegen das Benachteiligungsverbot verstoßen haben (§ 22 AGG).

---

In einer Stellenanzeige sollte auch auf Hinweise verzichtet werden, die mit dem Alter, der ethnischen Herkunft oder einer Behinderung des Bewerbers in Verbindung gebracht werden können.

- Bei einer Stellenanzeige, in der ein »Berufsanfänger« oder Bewerber »mit bis zu zwei Jahren Berufserfahrung« oder »Mitarbeiter zwischen 25 und 35 Jahren« gesucht wird, werden ältere Bewerber mittelbar wegen ihres Alters benachteiligt.
- Werden »gute Deutschkenntnisse« verlangt, kann dies je nach den Umständen des Einzelfalls ein Indiz für die mittelbare Benachteiligung eines nicht zum Vorstellungsgespräch geladenen Bewerbers mit Migrationshintergrund wegen dessen ethnischer Herkunft sein.
- Grundsätzlich unzulässig sind Formulierungen wie »körperlich uneingeschränkt leistungsfähig«, weil hierdurch behinderte Bewerber ausgeschlossen werden.

---

**Urteil**

*Verwendet ein Arbeitgeber in einer Stellenanzeige oder einer Ausschreibung Begriffe wie »flexibel und belastbar«, liegt darin für sich gesehen noch keine Diskriminierung behinderter Mitbewerber.*

LAG Nürnberg, Az. 6 Sa 675/07

---

Verstößt der Arbeitgeber gegen das **Benachteiligungsverbot,** hat er den hierdurch entstandenen Vermögensschaden zu ersetzen, wenn er die Pflichtverletzung zu vertreten hat. Daneben ist der Arbeitgeber auch zum Ersatz des sogenannten immateriellen Schadens verpflichtet. Wegen der Einzelheiten vgl. 1.3.1.

## 1.2 Vorstellungsgespräch

Mit dem Vorstellungsgespräch, zu dem der Bewerber vom potenziellen Arbeitgeber eingeladen wird, beginnt das konkrete Einstellungsverfahren. Zwar sind solche Gespräche »unverbindlich«, gleichwohl bewegen sie sich nicht im rechtsfreien Raum. Mit der Aufnahme der Verhandlungen entsteht zwischen dem Arbeitgeber und dem Bewerber bereits ein vorvertragliches Vertrauensverhältnis und damit ein Schuldverhältnis eigener Art (vgl. § 311 Abs. 2 BGB). Konkret werden wechselseitige Sorgfaltspflichten begründet, für die die beiden Parteien haften. So macht sich der Arbeitgeber **schadensersatzpflichtig,** wenn er schuldhaft das Vertrauen auf das Zustandekommen des Arbeitsvertrags geweckt oder gar den Bewerber veranlasst hat, seine bisherige Stelle zu kündigen, es dann aber letztlich doch nicht zum Vertragsschluss kommt.

### 1.2.1 Aufklärungspflichten des Arbeitgebers

Bei der Einstellungsverhandlung ist der Arbeitgeber verpflichtet, den Bewerber über alle **Anforderungen** des zu besetzenden Arbeitsplatzes zu informieren. Er muss dem Bewerber von sich aus alle Umstände mitteilen, die für dessen Entscheidung maßgeblich sein können.

Wenn zweifelhaft ist, ob der Arbeitgeber in nächster Zeit in der Lage sein wird, Löhne und Gehälter auszuzahlen, muss er das dem Bewerber mitteilen. Allerdings müssen Arbeitgeber einem Bewerber nur dann von sich aus wirtschaftliche Probleme mitteilen, wenn diese die Durchführung des Arbeitsverhältnisses unmöglich machen. Auch ein geplanter Betriebsübergang oder örtliche Versetzungen können zu einer Aufklärungspflicht des Arbeitgebers führen.

---

**Urteil**

*Der Arbeitgeber ist nicht verpflichtet, Arbeitnehmer über die nachteiligen Folgen einer Teilzeitarbeit für die betriebliche Altersversorgung aufzuklären.*

LAG Nürnberg, Az. 3 Sa 249/15

---

Verletzt der Arbeitgeber seine **Aufklärungspflicht,** hat er dem Bewerber den Vertrauensschaden zu ersetzen. Danach ist der Bewerber so zu stellen, als wäre die Aufklärung richtig erteilt worden. In diesem Fall wäre dann beispielsweise die Kündigung des alten Arbeitsplatzes unterblieben und der Bewerber hätte Einkünfte in der bisherigen Höhe erzielt.

### 1.2.2 Fragerecht des Arbeitgebers

Im Vorstellungsgespräch oder im Einstellungsfragebogen werden sich Arbeitgeber möglichst umfangreich über den Bewerber informieren wollen, insbesondere auch über dessen persönliche Verhältnisse. Andererseits hat der Bewerber und potenzielle Arbeitnehmer ein Interesse daran, nicht über seine Intimsphäre ausgefragt zu werden. Deshalb muss zwischen zulässigen Fragen, die der Bewerber wahrheitsgemäß beantworten muss, und unzulässigen Fragen, die der Bewerber nicht beantworten muss bzw. er auch lügen darf, unterschieden werden.

#### Zulässige Fragen

Der Arbeitgeber darf nur solche Fragen stellen, die mit dem **Arbeitsplatz oder der zu leistenden Arbeit** im Zusammenhang stehen. Ein

Frage- und Informationsrecht steht ihm also nur insoweit zu, als durch die Beantwortung der Fragen die Eignung des Bewerbers für die zu besetzende Stelle herausgefunden werden kann.

In jedem Fall zulässig sind Fragen

- nach der Ausbildung,
- der fachlichen Qualifikation,
- dem beruflichen Werdegang und
- zu Einzelheiten der früheren Tätigkeit.

Auch die Frage nach Sprachkenntnissen des Bewerbers ist zulässig, soweit diese für die Tätigkeit von Belang sind. Nach Vermögensverhältnissen darf gefragt werden, wenn eine Bewerbung auf eine Stelle erfolgt, die ein besonderes Vertrauensverhältnis erfordert (meist bei leitenden Angestellten oder zum Beispiel bei einem Bankkassierer). Zulässig ist auch die Frage nach dem Familienstand. Der Arbeitgeber darf auch fragen, ob der Bewerber mit seinem früheren Arbeitgeber ein rechtswirksames Wettbewerbsverbot geschlossen hat, das die Arbeit im Betrieb des neuen Arbeitgebers einschränkt.

Ob Lohnansprüche in der Vergangenheit **gepfändet** wurden, darf der Arbeitgeber fragen, wenn die zu besetzende Stelle eine besondere Zuverlässigkeit des Bewerbers im Umgang mit Geld erfordert (z.B. Kassierer, Finanzbuchhalter, Bankier). Angaben zu seinem früheren Gehalt muss der Bewerber nur machen, wenn die Beantwortung der Frage Informationen über seine Qualifikation liefert. Und die Frage nach **Nebentätigkeiten** ist zulässig, wenn sie Einfluss auf die pflichtgemäße Erfüllung der arbeitsvertraglichen Verpflichtung hat (z.B. Nebentätigkeiten bei Konkurrenzunternehmen, Nachtarbeit). Zulässig ist schließlich auch die Frage nach einer **Alkohol- und/oder Drogenabhängigkeit.**

Beantwortet der Bewerber eine zulässige Frage wahrheitswidrig, können Sie als Arbeitgeber den Arbeitsvertrag wegen arglistiger Täuschung anfechten (§ 123 BGB). Die Anfechtung muss innerhalb eines Jahres erfolgen. Die Frist beginnt erst zu laufen, wenn Sie von der Täuschung erfahren haben. Die Anfechtung hat zur Folge, dass das angefochtene Arbeitsverhältnis beendet wird, das heißt, die Anfechtung wirkt im Prinzip genauso wie eine fristlose Kündigung.

## Unzulässige Fragen

Unzulässig sind Fragen nach dem **Geschlecht, dem Lebensalter und nach den persönlichen Lebensverhältnissen** wie zum Beispiel Kinderwunsch oder Heiratsabsichten. Die Frage nach der Parteizugehörigkeit betrifft die politische und weltanschauliche Einstellung des Bewerbers und ist deshalb nicht zulässig, soweit es sich nicht um einen sogenannten Tendenzbetrieb (z.B. Parteien) handelt. Ebenfalls grundsätzlich unzulässig ist die Frage nach der **Religionszugehörigkeit;** eine Ausnahme gilt lediglich bei konfessionsgebundenen Trägern des zu besetzenden Arbeitsplatzes (z.B. Krankenhäuser, Kindergärten, Schulen). Unzulässig ist auch die Frage nach den bloßen **Alkoholgewohnheiten.** Und die Frage nach einer **bestehenden Schwangerschaft** ist selbst dann nicht zulässig, wenn ein befristetes Arbeitsverhältnis begründet werden soll und feststeht, dass der Bewerber während eines Teils der Vertragszeit nicht arbeiten kann. Die Frage nach der beim früheren Arbeitgeber bezogenen **Vergütung** ist dann unzulässig, wenn die bisherige Vergütung für die angestrebte Stelle keine Aussagekraft und der Bewerber sie auch nicht von sich aus als Mindestvergütung für die neue Stelle gefordert hat.

Für den Umfang des Fragerechts nach dem **Gesundheitszustand** des Bewerbers ist maßgebend, ob diese im Zusammenhang mit dem Arbeitsverhältnis stehen. Grundsätzlich darf der Arbeitgeber deshalb fragen, ob der Bewerber eine akute oder chronische gesundheitliche Beeinträchtigung hat,

- die ihn dauerhaft oder in bestimmten Abständen immer wieder in seiner Tätigkeit einschränkt,

- wegen der er bei oder nach Arbeitseintritt arbeitsunfähig sein wird (z.B. Frage nach einer geplanten Operation oder einer bewilligten Kur),
- die zwar selbst nicht seine Leistungsfähigkeit einschränkt, jedoch künftige Kollegen oder Kunden gefährdet (z.B. bei ansteckenden Krankheiten).

Grundsätzlich unzulässig ist die Frage nach einer Schwerbehinderung oder Behinderung. Ist allerdings eine bestimmte körperliche Funktion, geistige Fähigkeit oder seelische Gesundheit eine entscheidende Voraussetzung für einen konkreten Arbeitsplatz, so dürfen Sie fragen, ob der Bewerber an gesundheitlichen, seelischen oder anderen Beeinträchtigungen leidet, durch die er für die Erfüllung der von ihm erwarteten arbeitsvertraglichen Pflichten ungeeignet ist.

Die Frage nach **Vorstrafen** berührt ein künftiges Arbeitsverhältnis regelmäßig nicht; die Frage ist deshalb unzulässig, wenn kein konkreter Bezug zum Arbeitsverhältnis besteht. Wenn allerdings die Vorstrafe für die Tätigkeit von Bedeutung ist (z.B. Verkehrsstraftaten bei Kraftfahrern), muss die Vorstrafe mitgeteilt werden. Jedoch müssen einschlägige Vorstrafen nicht angegeben werden, wenn sie aus dem Bundeszentralregister gestrichen sind.

---

**Achtung:** Unzulässige Fragen muss der Bewerber nicht beantworten. In diesem Fall riskiert er aber, dass Sie dies gegen ihn auslegen und ihn deshalb nicht einstellen. Deshalb darf der Bewerber auf eine unzulässige Frage lügen, ohne dass ihm später rechtliche Konsequenzen drohen. Die bewusste Falschbeantwortung unzulässiger Fragen stellt auch keine arglistige Täuschung dar, die Sie zur Anfechtung des Arbeitsvertrags berechtigen würde.

---

### 1.2.3 Offenbarungspflichten des Bewerbers

Über die berufliche Eignung des Bewerbers muss sich der Arbeitgeber in der Regel durch Fragen oder Durchführung von Tests ein Bild machen. Deshalb besteht für den Bewerber nur in Ausnahmefällen eine Offenbarungspflicht, also die Pflicht, bestimmte Umstände von sich aus (auch ungefragt) dem Arbeitgeber mitzuteilen. Eine solche Pflicht besteht nur dann, wenn es dem Bewerber nicht möglich ist, die elementarsten Anforderungen des zu besetzenden Arbeitsplatzes zu erfüllen.

Ungefragt muss der sich als Kraftfahrer bewerbende Arbeitnehmer eine Alkoholabhängigkeit mitteilen. Der schwerbehinderte Bewerber muss seine Schwerbehinderteneigenschaft auch ungefragt offenbaren, wenn er die angestrebte Tätigkeit wegen der Art seiner Behinderung gar nicht ausüben kann. Und auch wenn der Arbeitnehmer nicht über die erforderliche Arbeits- oder Aufenthaltserlaubnis verfügt, muss er dies dem Arbeitgeber mitteilen. Keine Offenbarungspflicht besteht bei einer bestehenden Schwangerschaft.

Stellt sich nach Abschluss des Arbeitsvertrags heraus, dass der Bewerber Umstände verschwiegen hat, die er gegenüber dem Arbeitgeber hätte offenbaren müssen, kann der Arbeitgeber den Arbeitsvertrag wegen **arglistiger Täuschung** anfechten (§ 123 BGB). Die Anfechtung muss innerhalb eines Jahres erfolgen. Die Frist beginnt erst zu laufen, wenn der Arbeitgeber von der Täuschung erfahren hat. Die Anfechtung hat zur Folge, dass das angefochtene Arbeitsverhältnis beendet wird, das heißt, die Anfechtung wirkt im Prinzip genauso wie eine fristlose Kündigung.

## 1.3 Bewerberauswahl

Grundsätzlich ist der Arbeitgeber bei der Bewerberauswahl frei. Er muss die Differenzierungsverbote nach dem Allgemeinen Gleichbehandlungsgesetz beachten. Ärztliche Einstellungsuntersuchungen sind nur im gesetzlich zulässigen Rahmen erlaubt.

### 1.3.1 Diskriminierungsverbot

Niemand darf aus Gründen der Rasse oder wegen der ethnischen Herkunft, des Geschlechts, der Religion oder Weltanschauung, einer Behinderung, des Alters oder der sexuellen Identität benachteiligt werden (§ 1 AGG). Dieses **Benachteiligungsverbot** bezieht sich nicht nur auf die Stellenausschreibung, sondern auch auf die Gestaltung des Auswahlverfahrens, das heißt von Personalfragebögen, von Auswahlkriterien und Vorstellungsgesprächen (§ 2 Abs. 1 Nr. 1 AGG).

---

**Achtung:** Die Staatsangehörigkeit eines Menschen zählt nicht zu den gesetzlich geschützten Merkmalen. Erfolgt allerdings eine Ungleichbehandlung, weil mit der Staatsangehörigkeit eine bestimmte ethnische Zugehörigkeit verbunden wird, handelt es sich um eine unmittelbare Diskriminierung.

---

Erklärt ein Arbeitgeber, keine »Türken« einzustellen, ist in der Regel nicht die Staatsangehörigkeit gemeint, sondern die ethnische Herkunft.

#### Unmittelbare und mittelbare Diskriminierung

Eine unmittelbare Benachteiligung liegt vor, wenn eine Person wegen eines gesetzlich **verbotenen Benachteiligungsgrunds** eine weniger günstige Behandlung als eine andere Person in einer vergleichbaren Situation erfährt (§ 3 Abs. 1 AGG). Das ist beispielsweise der Fall, wenn der Arbeitgeber bei der Bewerberauswahl darauf abstellt, dass eine Berufstätigkeit mit der Kinderbetreuung durch eine Bewerberin nicht vereinbart sei.

Um eine mittelbare Diskriminierung handelt es sich, wenn dem Anschein nach neutrale Vorschriften, Kriterien oder Verfahren Personen wegen eines gesetzlich verbotenen Benachteiligungsgrunds gegenüber anderen Personen in besonderer Weise benachteiligen können. Dies trifft nicht zu, wenn die betreffenden Vorschriften, Kriterien oder Verfahren durch ein rechtmäßiges Ziel sachlich gerechtfertigt und die Mittel zur Erreichung dieses Ziels angemessen und erforderlich sind (§ 3 Abs. 2 AGG). Das ist beispielsweise der Fall, wenn in einem Bewerbungsverfahren ein Sprachtest durchgeführt wird, obwohl die sprachliche Eignung für den angestrebten Arbeitsplatz nicht ausschlaggebend ist.

## Diskriminierungsverbot wegen des Geschlechts

Ein Bewerber darf wegen seines Geschlechts im Bewerbungsverfahren nicht benachteiligt werden. Eine Benachteiligung liegt insbesondere vor, wenn ein Bewerber deswegen abgelehnt wird, weil er eine Frau oder ein Mann ist. Eine Benachteiligung liegt bereits auch dann vor, wenn ein Bewerber neben anderen Gründen auch wegen seines Geschlechts abgelehnt wurde. Es ist also nicht erforderlich, dass das Geschlecht alleinige Ursache für die Ablehnung ist.

---

**Achtung:** Eine unterschiedliche Behandlung wegen des Geschlechts ist nur zulässig, wenn dieser Grund wegen der Art der auszuübenden Tätigkeit oder Bedingungen ihrer Ausübung eine wesentliche und entscheidende berufliche Anforderung darstellt, sofern der Zweck rechtmäßig und die Anforderung angemessen ist (§ 8 Abs. 1 AGG). Das kann unter anderem der Fall sein, wenn das Konzept des Betriebs oder Kundenerwartungen eine Benachteiligung rechtfertigen (z.B. Beschäftigung eines weiblichen Trainers in einem Fitnessstudio nur für weibliche Mitglieder). Grundsätzlich gibt es aber heute kaum noch rechtlich anerkannte Frauen- oder Männerberufe.

---

## Diskriminierungsverbot von Menschen mit Behinderung

Im Bewerbungsverfahren darf ein Bewerber nicht wegen seiner Behinderung benachteiligt werden. Eine Bewerbung darf also nicht allein deshalb zurückgewiesen werden, weil der Bewerber behindert ist. Ein Mensch ist behindert, wenn seine körperliche Funktion, seine geistige Fähigkeit oder seelische Gesundheit mit hoher Wahrscheinlichkeit länger als sechs Monate von dem für das Lebensalter typischen Zustand abweicht und daher die Teilhabe am Leben in der Gesellschaft beeinträchtigt ist. Im Zusammenhang mit dem Diskriminierungsverbot nach dem Allgemeinen Gleichbehandlungsgesetz ist nicht nach dem Grad der Behinderung zu unterscheiden; der gesetzliche Schutz erstreckt sich also nicht nur auf Schwerbehinderte.

Wegen seiner Behinderung darf ein Bewerber nur deshalb unterschiedlich behandelt werden, wenn eine bestimmte körperliche Funktion, geistige Fähigkeit oder seelische Gesundheit eine wesentliche und **entscheidende berufliche Anforderung** für die Tätigkeit darstellt, der Zweck rechtmäßig und die Anforderung angemessen ist (§ 8 Abs. 1 AGG). Dabei muss berücksichtigt werden, dass der Arbeitgeber verpflichtet ist, geeignete und konkret erforderliche Maßnahmen zu ergreifen, um Behinderten den Zugang zur Beschäftigung zu ermöglichen, soweit das für ihn keine unverhältnismäßige Belastung auslöst. Maßgebend ist in diesem Zusammenhang auch die Größe und Finanzkraft des Arbeitgebers. Kann also ein Arbeitsplatz mit zumutbaren Anstrengungen angepasst werden, ist der Bewerber für die geschuldete Tätigkeit geeignet.

---

**Achtung:** Der Bewerber muss Ihnen seine Behinderung im Bewerbungsverfahren mitteilen. Der Hinweis muss im Bewerbungsschreiben oder mit deutlicher Hervorhebung im Lebenslauf erfolgen. Unauffällige Informationen oder eine in den weiteren Bewerbungsunterlagen befindliche Kopie des Schwerbehindertenausweises sind nicht ausreichend.

---

## Diskriminierungsverbot wegen Alters

Ein Bewerber um einen Arbeitsplatz darf nicht wegen seines Alters abgewiesen werden. Der Bewerber wird also gegen eine ungerechtfertigte unterschiedliche Behandlung geschützt, die an sein Lebensalter anknüpft.

- Eine unterschiedliche Behandlung von Bewerbern wegen des Alters ist dann zulässig, wenn das Lebensalter eine **wesentliche und entscheidende Voraussetzung** für die auszuübende Tätigkeit darstellt, sofern der Zweck rechtmäßig und die Anforderung angemessen ist (§ 8 Abs. 1 AGG). Das ist beispielsweise bei Berufen mit hohen körperlichen Anforderungen der Fall.
- Darüber hinaus ist eine Benachteiligung auch dann möglich, wenn sie objektiv und angemessen und durch ein legitimes Ziel gerechtfertigt ist. So ist beispielsweise grundsätzlich die Festsetzung eines Höchstalters für die Einstellung aufgrund der **spezifischen Ausbildungsanforderungen** eines bestimmten Arbeitsplatzes oder aufgrund der Notwendigkeit einer angemessenen Beschäftigungszeit vor dem Eintritt in den Ruhestand zulässig (§ 10 Nr. 3 AGG).

## Anspruch auf Schadensersatz und Entschädigung

Verstößt der Arbeitgeber gegen das **Benachteiligungsverbot,** hat er den hierdurch entstandenen Vermögensschaden zu ersetzen, wenn er die Pflichtverletzung zu vertreten hat. Daneben ist der Arbeitgeber auch zum Ersatz des sogenannten immateriellen Schadens verpflichtet (§ 15 AGG).

---

**Achtung:** Ein Anspruch auf Einstellung steht dem rechtswidrig benachteiligten Bewerber nicht zu.

---

Verletzt der Arbeitgeber das **Diskriminierungsverbot,** muss er dem Bewerber den hierdurch entstehenden Schaden ersetzen. Schadensersatzpflichtig ist der Arbeitgeber aber dann nicht, wenn er die Pflichtverletzung nicht zu vertreten hat (§ 15 Abs. 1 AGG). Zu ersetzen ist der gesamte durch die Benachteiligung resultierende Schaden. Der Bewerber ist so zu stellen, wie er stünde, wenn er eingestellt worden wäre. Der zu ersetzende Schaden umfasst auch den entgangenen Gewinn, also auch das entgangene Arbeitsentgelt. Ersatzfähiger Schaden ist der Verdienst, den der Bewerber bis zum ersten fiktiven Kündigungstermin erhalten hätte.

Der rechtswidrig benachteiligte Bewerber hat ferner Anspruch auf eine **angemessene Entschädigung** in Geld für den Schaden, der nicht Vermögensschaden ist (§ 15 Abs. 2 AGG). Dabei kommt es nicht auf ein Verschulden des Arbeitgebers an. Für die Höhe der Entschädigung sind insbesondere die Art und die Schwere der Benachteiligung, daneben auch ihre Dauer und Folgen und der Grad der Verantwortlichkeit des Arbeitgebers (z.B. geleistete Wiedergutmachung oder erhaltene Genugtuung) maßgebend. Die Entschädigung darf bei einer Nichteinstellung drei Monatsgehälter nicht übersteigen.

---

**Achtung:** Für die Geltendmachung des Schadensersatz- und Entschädigungsanspruchs gelten für den Bewerber gesetzliche Ausschlussfristen. Die Ansprüche müssen innerhalb einer Frist von zwei Monaten schriftlich geltend gemacht werden, solange nicht tarifvertraglich andere Regelungen bestehen (§ 15 Abs. 4 AGG). Die Frist beginnt bei der Ablehnung einer Bewerbung mit dem Zugang der Ablehnung, nicht jedoch vor dem Zeitpunkt, in dem der Bewerber von der Benachteiligung Kenntnis erlangt.

---

### 1.3.2 Ärztliche Eignungsuntersuchungen

Ärztliche Eignungsuntersuchungen sind nur mit **Einwilligung des Bewerbers** zulässig. Sie setzen voraus, dass der Arbeitgeber ein berechtigtes Interesse an der Untersuchung hat (z.B. Sicherstellen der Arbeits- und Betriebssicherheit). Das Interesse des Arbeitgebers muss das des Bewerbers am Schutz seiner Persönlichkeit und seiner Privatsphäre überwiegen. In bestimmten Fällen ist eine ärztliche Untersuchung ausdrücklich **gesetzlich vorgeschrieben** (z.B. aufgrund von Unfallverhütungsvorschriften der Berufsgenossenschaften oder bei Jugendlichen nach dem Jugendarbeitsschutzgesetz). Auch in diesem Fall ist die ärztliche Untersuchung nur mit Einwilligung des Bewerbers zulässig. Willigt dieser nicht ein, kann er nicht beschäftigt werden.

---

**Achtung:** Der im Auftrag des Arbeitgebers handelnde Arzt darf Ihnen als Arbeitgeber nur das mitteilen, was zur Feststellung der Eignung für den Arbeitsplatz notwendig ist.

---

Die Kosten der ärztlichen Untersuchung hat der Arbeitgeber zu tragen, soweit nichts anderes vereinbart ist (§ 670 BGB).

## 1.4 Ersatz der Vorstellungskosten

Fordert der Arbeitgeber den Bewerber zur Vorstellung auf, hat er diesem die notwendigen Auslagen zu ersetzen, und zwar unabhängig davon, ob überhaupt ein Arbeitsverhältnis zustande kommt (§§ 670, 662 BGB). Voraussetzung ist also, dass der Arbeitgeber den Bewerber **ausdrücklich zu einem Vorstellungsgespräch eingeladen** oder sich mit einem Treffen einverstanden erklärt hat. Dem Bewerber sind auch dann die Vorstellungskosten zu ersetzen, wenn der vereinbarte Vorstellungstermin aus Verschulden des Arbeitgebers nicht zustande kommt.

Kein Anspruch auf Erstattung der Vorstellungskosten hat der Bewerber dann, wenn er sich Ihnen unaufgefordert vorstellt. Und auch wenn Sie als Arbeitgeber den Bewerber zum Vorstellungsgespräch einladen, haben Sie die Möglichkeit, die Erstattung der Vorstellungskosten auszuschließen. Dies müssen Sie allerdings dem Bewerber bei der Aufforderung zum Vorstellungsgespräch rechtzeitig mitteilen. Das ist beispielsweise dann nicht ohne Weiteres der Fall, wenn Sie dem Bewerber anheimstellen, sich vorzustellen.

Vom Arbeitgeber zu ersetzen sind alle Aufwendungen, die der Bewerber den Umständen nach für erforderlich halten durfte. Dazu gehören insbesondere **Fahrt-, Übernachtungs- und Verpflegungskosten,** unter Umständen auch der Verdienstausfall, wenn der Bewerber unbezahlten Urlaub nehmen musste. Übernachtungskosten sind nur dann erstattungsfähig, wenn aufgrund der zeitlichen Lage des Vorstellungstermins und des Zeitaufwands für An- und Abreise eine Abwicklung an einem Tag nicht möglich ist oder dem Bewerber zugemutet werden kann. Der Anspruch des Bewerbers auf Erstattung der Reisekosten verjährt nach drei Jahren (§ 195 BGB).

Sinnvoll ist es, mit dem Bewerber bei der Vereinbarung des Vorstellungsgesprächs eine konkrete Vereinbarung über die Erstattung der Vorstellungskosten zu treffen.

## 1.5 Umgang mit Bewerberdaten

Vom Arbeitgeber sind bei der Anbahnung eines Beschäftigungsverhältnisses die datenschutzrechtlichen Regelungen sowohl über die Verarbeitung personenbezogener Daten als auch deren Löschung nach Abschluss des Bewerbungsverfahrens zu beachten.

### 1.5.1 Verarbeitung der Bewerberdaten

Personenbezogene Daten von Beschäftigten dürfen nach den **datenschutzrechtlichen Regelungen** für die Zwecke des Beschäftigungsverhältnisses verarbeitet werden, wenn dies für die Entscheidung über die Begründung eines Beschäftigungsverhältnisses erforderlich ist. Bei den entsprechenden personenbezogenen Daten handelt es sich unter anderem um das Bewerbungsschreiben, den Lebenslauf und Zeugnisse. Bei der Erhebung der Daten müssen die Bewerber über den Zweck und den Umfang sowie über die Rechtsgrundlage informiert werden. Die Mitteilung erfolgt im Rahmen einer Datenschutzerklärung. Inhalt der Erklärung sind unter anderem

- der **Name und die Kontaktdaten** des potenziellen Arbeitgebers,
- der **Zweck,** für den die personenbezogenen Daten verarbeitetet werden sollen, sowie die Rechtsgrundlage für die Verarbeitung,
- die **Dauer,** für die die Daten gespeichert werden sollen, bzw. die Kriterien für die Aufbewahrungsdauer,
- das Bestehen eines **Beschwerderechts** bei der zuständigen Aufsichtsbehörde,
- der Hinweis auf das **Widerrufsrecht** bei Einwilligung des Betroffenen,
- die **Belehrung** über die Rechte des Betroffenen (z.B. Auskunftsrecht oder Recht auf Löschung).

---

**Achtung:** Achten Sie darauf, dass die Zugriffsrechte auf die personenbezogenen Daten beschränkt werden. Nur Personen, die über die Einstellung entscheiden, sollten Zugriff bekommen. Auf keinen Fall dürfen die Daten in einem allgemein zugänglichen Ordner abgelegt oder per E-Mail an nicht bei der Einstellung zu beteiligenden Personen weitergeleitet werden.

---

### 1.5.2 Löschung der Bewerberdaten

Soweit die Daten nicht mehr erforderlich sind, **müssen sie gelöscht** werden. Wird der Bewerber eingestellt, können die Daten in die Personalakte überführt werden, soweit es zur Durchführung des Beschäftigungsverhältnisses erforderlich ist. Wird der Bewerbung nicht entsprochen, müssen die vom Bewerber zur Verfügung gestellten persönlichen Daten gelöscht werden. Das gilt sowohl für Unterlagen, die vom Bewerber in Papierform eingereicht wurden, also auch für digitalisierte Daten. Die dem Arbeitgeber vorliegenden Bewerbungsunterlagen müssen an den erfolglosen Bewerber zurückgegeben oder vernichtet werden. Papierunterlagen müssen an den Bewerber zurückgegeben oder »geschreddert« werden, elektronisch erfasste Daten müssen gelöscht werden (auch aus E-Mail-Konten und Sicherheitskopien).

Ein abgelehnter Bewerber kann innerhalb von zwei Monaten nach der Ablehnung **Schadensersatz- oder Entschädigungsansprüche** wegen des Verstoßes gegen ein Diskriminierungsverbot geltend machen (§ 15 AGG). In diesem Zusammenhang muss dann der Arbeitgeber unter Umständen auf die Bewerbungsunterlagen zurückgreifen. Eine Klage des Bewerbers muss innerhalb von drei Monaten, nachdem der Anspruch schriftlich geltend gemacht worden ist, beim Arbeitsgericht erhoben werden. Aufgrund dieser Fristen und der gerichtlichen Abläufe kann ein solches Verfahren mehrere Monate dauern, sodass insgesamt eine Speicherfrist der Bewerbungsunterlagen von vier bis maximal sechs Monate für zulässig erachtet wird. Unabhängig davon müssen die Bewerberdaten bis zu diesem Zeitpunkt gesperrt werden.

# 2 Begründung des Arbeitsverhältnisses

Das Arbeitsverhältnis zwischen dem Arbeitgeber und dem Arbeitnehmer wird im Regelfall durch den Arbeitsvertrag begründet. Darin regeln die Vertragsparteien ihre gegenseitigen Rechte und Verpflichtungen im Arbeitsverhältnis. Für die Begründung eines Arbeitsverhältnisses muss allerdings grundsätzlich keine bestimmte Form, insbesondere die Schriftform, eingehalten werden. Vielmehr kann der Arbeitsvertrag auch mündlich abgeschlossen werden. Und ein Arbeitsverhältnis kann durch schlüssiges Verhalten auch dadurch zustande kommen, dass der Arbeitnehmer seine Arbeit aufnimmt und der Arbeitgeber die Arbeitsleistung vergütet.

## 2.1 Zustandekommen des Arbeitsvertrags

Der Arbeitsvertrag kommt wie jeder Vertrag durch den Antrag und dessen Annahme zustande. Dabei ist unerheblich, wer den Antrag unterbreitet und wer diesen annimmt. Häufig gibt der Arbeitgeber den Antrag in Form eines bereits unterzeichneten Vertragsentwurfs ab, den er dem Bewerber mit der Bitte übersendet, den Vertrag gegenzuzeichnen und ein Exemplar zurückzusenden. In diesem Fall kommt der **Arbeitsvertrag mit der Gegenzeichnung** zustande. Keinen Antrag des Arbeitgebers stellt dagegen die bloße Übersendung eines noch nicht unterschriebenen Vertragsentwurfs dar. Im Falle der Unterzeichnung unterbreitet der Bewerber mit seiner Unterschrift den Antrag, der Arbeitsvertrag kommt dann erst mit der Gegenzeichnung durch den Arbeitgeber zustande.

In Ausnahmefällen kann ein Arbeitsvertrag auch ohne Erklärungen der Beteiligten zustande kommen. So entsteht ein »faktisches Arbeitsverhältnis«, wenn sich nach Abschluss des Arbeitsvertrags und bereits erbrachter Arbeitsleistungen durch den Arbeitnehmer herausstellt, dass der Arbeitsvertrag nichtig oder erfolgreich angefochten wurde.

- Ein **befristeter Arbeitsvertrag** gilt kraft Gesetzes als auf unbestimmte Zeit verlängert, wenn eine Beschäftigung über den vereinbarten Zeitpunkt hinaus erfolgt (vgl. dazu 2.7.2).
- Beim Tod des Arbeitgebers geht das Arbeitsverhältnis im Wege der **Gesamtrechtsnachfolge** auf dessen Erben über (§ 1922 Abs. 1 BGB).
- Wird der Betrieb oder ein Betriebsteil verkauft, geht das mit dem veräußernden Arbeitgeber bestehende Arbeitsverhältnis kraft Gesetzes **auf den Erwerber** über, wenn der Arbeitnehmer nicht innerhalb eines Monats nach Zugang der Unterrichtung dem Übergang widerspricht (§ 613a BGB).

---

**Achtung:** Als Arbeitgeber müssen Sie bestehende **gesetzliche Beschäftigungsverbote** beachten. So dürfen beispielsweise nach dem Jugendarbeitsschutzgesetz Kinder nicht beschäftigt werden, wenn sie noch nicht 15 Jahre alt sind. Ein entsprechender Arbeitsvertrag wäre unwirksam.

---

## 2.2 Form des Arbeitsvertrags

Der Arbeitsvertrag bedarf grundsätzlich zu seiner Wirksamkeit **keiner bestimmten Form.** Er kann mündlich, schriftlich, ausdrücklich oder schlüssig durch eine entsprechende Arbeitsaufnahme abgeschlossen werden.

Ausnahmen von der Formfreiheit beim Abschluss des Arbeitsvertrags können gesetzlich geregelt sein. So bedürfen in einem **befristeten Arbeitsvertrag** Befristungsabreden der Schriftform (vgl. dazu 2.7.2). Weitere Schriftformerfordernisse können sich aus **Tarifverträgen oder Betriebsvereinbarungen** ergeben, die allerdings bei Kleinbetrieben regelmäßig keine Rolle spielen.

## 2.3 Inhalt des Arbeitsvertrags

Das Zustandekommen eines Arbeitsverhältnisses setzt eine Übereinkunft über die **wesentlichen Arbeitsbedingungen** voraus, im Wesentlichen also darüber, welche Arbeitsleistung vom Arbeitnehmer zu erbringen ist und welches Entgelt dafür der Arbeitgeber schuldet. Und selbst wenn keine konkrete Vereinbarung über die Vergütung getroffen wurde, steht das der Begründung des Arbeitsverhältnisses nicht entgegen, weil in diesem Fall die »übliche Vergütung« als vereinbart anzusehen ist (§ 612 Abs. 2 BGB). Dabei ist die in gleichen oder ähnlichen Gewerben oder Berufen am gleichen Ort für vergleichbare Tätigkeiten unter Berücksichtigung der persönlichen Verhältnisse des Beschäftigten (z.B. Lebensalter, Familienstand, Kinderzahl) gezahlte Vergütung maßgebend. Im Regelfall ist in diesen Fällen dann die tarifliche Vergütung als üblich anzusehen.

---

**Achtung:** Werden im Arbeitsvertrag keine umfassenden Regelungen getroffen (z.B. über den Urlaubsanspruch des Arbeitnehmers und seinen Anspruch auf Entgeltfortzahlung im Krankheitsfall), gelten ergänzend die **gesetzlichen Regelungen des Arbeitsrechts.** Handelt es sich dabei um zwingende Vorschriften, gelten diese auch dann, wenn die Vertragsparteien arbeitsvertraglich etwas anderes vereinbart haben.

---

Unabhängig davon, dass das Gesetz nur geringe inhaltliche Anforderungen an den Arbeitsvertrag stellt, finden sich in der Praxis in schriftlichen Arbeitsverträgen von Kleinbetrieben regelmäßig folgende Regelungen:

- Beginn und Dauer der Beschäftigung,
- Probezeit,
- Art der vom Arbeitnehmer geschuldeten Tätigkeit,
- Ort der Tätigkeit des Arbeitnehmers,

- Arbeitszeit und Überstunden,
- Vergütung und Sonderzahlungen (z.B. Weihnachtsgeld),
- Mitteilungs- und Nachweispflichten des Arbeitnehmers bei Arbeitsverhinderung,
- Erholungsurlaub des Arbeitnehmers,
- Nebentätigkeit des Arbeitnehmers,
- Verschwiegenheitspflicht des Arbeitnehmers,
- Wettbewerbsverbot,
- Haftung des Arbeitnehmers,
- Beendigung des Arbeitsverhältnisses.

Die in der nachfolgenden Checkliste aufgeführten Regelungen des Arbeitsvertrags sind für das Arbeitsverhältnis besonders wichtig.

| | |
|---|---|
| **Laufzeit des Arbeitsvertrags** | Das Arbeitsverhältnis kann auf **unbestimmte Zeit oder befristet** abgeschlossen werden. Läuft der Arbeitsvertrag unbefristet, kann er nur durch Kündigung beendet werden. Allerdings ist die Befristung eines Arbeitsverhältnisses nur unter bestimmten Voraussetzungen und in bestimmten Grenzen zulässig (vgl. dazu 2.7.1 und 2.7.2). |
| **Probezeit** | Es ist üblich eine Probezeit zu vereinbaren. Sie gibt es aber in verschiedenen Varianten, die den Arbeitgeber besser- oder schlechterstellen (vgl. dazu 2.7.6). |
| **Beschreibung der Arbeitsaufgaben** | Der Arbeitgeber sollte auf eine möglichst **klare Beschreibung der Aufgaben** des Arbeitnehmers achten. Die Aufgabenbeschreibung im Arbeitsvertrag bestimmt und beschränkt den Kreis möglicher Arbeitsaufgaben, die der Arbeitgeber dem Arbeitnehmer auf der Grundlage seines Weisungsrechts später zuweisen kann (vgl. dazu 3.1). |
| **Arbeitsentgelt** | Im Arbeitsvertrag sollten die Höhe, die Zusammensetzung (Zuschläge, Zulagen, Prämien) und die Fälligkeit der Vergütung geregelt werden (vgl. dazu 3.5). |
| **Sonderzahlungen** | Anspruch auf Sonderzahlungen (z.B. Weihnachts- oder Urlaubsgeld) hat der Arbeitnehmer nur, wenn dies im Arbeitsvertrag **ausdrücklich vereinbart** wurde. Die Zahlungen können unter einen Freiwilligkeits-, Widerrufs- oder Rückzahlungsvorbehalt gestellt werden (vgl. dazu 3.6). |

| | |
|---|---|
| **Arbeitszeit** | Die Festlegung der Arbeitszeit, Ruhepausen und Ruhezeiten dürfen nicht gegen die zwingenden Regelungen des **Arbeitszeitgesetzes** verstoßen (vgl. dazu 3.7). |
| **Teilzeitarbeit** | Bei einem Teilzeitarbeitsvertrag muss der Arbeitgeber darauf achten, dass Teilzeitkräfte arbeitsrechtlich **nicht schlechtergestellt** werden dürfen wie Vollzeitbeschäftigte. Und besondere sozialversicherungsrechtliche Regelungen sind bei der geringfügigen Beschäftigung zu beachten (vgl. dazu 2.7.3, 2.7.4 und 2.7.5). |
| **Versetzungsklausel** | Durch eine sogenannte Versetzungsklausel ist der Arbeitgeber berechtigt, dem Arbeitnehmer **andere gleichwertige Arbeitsaufgaben** zuzuweisen oder ihn bei Bedarf auch an einem anderen Arbeitsort einzusetzen (vgl. dazu 3.4). |
| **Überstunden** | Zwar muss der Arbeitnehmer grundsätzlich auch ohne besondere Vereinbarung im Arbeitsvertrag unter bestimmten Voraussetzungen Überstunden leisten, gleichwohl ist es sinnvoll, arbeitsvertraglich die Voraussetzungen konkret festzulegen. Ferner sollte in den Arbeitsvertrag eine **Vergütungsregelung für Überstunden** aufgenommen werden (vgl. dazu 3.7.3). |
| **Urlaub** | Bei der Festlegung des dem Arbeitnehmer zustehenden Erholungsurlaubs muss der **gesetzlich festgelegte Mindesturlaub** beachtet werden (vgl. dazu 3.9). |
| **Nebentätigkeit** | Grundsätzlich ist der Arbeitnehmer berechtigt, einer Nebenbeschäftigung nachzugehen. Einzelheiten, insbesondere die Verpflichtung, eine **Nebentätigkeit anzuzeigen,** können im Arbeitsvertrag geregelt werden (vgl. dazu 3.12). |
| **Verschwiegenheitspflicht** | Zwar besteht für den Arbeitnehmer bereits kraft Gesetzes eine Verschwiegenheitspflicht, im Arbeitsvertrag kann auf diese Verpflichtung aber nochmals ausdrücklich hingewiesen werden (vgl. dazu 3.11). |
| **Wettbewerbsverbot** | Aus der für den Arbeitnehmer allgemein bestehenden **Treuepflicht** ergibt sich ein Wettbewerbsverbot. Während des Bestehens des Beschäftigungsverhältnisses ist es dem Arbeitnehmer untersagt, dem Arbeitgeber Konkurrenz zu machen. Auf diese Verpflichtung kann im Arbeitsvertrag nochmals ausdrücklich hingewiesen werden. Soll das Wettbewerbsverbot auch nach Beendigung des Arbeitsverhältnisses bestehen, muss dies ausdrücklich vereinbart werden (vgl. dazu 3.13). |

| | |
|---|---|
| **Haftung des Arbeitnehmers** | Sollen Regelungen über die Haftung des Arbeitnehmers in den Arbeitsvertrag aufgenommen werden, ist zu berücksichtigen, dass die Haftung entsprechend dem Ausmaß der **Schuld des Arbeitnehmers** abgestuft sein muss (vgl. dazu 3.19.1). |
| **Kündigung des Arbeitsverhältnisses** | Kündigungsfristen können im Arbeitsvertrag nur insoweit vereinbart werden, als sie den Arbeitgeber gegenüber den **gesetzlich geregelten Mindestkündigungsfristen** besserstellen (vgl. dazu 4.2.1). |
| **Verweisungsklausel** | Durch eine sogenannte Verweisungsklausel werden **tarifliche Regelungen** (z.B. Tariflohn) in den Arbeitsvertrag einbezogen, wenn Arbeitgeber und Arbeitnehmer nicht tarifgebunden sind (vgl. dazu 2.5). |
| **Ausschluss- und Verfallklauseln** | Durch sogenannte Ausschluss- und Verfallklauseln kann geregelt werden, dass **arbeitsvertragliche Ansprüche verfallen,** also endgültig untergehen, wenn sie nicht innerhalb einer bestimmten Frist geltend gemacht werden. Nach Ablauf der Frist verliert der Arbeitnehmer seine Rechte (vgl. dazu 2.4.3). |

## 2.4 Gesetzliche Schranken bei der Gestaltung des Arbeitsvertrags

Für den Arbeitsvertrag gilt grundsätzlich die durch das Grundgesetz gewährleistete Vertragsfreiheit. Sie beinhaltet neben der Freiheit, ob überhaupt ein Vertrag abgeschlossen werden soll und mit wem, vor allem das Recht, mit welchem Inhalt der Vertrag abgeschlossen wird. Allerdings wird diese Freiheit im Arbeitsrecht durch gesetzliche Regelungen eingeschränkt, die in erster Linie den Schutz des Arbeitnehmers bezwecken.

### 2.4.1 Verstoß gegen gesetzliche Vorschriften

Ein Arbeitsvertrag, durch den gegen ein gesetzliches Verbot verstoßen wird, ist nichtig (§ 134 BGB). Ob ein Verbotsgesetz in diesem Sinne vorliegt, muss durch Auslegung des Gesetzes ermittelt werden. Verbotsgesetze sind in erster Linie die Regelungen in den **Arbeitnehmerschutzvorschriften** (z.B. Kündigungsschutzgesetz, Entgeltfortzahlungsgesetz, Arbeitszeitgesetz).

Verstoßen nur einzelne Bestimmungen des Arbeitsvertrags gegen Verbotsvorschriften, ist grundsätzlich nicht der gesamte Vertrag unwirksam, es sei denn, dadurch wird der bestehende Arbeitnehmerschutz zunichtegemacht. Grundsätzlich werden also nur die verbotenen Teile des Arbeitsvertrags unwirksam, während der Arbeitsvertrag insgesamt wirksam bleibt. Die verbotenen Teile des Arbeitsvertrags werden dann durch die gesetzlichen oder tariflichen Bestimmungen ersetzt.

Nach § 4 Abs. 1 Teilzeit- und Befristungsgesetz (TzBfG) darf ein teilzeitbeschäftigter Arbeitnehmer grundsätzlich nicht schlechter behandelt werden als ein vollzeitbeschäftigter Arbeitnehmer. Eine Vereinbarung über die Vergütung, die den teilzeitbeschäftigten Arbeitnehmer gegenüber dem vollzeitbeschäftigten Kollegen ohne sachlichen Grund benachteiligt, ist nach § 134 BGB nichtig, weil die Regelung einen Verstoß gegen § 4 Abs. 1 TzBfG darstellt. Anstelle der nichtigen Vergütungsabrede gilt eine Vergütung als vereinbart, die sich an der der vollzeitbeschäftigten Arbeitnehmer im Betrieb orientiert. Im Übrigen bleibt der Arbeitsvertrag wirksam.

## 2.4.2 Verstoß gegen die guten Sitten

Ein Arbeitsvertrag, der gegen die guten Sitten verstößt, ist **nichtig** (§ 138 Abs. 1 BGB). Unwirksam sind danach arbeitsvertragliche Regelungen, die nach ihrem Inhalt, Zweck oder den Beweggründen der Vertragspartner gegen das Anstandsgefühl aller billig und gerecht Denkenden verstoßen.

Sittenwidrig ist eine Provisionsvereinbarung, durch die der Arbeitnehmer durch Vorschüsse und die Gestaltung der Provisionsbedingungen unzulässig an den Arbeitgeber gebunden wird. Sittenwidrig ist auch die Rückdatierung des Arbeitsvertrags mit der Absicht, die Agentur für Arbeit zu täuschen.

Sittenwidrig ist auch der sogenannte **Lohnwucher** (§ 138 Abs. 2 BGB). Hier lässt sich der Arbeitgeber unter Ausbeutung der Zwangslage, der Unerfahrenheit, des Mangels an Urteilsvermögen oder der erheblichen Willensschwäche des Arbeitnehmers eine Leistung versprechen, die in einem auffälligen Missverhältnis zur Gegenleistung steht. Ein auffälliges Missverhältnis zwischen Leistung und Gegenleistung liegt nach Auffassung des Bundesarbeitsgerichts dann vor, wenn die Arbeitsvergütung nicht einmal zwei Drittel eines in der betreffenden Branche und Wirtschaftsregion üblicherweise gezahlten Tariflohns erreicht. Neben dem objektiven Missverhältnis zwischen Leistung und Gegenleistung setzt Lohnwucher den Tatbestand der Ausbeutung voraus. Dieser kann zum Beispiel vorliegen, wenn der Arbeitnehmer bei Vertragsschluss arbeitslos ist und keinen Anspruch auf Gewährung von Arbeitslosengeld oder Arbeitslosengeld II hat, sodass er letztlich zum Abschluss des Arbeitsvertrags gezwungen ist. Die Vergütungsvereinbarung (nicht der gesamte Arbeitsvertrag) ist im Falle von Lohnwucher unwirksam. Der Arbeitgeber muss dem Arbeitnehmer dann den üblichen Lohn (z.B. entsprechend dem einschlägigen Tarifvertrag) zahlen.

### 2.4.3 Rechtliche Kontrolle vorformulierter Arbeitsbedingungen

Zwar können Arbeitsverträge auch mündlich abgeschlossen werden, im Regelfall wird zwischen Arbeitgeber und Arbeitnehmer aber eine schriftliche Vereinbarung getroffen. In den meisten Fällen legt der Arbeitgeber dem Arbeitnehmer einen vorformulierten, standardisierten Vertragstext zur Unterzeichnung vor. Der Arbeitnehmer hat kaum oder überhaupt keine Gelegenheit, einzelne Vertragsbedingungen auszuhandeln. Deshalb besteht ein normaler Arbeitsvertrag überwiegend aus **allgemeinen Geschäftsbedingungen.** Das sind alle für eine Vielzahl von Verträgen vorformulierten Vertragsbedingungen, die eine Vertragspartei (Arbeitgeber) der anderen Vertragspartei (Arbeitnehmer) bei Abschluss des Arbeitsvertrags stellt (§ 305 Abs. 1 BGB). Die gesetzlichen Vorschriften über allgemeine

Geschäftsbedingungen sind auch auf das Arbeitsrecht anzuwenden. Nur wenn die Vertragsbedingungen zwischen Arbeitgeber und Arbeitnehmer individuell ausgehandelt werden, liegen keine allgemeinen Geschäftsbedingungen vor. Dazu ist es erforderlich, dass der Arbeitgeber seine allgemeinen Geschäftsbedingungen inhaltlich zur Disposition stellt und dem Vertragspartner die Möglichkeit einräumt, die Vertragsgestaltung zu beeinflussen.

---

**Achtung:** Um zu verhindern, dass der Arbeitnehmer durch vorformulierte Vertragsklauseln in Form von allgemeinen Geschäftsbedingungen **unangemessen benachteiligt** wird, findet eine gesetzliche Inhaltskontrolle statt: Allgemeine Geschäftsbedingungen, die den Arbeitnehmer unangemessen benachteiligen, sind unwirksam. Sogenannte »überraschende Klauseln« werden erst gar nicht Vertragsbestandteil.

---

## Überraschende und mehrdeutige Klauseln

In einem Arbeitsvertrag einseitig vom Arbeitgeber vorformulierte Vertragsbedingungen werden **nicht Vertragsbestandteil,** wenn diese nach den Umständen so ungewöhnlich sind, dass der Arbeitnehmer nicht damit zu rechnen braucht (§ 305c Abs. 1 BGB). Diese gesetzliche Regelung will den Arbeitnehmer vor Überraschungen schützen. Er soll darauf vertrauen dürfen, dass die allgemeinen Geschäftsbedingungen sich im Rahmen dessen halten, was bei einem solchen Vertrag normalerweise zu erwarten ist.

Eine überraschende Klausel ist die formularvertragliche Vereinbarung einer Ausschlussfrist (vgl. dazu 4.3.3), wenn diese Klausel ohne besonderen Hinweis und ohne drucktechnische Hervorhebung unter einer falschen und missverständlichen Überschrift in den Vertrag aufgenommen wird. In keinem Fall dürfen Ausgleichsklauseln wegen ihrer großen Bedeutung im Vertrag unter »Verschiedenes« oder »Sonstiges« aufgenommen werden.

**Unwirksam** sind auch mehrdeutige Klauseln. Wenn Regelungen in einer formularvertraglichen Vereinbarung nicht eindeutig und unmissverständlich sind, geht das zulasten des Arbeitgebers (§ 305c Abs. 2 BGB).

## Inhaltskontrolle

Kernstück der gesetzlichen Regelungen über allgemeine Geschäftsbedingungen ist die sogenannte Inhaltskontrolle. Danach sind allgemeine Geschäftsbedingungen unwirksam, wenn sie den Arbeitnehmer entgegen den **Geboten von Treu und Glauben** unangemessen benachteiligen (§ 307 BGB). Eine solche unangemessene Benachteiligung ist im Zweifel anzunehmen, wenn eine Vertragsklausel

- mit wesentlichen Grundgedanken der gesetzlichen Regelung, von der abgewichen wird, nicht zu vereinbaren ist, oder
- wesentliche Rechte oder Pflichten, die sich aus der Natur des Vertrags ergeben, so einschränkt, dass die Erreichung des Vertragszwecks gefährdet ist.

Das hört sich sehr kompliziert an, und die gesetzliche Regelung ist auch einigermaßen schwierig zu verstehen. Im Grunde geht es darum, dass der Arbeitnehmer von arbeitsvertraglichen Regelungen, die einseitig vom Arbeitgeber vorgegeben werden, nicht unangemessen benachteiligt werden darf, weil er keine Gelegenheit hatte, den Vertragstext auszuhandeln. Weil der Verwender von allgemeinen Geschäftsbedingungen im Regelfall seine Interessen wahren wird, kommt es nicht selten vor, dass die Rechte des Vertragspartners einseitig verkürzt werden, ohne dass der Vertragspartner in der Lage ist, die Bedeutung und die rechtlichen Folgen zu erkennen. Deshalb nimmt das Gesetz eine Inhaltskontrolle vor und erklärt allgemeine Geschäftsbedingungen für unwirksam, wenn sie den Vertragspartner unangemessen benachteiligen.

In einem Arbeitsvertrag findet sich eine **Ausgleichsklausel,** nach der alle gegenseitigen Ansprüche aus dem Arbeitsverhältnis, insbesondere Lohnansprüche, verfallen, wenn sie nicht innerhalb einer Ausschlussfrist von vier Wochen gegenüber der anderen Vertragspartei schriftlich und unter genauer Angabe des Anspruchs dem Grunde und der Höhe nach geltend gemacht werden. Eine solche Klausel im Arbeitsvertrag ist grundsätzlich zulässig, unangemessen ist jedoch die Frist; sie ist zu kurz bemessen, weil von Arbeitnehmern keine so schnelle Reaktion auf Lohnrückstände zu erwarten ist. Deshalb hat das Bundesarbeitsgericht entschieden, dass formularvertragliche Ausschlussfristen von weniger als drei Monaten für die erstmalige Geltendmachung arbeitsvertraglicher Ansprüche unangemessen kurz sind. In diesem Fall ist die Ausgleichsklausel unwirksam, das heißt, es gilt im Arbeitsverhältnis überhaupt keine Ausschlussklausel, weder eine vierwöchige noch eine dreimonatige.

Die Beurteilung, ob allgemeine Geschäftsbedingungen in Arbeitsverträgen wirksam sind, ist rechtlich sehr kompliziert. Wenn Sie Zweifel haben, ob eine Vereinbarung in Ihrem (Standard-)Arbeitsvertrag wirksam ist oder ob diese den Arbeitnehmer unangemessen benachteiligt, sollten Sie unbedingt einen im Arbeitsrecht versierten Anwalt konsultieren.

## Rechtsfolgen bei Nichteinbeziehung oder Unwirksamkeit von allgemeinen Geschäftsbedingungen

Sind allgemeine Geschäftsbedingungen ganz oder teilweise nicht in den Vertrag einbezogen oder unwirksam, dann bleibt der Arbeitsvertrag im Übrigen (also ohne die betreffende allgemeine Geschäftsbedingung) wirksam. An die Stelle der unwirksamen allgemeinen Geschäftsbedingung tritt dann die gesetzliche Regelung (§ 306 Abs. 1 und 2 BGB).

Eine Klausel im Arbeitsvertrag, die uneingeschränkt jegliche Nebentätigkeit des Arbeitnehmers verbietet, ist unzulässig und insgesamt unwirksam (vgl. dazu 3.12). Der Arbeitsvertrag bleibt aber wirksam. Dem Arbeitnehmer ist es im Rahmen des arbeitsrechtlich Zulässigen gestattet, Nebentätigkeiten auszuüben.

Nur wenn das Festhalten am Vertrag ohne die unwirksame Klausel für eine Vertragspartei (in der Regel für den Verwender, also für den Arbeitgeber) eine unzumutbare Härte darstellen würde, weil durch den Wegfall der allgemeinen Geschäftsbedingung das Vertragsgleichgewicht erheblich verändert würde, kann ausnahmsweise der gesamte Arbeitsvertrag unwirksam sein (§ 306 Abs. 3 BGB).

## 2.5 Einbeziehung tariflicher Regelungen in den Arbeitsvertrag

Tarifverträge finden im Rahmen des Arbeitsverhältnisses Anwendung, wenn zwischen Arbeitgeber und Arbeitnehmer **Tarifbindung** besteht. Das ist der Fall, wenn der Arbeitgeber Mitglied des tarifschließenden Arbeitgeberverbands oder selbst den Tarifvertrag mit der Gewerkschaft abgeschlossen hat und der Arbeitnehmer Mitglied der tarifvertragsschließenden Gewerkschaft ist.

Der im Tarifvertrag vereinbarte Tariflohn wird nur dann Bestandteil des Arbeitsverhältnisses, wenn der Arbeitgeber **Mitglied des Arbeitgeberverbands** oder selbst Tarifpartei ist und der Arbeitnehmer Gewerkschaftsmitglied ist. Die tarifliche Regelung des Beginns und Endes der Arbeitszeit ist eine betriebliche Norm, sodass diese bereits Inhalt des Arbeitsverhältnisses wird, wenn der Arbeitgeber tarifgebunden ist; die Regelung gilt demnach auch für Arbeitnehmer, die nicht Gewerkschaftsmitglied sind.

Zwar besteht in Kleinbetrieben regelmäßig keine Tarifbindung, tarifvertragliche Regelungen können allerdings durch eine **einzelvertragliche Vereinbarung** zwischen Arbeitgeber und Arbeitnehmer (sog. Verweisungsklausel) Inhalt des Arbeitsverhältnisses werden. In diesem Fall werden dann kraft individueller Vereinbarung die Regelungen des Tarifvertrags oder einzelne tarifliche Regelungen Inhalt des Arbeitsvertrags.

Eine im Arbeitsvertrag vereinbarte **Verweisungsklausel** kann sich auf einen Tarifvertrag insgesamt oder auf einzelne Regelungen eines Tarifvertrags beziehen. Ferner kann die Verweisung in statischer oder dynamischer Form erfolgen.

### 2.5.1 Bezugnahme auf Tarifvertrag insgesamt oder einzelne tarifliche Regelungen

Sind die Arbeitsvertragsparteien nicht tarifgebunden, kann im Arbeitsvertrag vereinbart werden, dass entweder ein gesamter Tarifvertrag oder einzelne Bestimmungen eines Tarifvertrags in das Arbeitsverhältnis aufgenommen werden. Wichtig ist, dass im Arbeitsvertrag klar und eindeutig festgelegt ist, welcher Tarifvertrag bzw. welche tarifliche Regelung in den Arbeitsvertrag einbezogen wird.

#### Globalverweisung

Man spricht von einer Globalverweisung, wenn ein **Tarifvertrag als Ganzes** Gegenstand des Arbeitsvertrags werden soll. Die Verweisung kann statisch oder dynamisch ausgestaltet sein (vgl. dazu 2.5.2). Mit der globalen Verweisung auf einen Tarifvertrag wird ein nicht tarifgebundener Arbeitnehmer mit den tarifgebundenen, also den Mitgliedern in der Gewerkschaft, gleichgestellt.

Im Arbeitsvertrag kann etwa folgende Regelung getroffen werden: »Auf das Arbeitsverhältnis finden im Übrigen der Tarifvertrag für ______________ *[genaue Bezeichnung des Tarifvertrags]* vom ________ *[Datum]* und die ihn ergänzenden Tarifverträge in der jeweiligen Fassung entsprechende Anwendung.«

### Einzelverweisung

Anstelle der Bezugnahme auf einen ganzen Tarifvertrag können im Arbeitsvertrag auch nur **bestimmte Regelungen** eines Tarifvertrags (z.B. über die Vergütung oder den Urlaub) vereinbart werden. In diesem Fall werden dann nur die tariflichen Regelungen zum Bestandteil des Arbeitsvertrags, die von der Verweisungsklausel erfasst werden. Alle übrigen tariflichen Normen gelten dagegen für das Arbeitsverhältnis nicht.

» Im Arbeitsvertrag kann beispielsweise folgende Regelung getroffen werden: »Die Vergütung richtet sich nach dem Tarifvertrag für ___________ *[genaue Bezeichnung des Tarifvertrags]* vom ________ *[Datum]*. « Oder: »Der Urlaub richtet sich nach den jeweils geltenden tariflichen Regelungen des _______-Tarifvertrags *[genaue Bezeichnung des Tarifvertrags]* vom ________ *[Datum]*.

Wenn aus der Verweisung im Arbeitsvertrag der Tarifvertrag nicht eindeutig bezeichnet wird, ist davon auszugehen, dass der einschlägige Tarifvertrag gelten soll. Das ist dann der Tarifvertrag, der zur Anwendung käme, wenn Arbeitgeber und Arbeitnehmer tarifgebunden wären.

## 2.5.2 Statische oder dynamische Verweisung

Die Global- oder Einzelverweisung auf den Tarifvertrag kann in statischer oder dynamischer Form erfolgen.

### Statische Verweisung

Bei der statischen Verweisung wird im Arbeitsvertrag auf einen bestimmten, **genau definierten** Tarifvertrag in der zur Zeit der Bezugnahme geltenden Fassung verwiesen. In diesem Fall wird der Tarifvertrag nur in der geltenden Fassung Gegenstand des Arbeitsvertrags, spätere Änderungen des Tarifvertrags bleiben ohne Auswirkungen auf den Arbeitsvertrag.

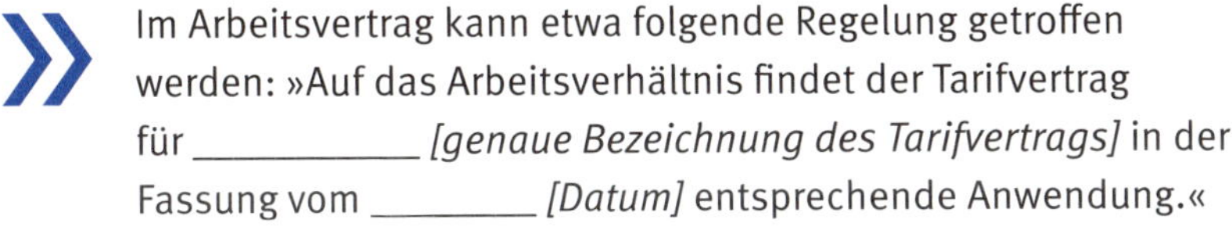

» Im Arbeitsvertrag kann etwa folgende Regelung getroffen werden: »Auf das Arbeitsverhältnis findet der Tarifvertrag für ___________ *[genaue Bezeichnung des Tarifvertrags]* in der Fassung vom ________ *[Datum]* entsprechende Anwendung.«

Die statische Verweisung hat für den Arbeitgeber den Vorteil, dass er nicht automatisch an neuen Tarifverträgen, die für den Arbeitnehmer günstigere Regelungen enthalten, teilnimmt. Neue tarifvertragliche Regelungen werden nur dann Gegenstand des Arbeitsvertrags, wenn sie zwischen Arbeitgeber und Arbeitnehmer besonders vereinbart werden.

## Dynamische Verweisung

Möglich und in der Praxis häufiger anzutreffen ist die dynamische Verweisung auf das jeweils **geltende Tarifrecht.** In diesem Fall wird der Tarifvertrag in seiner jeweils geltenden Fassung zum Inhalt des Arbeitsvertrags.

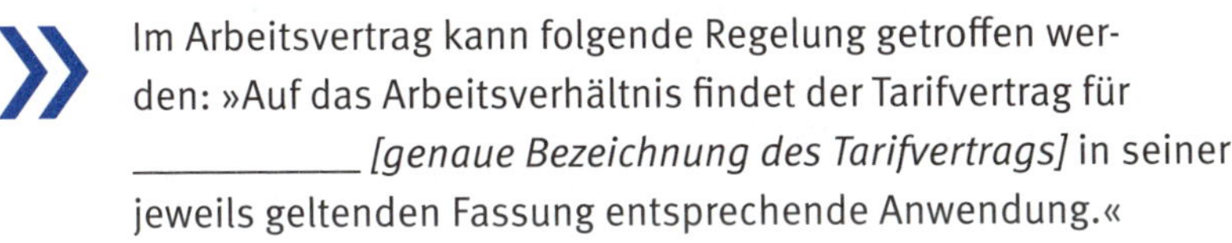

» Im Arbeitsvertrag kann folgende Regelung getroffen werden: »Auf das Arbeitsverhältnis findet der Tarifvertrag für ___________ *[genaue Bezeichnung des Tarifvertrags]* in seiner jeweils geltenden Fassung entsprechende Anwendung.«

Bei der dynamischen Verweisung nimmt der Arbeitnehmer an einer günstigen Tarifentwicklung automatisch teil.

» Erhalten tarifgebundene Arbeitnehmer in einem neuen Tarifvertrag einen zusätzlichen Urlaubstag, kann der nicht tarifgebundene Arbeitnehmer aufgrund der statischen Verweisung im Arbeitsvertrag den zusätzlichen Urlaubsanspruch nicht geltend machen. Dagegen steht dem nicht tarifgebundenen Arbeitnehmer im Falle der dynamischen Verweisung ein entsprechender Anspruch automatisch zu.

### 2.5.3 Form der Bezugnahme auf den Tarifvertrag

Die einzelvertragliche Bezugnahme auf Tarifverträge ist grundsätzlich an keine Form gebunden. Nur wenn für den Abschluss des Arbeitsvertrags gesetzlich oder vertraglich ein bestimmtes Formerfordernis besteht, hat auch die Bezugnahme des Tarifvertrags in dieser Form zu erfolgen. Unabhängig davon wird dringend empfohlen, die Verweisung auf einen Tarifvertrag schriftlich zu vereinbaren. Gegenstand der Vereinbarung sollte zumindest sein, welcher Tarifvertrag oder welche einzelnen Bestimmungen aus einem Tarifvertrag auf das Arbeitsverhältnis Anwendung finden.

## 2.6 Schriftliche Unterrichtung des Arbeitnehmers über Arbeitsbedingungen

Zwar bedarf der Arbeitsvertrag grundsätzlich **keiner besonderen Form,** gleichwohl hat der Arbeitnehmer einen Anspruch darauf, dass ihm der Arbeitgeber spätestens einen Monat nach dem vereinbarten Beginn des Arbeitsverhältnisses eine Niederschrift über die wesentlichen Vertragsbedingungen aushändigt (§ 2 NachwG). Diesen Anspruch haben alle Arbeitnehmer, es sei denn, dass sie nur zur vorübergehenden Aushilfe von höchstens einem Monat eingestellt sind.

Ihre gesetzliche Nachweispflicht entfällt, wenn ein schriftlicher Arbeitsvertrag besteht und dieser die erforderlichen Angaben über die vereinbarten Arbeitsbedingungen enthält (§ 2 Abs. 4 NachwG).

Die Niederschrift stellt die schriftliche Fixierung der wesentlichen Vertragsbedingungen dar. Sie dient der Information des Arbeitnehmers und des Arbeitgebers über die aus dem Arbeitsverhältnis resultierenden Rechte und Pflichten und damit zugleich der Rechtssicherheit. Die Niederschrift hat keine konstitutive Wirkung, sondern ausschließlich deklaratorischen Charakter. Der Arbeitsvertrag und die vereinbarten Arbeitsbedingungen sind also **auch ohne eine Niederschrift gültig.**

In die Niederschrift muss der Arbeitgeber mindestens aufnehmen:

- Name und die Anschrift der Vertragsparteien:
- der Zeitpunkt des Beginns des Arbeitsverhältnisses;
- bei befristeten Arbeitsverhältnissen die vorhersehbare Dauer des Arbeitsverhältnisses (dies kann in Form einer konkreten Zeitbestimmung oder – falls sich die Befristung am Zweck des Arbeitsverhältnisses ausrichtet – durch Angabe des Zwecks erfolgen);
- der Arbeitsort oder, falls der Arbeitnehmer nicht nur an einem bestimmten Arbeitsort tätig sein soll, ein Hinweis darauf, dass er an verschiedenen Orten beschäftigt werden kann (nicht erforderlich ist die Angabe des konkreten Arbeitsplatzes, ausreichend ist vielmehr die Angabe der räumlichen Lage des Betriebs, in dem der Arbeitnehmer beschäftigt ist);
- eine kurze Charakterisierung oder Beschreibung der vom Arbeitnehmer zu leistenden Tätigkeit; dabei reicht die Angabe eines der Tätigkeit entsprechenden charakteristischen Berufsbildes (z.B. Schlosser), die Angabe des Aufgabenbereichs (z.B. Schlosserarbeiten), soweit dadurch die zu leistende Tätigkeit ausreichend konkretisiert ist, oder eine Umschreibung der zu leistenden Tätigkeit für die gesetzliche Verpflichtung aus;
- die Zusammensetzung und die Höhe des Arbeitsentgelts einschließlich der Zuschläge, der Zulagen, Prämien und Sonderzahlungen sowie anderer Bestandteile des Arbeitsentgelts und deren Fälligkeit; anzugeben ist die Grundvergütung (z.B. Höhe des Monatsgehalts oder des Stundenlohns) sowie die anderen Bestandteile des Arbeitsentgeltes, wie z.B. Zuschläge, Zulagen, Prämien, Sonderzahlungen (z.B. Weihnachtsgratifikation), Auslösungen, Provisionen und Tantiemen;
- die vereinbarte Arbeitszeit (es genügt die Angabe der für den Arbeitnehmer maßgeblichen Regelarbeitszeit);
- die Dauer des jährlichen Erholungsurlaubs;

- die Fristen für die Kündigung des Arbeitsverhältnisses;
- ein in allgemeiner Form gehaltener Hinweis auf die Tarifverträge, Betriebs- oder Dienstvereinbarungen, die auf das Arbeitsverhältnis anzuwenden sind.

## 2.7 Verschiedene Arten von Beschäftigungsverhältnissen

Nach der Dauer des Arbeitsverhältnisses ist zwischen dem **Arbeitsvertrag auf unbestimmte Zeit** (unbefristeter Arbeitsvertrag) und dem **zeitlich befristeten Arbeitsvertrag** (befristeter Arbeitsvertrag) zu unterscheiden. Um einen Teilzeitarbeitsvertrag handelt es sich, wenn die regelmäßige Wochenarbeitszeit des Arbeitnehmers kürzer ist als die eines vergleichbaren Arbeitnehmers. Variable Formen der Teilzeitarbeit sind die Abrufarbeit und die Arbeitsplatzteilung. Arbeitsrechtliche und sozialversicherungsrechtliche Besonderheiten gelten für die geringfügige Beschäftigung. Eine besondere Form des befristeten Arbeitsverhältnisses ist das Aushilfsarbeitsverhältnis, durch das ein vorübergehender Bedarf an Arbeitskräften abgedeckt werden soll.

### 2.7.1 Arbeitsvertrag auf unbestimmte Zeit

Wenn der Arbeitsvertrag keine Regelung zur Dauer des Arbeitsverhältnisses enthält, ist das Arbeitsverhältnis auf unbestimmte Zeit abgeschlossen. In diesem Fall endet das Arbeitsverhältnis nicht automatisch zu einem bestimmten Zeitpunkt, sondern im Regelfall durch eine **ordentliche oder außerordentliche Kündigung** oder den Abschluss eines Aufhebungsvertrags. Obwohl ein unbefristeter Vertrag im Arbeitsleben die Regel sein sollte, wird in der Praxis heutzutage immer häufiger bei der erstmaligen Begründung des Arbeitsverhältnisses zunächst ein befristetes Arbeitsverhältnis eingegangen.

## 2.7.2 Befristeter Arbeitsvertrag

Jeder zweite Arbeitnehmer in Deutschland erhält mittlerweile nur noch einen befristeten Arbeitsvertrag. Dieser endet im Gegensatz zum Arbeitsvertrag auf unbestimmte Zeit mit **Ablauf der vereinbarten Laufzeit automatisch.** Es bedarf beim befristeten Arbeitsvertrag also keiner Kündigung, um das Arbeitsverhältnis zu beenden. Wegen seines Inhalts bietet das befristete Arbeitsverhältnis keine Besonderheiten. Arbeitgeber und Arbeitnehmer haben regelmäßig dieselben Rechte und Pflichten wie bei einem Arbeitsverhältnis auf unbestimmte Zeit.

Im Regelfall liegt eine im gesetzlichen Rahmen zulässige befristete Beschäftigung des Arbeitnehmers in Ihrem Interesse, weil das Arbeitsverhältnis bereits von vornherein nur für eine bestimmte Zeit läuft und Sie nach Ablauf dieser Zeit wieder entscheiden können, ob Sie den Arbeitnehmer weiterbeschäftigen wollen oder nicht. Weil das befristete Arbeitsverhältnis nicht durch Kündigung endet, finden die gesetzlichen Regelungen über den Kündigungsschutz, und zwar auch die für Schwangere und Eltern in Elternzeit, keine Anwendung.

Grundsätzlich ist die **ordentliche Kündigung** des Arbeitsverhältnisses vor Ablauf der Befristung **ausgeschlossen.** Dies gilt auch für die vorzeitige Kündigung des Arbeitnehmers. Das befristete Arbeitsverhältnis unterliegt nur dann der ordentlichen Kündigung, wenn dies im Arbeitsvertrag ausdrücklich vereinbart wurde. Eine außerordentliche Kündigung aus wichtigem Grund ist aber ebenso möglich wie die Auflösung des Arbeitsverhältnisses durch Aufhebungsvertrag. Dafür bedarf es keiner besonderen arbeitsvertraglichen Regelung.

Die Befristung eines Arbeitsvertrages bedarf zu ihrer Wirksamkeit der **Schriftform** (§ 14 Abs. 4 TzBfG). Es muss allerdings nicht der gesamte Arbeitsvertrag schriftlich abgeschlossen sein, sondern nur die **Befristungsabrede.** Einhaltung der Schriftform bedeutet, dass die Vereinbarung über die Befristung schriftlich abgefasst und vom

Arbeitgeber und vom Arbeitnehmer durch Namensunterschrift unterzeichnet sein muss. Keinesfalls ausreichend ist also eine mündliche Vereinbarung über die Befristung des Vertrags. Und auch die Vereinbarung einer Befristung per E-Mail oder Fax genügt nicht den gesetzlichen Formerfordernissen.

---

**Achtung:** Die Vereinbarung einer Befristung muss **vor Arbeitsaufnahme** durch den Arbeitnehmer wirksam zustande gekommen sein. Ist die Befristung bei Arbeitsantritt noch nicht schriftlich festgelegt, entsteht ein Arbeitsverhältnis auf unbestimmte Zeit. Eine nachträgliche schriftliche Festlegung der Befristung ändert daran nichts.

---

Um die Zahl befristeter Arbeitsverträge einzudämmen und die Diskriminierung befristet angestellter Arbeitnehmer zu verhindern, hat der Gesetzgeber das **Teilzeit- und Befristungsgesetz** (TzBfG) erlassen. Dieses Gesetz gilt für alle Arbeitnehmer und alle Betriebe, also zum Beispiel auch für Kleinbetriebe, für die das Kündigungsschutzgesetz nicht anwendbar ist. Das Gesetz regelt unter anderem,

- unter welchen Voraussetzungen eine Befristung des Arbeitsvertrags zulässig ist,
- wie oft ein befristeter Arbeitsvertrag verlängert werden darf und
- für welche Höchstdauer ein Arbeitsvertrag maximal befristet werden darf.

---

**Achtung:** Ist die Befristung **rechtsunwirksam** oder entspricht sie nicht der gesetzlich vorgeschriebenen Form, so gilt der befristete Arbeitsvertrag als auf unbestimmte Zeit geschlossen. Will der Arbeitnehmer geltend machen, dass die Befristung rechtsunwirksam ist, muss er innerhalb von drei Wochen nach dem vereinbarten Ende des Arbeitsverhältnisses Klage beim Arbeitsgericht erheben. Versäumt der Arbeitnehmer diese Frist, endet das Arbeitsverhältnis trotz der Unwirksamkeit der Befristung.

---

Die Befristung eines Arbeitsvertrags ist **nur zulässig,** wenn die Voraussetzungen des Teilzeit- und Befristungsgesetzes gegeben sind. Dabei ist zu unterscheiden zwischen

- der kalendermäßigen Befristung mit sachlichem Grund,
- der kalendermäßigen Befristung ohne sachlichen Grund und
- der sogenannten Zweckbefristung.

## Kalendermäßige Befristung des Arbeitsvertrags mit sachlichem Grund

Die Befristung des Arbeitsverhältnisses ist immer dann zulässig, wenn ein im Teilzeit- und Befristungsgesetz genannter sachlicher Grund gegeben ist (§ 14 Abs. 1 TzBfG). Ob ein solcher Grund vorliegt, muss gegebenenfalls der Arbeitgeber beweisen.

Die Angabe des Befristungsgrundes im Arbeitsvertrag ist zur Wirksamkeit der Befristung nicht notwendig. Sinnvoll ist es allerdings, diesen anzugeben.

Folgende Gründe, die nach dem Teilzeit- und Befristungsgesetz die Befristung des Arbeitsverhältnisses rechtfertigen, sind für Kleinbetriebe von Bedeutung:

### Vorübergehender Arbeitskräftebedarf

Ein sachlicher Grund für die Befristung des Arbeitsverhältnisses liegt vor, wenn die Arbeitsleistung des eingestellten Arbeitnehmers nur vorübergehend benötigt wird (§ 14 Abs. 1 Nr. 1 TzBfG). Dabei kann es sich um einen vorübergehend erhöhten Arbeitskräftebedarf zur Bewältigung zusätzlicher Arbeitsaufgaben oder eines **periodisch wiederkehrenden Arbeitsanfalls** handeln (z.B. Saisonarbeit). Voraussetzung ist aber, dass im Zeitpunkt des Vertragsabschlusses aufgrund konkreter Tatsachen zu erwarten ist, dass die Arbeit demnächst wieder mit der normalen Belegschaft bewältigt werden kann bzw. der befristet eingestellte Arbeitnehmer in absehbarer Zeit nicht mehr benötigt wird.

## Tätigkeit im Anschluss an eine Ausbildung oder an ein Studium

Die Befristung ist sachlich berechtigt, wenn sie im Anschluss an eine Ausbildung oder ein Studium erfolgt, um den Übergang des Arbeitnehmers in eine Anschlussbeschäftigung zu erleichtern (§ 14 Abs. 1 Nr. 2 TzBfG). Zur Ausbildung zählen alle Berufsausbildungsverhältnisse nach dem Berufsbildungsgesetz und öffentlich-rechtlich ausgestaltete Ausbildungsverhältnisse, nicht aber innerbetriebliche Fortbildungen oder Umschulungen. Zu beachten ist, dass die Erstanstellung zur Ausbildung in einem sachlichen Zusammenhang stehen muss. Und die Erstanstellung muss im Anschluss an die Ausbildung oder das Studium erfolgen; das ist regelmäßig nicht der Fall, wenn der Arbeitnehmer zwischenzeitlich anderweitig in einem Arbeits- oder Beschäftigungsverhältnis stand.

---

**Achtung:** Das befristete Arbeitsverhältnis eines zuvor als Auszubildenden Beschäftigten muss spätestens am Tag nach Beendigung des Ausbildungsverhältnisses begründet werden. Wird der Ausgebildete auch nur einen Tag im Anschluss an das Berufsausbildungsverhältnis ohne Vereinbarung einer Befristung weiterbeschäftigt, ist nach dem Berufsbildungsgesetz ein Arbeitsverhältnis auf unbestimmte Zeit entstanden. Der Arbeitnehmer muss dann eine Befristung des Arbeitsverhältnisses und damit eine Schlechterstellung im Arbeitsverhältnis nicht akzeptieren.

---

## Vertretung

Auch die Vertretung erkrankter, beurlaubter oder aus anderen Gründen vorübergehend an der Arbeitsleistung **verhinderter Arbeitnehmer** gehört zu den anerkannten Gründen für den Abschluss befristeter Arbeitsverträge (§ 14 Abs. 1 Nr. 3 TzBfG). Zum Zeitpunkt des Vertragsabschlusses muss entweder zeitlich bestimmbar oder zumindest absehbar sein, dass der Vertretungsbedarf durch die zu erwartende Rückkehr des zu vertretenden Arbeitnehmers wegfällt. Unzulässig ist eine Dauervertretung, zum Beispiel als »Springer«.

Ist die Dauer des Vertretungsbedarfs (z.B. in Krankheitsfällen) nicht ohne Weiteres beim Abschluss des Arbeitsvertrags zu bestimmen, ist es sinnvoller, anstelle eines kalendermäßig befristeten einen zweckbefristeten Arbeitsvertrag abzuschließen (vgl. dazu unten).

### Erprobung

Der Wunsch des Arbeitgebers, die Eignung eines Arbeitnehmers zu erproben, rechtfertigt den Abschluss eines befristeten Arbeitsvertrags (§ 14 Abs. 1 Nr. 5 TzBfG). Eine Befristung ist aber unzulässig, wenn dem Arbeitgeber die Eignung des auf Dauer einzustellenden Arbeitnehmers bereits aus einer vorhergehenden Beschäftigung bekannt ist. Die zulässige Dauer der Befristung wird im Regelfall **bis zu sechs Monaten** betragen. Nur bei Vorliegen besonderer Umstände (z.B. spezielle Anforderungen an die spätere Tätigkeit) kann die Befristung über sechs Monate hinaus erfolgen.

### Gründe in der Person des Arbeitnehmers

Ein sachlicher Grund liegt auch vor, wenn in der Person des Arbeitnehmers liegende Gründe die Befristung rechtfertigen (§ 14 Abs. 1 Nr. 6 TzBfG). In Betracht kommen ganz unterschiedliche Sachverhalte. So kann die Befristung des Arbeitsvertrags wegen einer nur befristet erteilten **Aufenthaltserlaubnis** erfolgen. Die Befristung eines Arbeitsvertrags mit einem **Studenten** ist zulässig, wenn die Befristung dem Studenten die Möglichkeit gibt, die Erfordernisse des Studiums mit denen des Arbeitsverhältnisses zu vereinen. Und auch der **Wunsch des Arbeitnehmers,** einen nur befristeten Arbeitsvertrag abzuschließen, rechtfertigt die Befristung des Arbeitsverhältnisses.

Die automatische Beendigung des Arbeitsverhältnisses kann auch für den Fall vereinbart werden, dass der Arbeitnehmer die Regelaltersgrenze erreicht.

## Kalendermäßige Befristung des Arbeitsverhältnisses ohne sachlichen Grund

Auch wenn kein sachlicher Grund vorliegt, kann ein Arbeitsverhältnis bis zur Dauer von **zwei Jahren** befristet begründet werden (§ 14 Abs. 2 TzBfG). Die Befristung ist aber nur bei einer Neueinstellung zulässig. Ausgeschlossen sind alle Arbeitnehmer, die irgendwann einmal zu demselben Arbeitgeber in einem Arbeitsverhältnis standen. Vorausgehen dürfen zum Beispiel nur Ausbildungsverhältnisse, wirksame Leiharbeitsverhältnisse oder eine Beschäftigung im Rahmen eines Freiwilligen Sozialen Jahrs.

---

**Achtung:** Ist die Befristung wegen vorheriger Beschäftigung unzulässig, gilt der Arbeitsvertrag als auf unbestimmte Zeit geschlossen. Als Arbeitgeber entgehen Sie diesem Risiko, indem Sie im Personalfragebogen ausdrücklich nach einer Vorbeschäftigung im Betrieb fragen. Ferner sollten Sie in den Arbeitsvertrag eine entsprechende Regelung aufnehmen, die es Ihnen ermöglicht, bei einer Falschauskunft unter Umständen den Arbeitsvertrag wegen arglistiger Täuschung anzufechten.

---

Im Arbeitsvertrag kann etwa folgende Regelung getroffen werden: »Der Arbeitnehmer wird für die Zeit vom _______ *[Datum]* bis _______ *[Datum]* befristet eingestellt. Das Arbeitsverhältnis endet mit dem Ablauf des ________ *[Datum]*, ohne dass es einer Kündigung bedarf. Der Arbeitnehmer erklärt ausdrücklich, noch nie in einem Betrieb dieses Unternehmens oder einer Rechtsvorgängerin gearbeitet zu haben. Ist diese Erklärung falsch, so endet das Arbeitsverhältnis spätestens zwei Wochen nach Zugang der schriftlichen Feststellung der Unrichtigkeit dieser Erklärung.«

Zwar ist die kalendermäßige Befristung ohne sachlichen Grund nur für die Dauer von zwei Jahren zulässig, dieser zeitliche Rahmen muss aber nicht ausgeschöpft werden. Auch der Abschluss von Zeitverträgen mit einer kürzeren Laufzeit ist zulässig. Bis zur Gesamtdauer von zwei Jahren dürfen bis zu drei Verlängerungen eines befristeten Arbeitsvertrags vereinbart werden.

Voraussetzung für eine Verlängerung ist eine **nahtlose Weiterbeschäftigung** des Arbeitnehmers. Es darf zu keiner – auch zu keiner nur kurzfristigen – Unterbrechung kommen. Andernfalls ist die Verlängerung unwirksam; in diesem Fall besteht ein Arbeitsverhältnis auf unbestimmte Zeit.

Die Verlängerung muss vor Ablauf des zu verlängernden Arbeitsvertrags schriftlich vereinbart werden.

Arbeitsrechtliche Sonderreglungen gelten für die **Befristung ohne Sachgrund** bei Neugründungen und bei der Altersbefristung:

- In den ersten vier Jahren nach der Gründung eines Unternehmens ist die kalendermäßige Befristung eines Arbeitsvertrags ohne Vorliegen eines sachlichen Grundes bis zur Dauer von **vier Jahren** zulässig (§ 14 Abs. 2a TzBfG). Bis zu dieser Gesamtdauer von vier Jahren ist auch die mehrfache Verlängerung eines kalendermäßig befristeten Arbeitsvertrags zulässig. Dies gilt nicht für Neugründungen im Zusammenhang mit der rechtlichen Umstrukturierung von Unternehmen und Konzernen.
- Die kalendermäßige Befristung eines Arbeitsvertrags ohne Vorliegen eines Sachgrunds ist bis zu einer Dauer von **fünf Jahren** zulässig, wenn der Arbeitnehmer bei Beginn des befristeten Arbeitsverhältnisses das 52. Lebensjahr vollendet hat und unmittelbar vor Beginn des befristeten Arbeitsverhältnisses mindestens vier Monate beschäftigungslos gewesen ist (§ 14 Abs. 3 TzBfG). Bis zur Gesamtdauer von fünf Jahren ist auch die mehrfache Verlängerung des Arbeitsvertrags zulässig.

### Zweckbefristung des Arbeitsvertrags

Die Befristung eines Arbeitsverhältnisses kann auch in der Weise erfolgen, dass diese sich aus der Art, dem Zweck oder der **Beschaffenheit der Arbeitsleistung** ergibt (§ 3 Abs. 1 TzBfG). In diesem Fall spricht man von einem zweckbefristeten Arbeitsvertrag. Im Gegensatz zum kalendermäßig befristeten Arbeitsverhältnis ist beim zweckbefristeten der Zeitpunkt der Zweckerreichung (z.B. Vertretung eines erkrankten Arbeitnehmers) und damit die Dauer des Arbeitsverhältnisses noch ungewiss.

Das zweckbefristete Arbeitsverhältnis **endet mit dem Erreichen des Zwecks,** frühestens aber zwei Wochen nach Zugang der schriftlichen Unterrichtung des Arbeitnehmers durch den Arbeitgeber über den Zeitpunkt der Zweckerreichung (§ 15 Abs. 2 TzBfG). Der Arbeitgeber muss den Arbeitnehmer schriftlich unterrichten. Die Unterrichtung hat den Tag der Zweckerreichung genau anzugeben. Wenn der Arbeitgeber die Unterrichtung unterlässt (obwohl der Zweck erreicht ist) und der Arbeitnehmer mit Wissen des Arbeitgebers weiterarbeitet, wird ein Arbeitsverhältnis auf unbestimmte Zeit begründet, es sei denn, dass der Arbeitgeber unverzüglich widerspricht und die Unterrichtung unverzüglich nachholt.

## 2.7.3 Teilzeitarbeitsvertrag

Wesentliches Kennzeichen der Teilzeitarbeit ist, dass die regelmäßige Wochenarbeitszeit des Teilzeitbeschäftigten kürzer ist als die eines vergleichbaren vollzeitbeschäftigten Arbeitnehmers. Grundsätzlich wird auf die **Wochenarbeitszeit** abgestellt. Ist eine solche nicht festgelegt, ist die durchschnittliche regelmäßige Arbeitszeit im Zeitraum bis zu einem Jahr maßgebend (§ 2 Abs. 1 Satz 2 TzBfG). Vergleichbar ist ein Arbeitnehmer mit derselben Art des Arbeitsverhältnisses und der gleichen oder einer ähnlichen Tätigkeit. Gibt es im Betrieb keinen vergleichbaren vollzeitbeschäftigten Arbeitnehmer, so ist der vergleichbare vollzeitbeschäftigte Arbeitnehmer aufgrund des anwendbaren Tarifvertrags zu bestimmen; in allen anderen Fällen ist darauf abzustellen, wer im jeweiligen Wirtschaftszweig als vergleichbarer vollzeitbeschäftigter Arbeitnehmer anzusehen ist.

---

**Achtung:** Die Einordnung eines Beschäftigungsverhältnisses als Teilzeitarbeit ist wichtig, weil in diesem Fall die **besonderen gesetzlichen Vorschriften** des Teilzeit- und Befristungsgesetzes zu beachten sind (vgl. dazu 3.14).

---

Ein Teilzeitarbeitsvertrag kann bereits bei der Einstellung eines Bewerbers oder durch Reduzierung der Arbeitszeit eines Vollzeitbeschäftigten abgeschlossen werden. In Kleinbetrieben haben Beschäftigte allerdings **keinen Anspruch auf Teilzeitarbeit,** weil ein entsprechender Anspruch bei einer zeitlich nicht begrenzten Verringerung der Arbeitszeit erst nach sechs Monaten Beschäftigungszeit und auch nur in Betrieben besteht, die in der Regel mehr als 15 Beschäftigte haben (§ 8 Abs. 7 TzBfG). Und ein gesetzlicher Anspruch auf eine sogenannte Brückenteilzeit, das heißt zeitlich begrenzte Teilzeitarbeit, die mindestens ein Jahr und höchstens fünf Jahre betragen darf, besteht grundsätzlich erst bei in der Regel mehr als 45 Beschäftigten (§ 9a TzBfG).

Besondere Formen der Teilzeitarbeit sind die **Anpassung** der Arbeitszeit an den Arbeitsanfall (Abrufarbeit), die **Teilung** des Arbeitsplatzes (Jobsharing) und die **Altersteilzeit.** Auch bei einer sogenannten geringfügigen Beschäftigung handelt es sich um eine Sonderform des Teilzeitarbeitsverhältnisses. Für sie gelten steuer- und sozialversicherungsrechtliche Besonderheiten (vgl. dazu 2.7.4 und 2.7.5).

### Abrufarbeit

Arbeitgeber und Arbeitnehmer können vereinbaren, dass der Arbeitnehmer seine Arbeitsleistung entsprechend dem Arbeitsanfall zu erbringen hat (§ 12 TzBfG). Die damit verbundene **flexible Ge-**

**staltung** der Arbeitszeit kommt den Interessen des Arbeitgebers entgegen, der die vom Arbeitnehmer geschuldete Arbeitsleistung entsprechend dem Arbeitsanfall abrufen kann. Der freien Gestaltung solcher Arbeitsverträge sind allerdings zum Schutz des Arbeitnehmers gesetzliche Grenzen gesetzt.

## Gesetzliche Anforderungen

Die Vereinbarung von Abrufarbeit muss eine bestimmte Dauer der wöchentlichen und täglichen Arbeitszeit festlegen (§ 12 Abs. 1 Satz 2 TzBfG). Damit soll verhindert werden, dass der Arbeitnehmer überhaupt nicht zur Arbeitsleistung herangezogen wird. Für den Fall, dass die wöchentliche und tägliche Arbeitszeit nicht festgelegt ist, gilt Folgendes:

- Fehlt die Vereinbarung einer wöchentlichen Arbeitszeit, so gilt eine Arbeitszeit von 20 Stunden pro Woche als vereinbart (§ 12 Abs. 1 Satz 3 TzBfG). Der Arbeitnehmer kann sich also im Streitfall auf diesen Arbeitsumfang berufen und eine entsprechende Vergütung verlangen, selbst wenn der Arbeitgeber die Arbeitsleistung nicht in vollem Umfang abgerufen hat.
- Haben Arbeitgeber und Arbeitnehmer die Dauer der täglichen Arbeitszeit nicht festgelegt, so ist der Arbeitgeber verpflichtet, den Arbeitnehmer jeweils für mindestens drei aufeinanderfolgende Stunden zur Arbeitsleistung heranzuziehen (§ 12 Abs. 1 Satz 4 TzBfG).

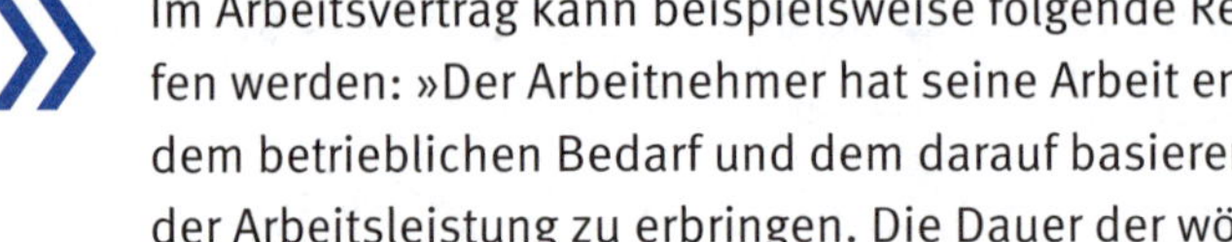

» Im Arbeitsvertrag kann beispielsweise folgende Regelung getroffen werden: »Der Arbeitnehmer hat seine Arbeit entsprechend dem betrieblichen Bedarf und dem darauf basierenden Abruf der Arbeitsleistung zu erbringen. Die Dauer der wöchentlichen Arbeitszeit beträgt ____ Stunden. Bei jedem Arbeitseinsatz wird der Arbeitnehmer für mindestens drei aufeinanderfolgende Stunden beschäftigt.«

Nicht zulässig ist eine Vereinbarung, nach der es dem Arbeitgeber überlassen ist, einseitig Umfang und Dauer der Arbeitsleistung des Arbeitnehmers zu bestimmen. Entsprechende arbeitsvertragliche Vereinbarungen genügen nicht den gesetzlichen Anforderungen.

Folgende Regelung im Arbeitsvertrag wäre unwirksam, weil keine Stundenzeit festgelegt ist: »Die Arbeitszeit wird entsprechend den Anforderungen des Unternehmens festgesetzt. Die Einteilung der Arbeitszeit obliegt dem Arbeitgeber.« Die Regelung überlässt es allein dem Direktionsrecht des Arbeitgebers, wann und in welchem Umfang der Arbeitnehmer auf Abruf herangezogen wird.

## Modelle der Abrufarbeit

In der Praxis finden sich unterschiedliche Modelle **variabler Arbeitszeitvereinbarungen.** So können zum Beispiel im Rahmen einer Bandbreitenregelung wöchentliche Mindest- und Höchstarbeitszeiten vereinbart werden, die es dem Arbeitgeber ermöglichen, auf Bedarfsschwankungen zu reagieren.

Im Arbeitsvertrag kann beispielsweise folgende Regelung getroffen werden: »Die wöchentliche Arbeitszeit beträgt mindestens ____ Stunden und höchstens ____ Stunden. Bei jedem Arbeitseinsatz wird der Arbeitnehmer für mindestens drei aufeinanderfolgende Stunden beschäftigt.«

Die Lage der Arbeitszeit kann auch variabel im Rahmen eines vorbestimmten Bezugszeitraums bei festgeschriebenem Arbeitsumfang vereinbart werden. Während die Dauer der Arbeitszeit für den Bezugszeitraum feststeht, werden Arbeitsbeginn und -ende nicht vertraglich festgelegt, sondern hängen vom Abruf des Arbeitgebers ab (sog. KAPOVAZ-Abrede).

Im Arbeitsvertrag kann etwa folgende Regelung getroffen werden: »Die regelmäßige Arbeitszeit beträgt ____ Stunden in der Woche/im Monat. Der Arbeitnehmer hat seine Arbeitsleistung entsprechend dem betrieblichen Bedarf in dem oben genannten Abrufzeitraum zu erbringen. Die Arbeitsleistung wird vom Arbeitgeber abgerufen und kann nur nach Abruf erbracht werden. Der Arbeitgeber bestimmt Beginn und Ende der Arbeitszeit. Die tägliche Arbeitszeit beträgt mindestens drei, höchstens ____ Stunden. Sie darf die regelmäßige betriebsübliche Arbeitszeit einer Vollzeitkraft nicht überschreiten.«

Zulässig ist es auch, wenn sich der Arbeitgeber im Rahmen von Abrufarbeit vorbehält, bis zu 25 % Mehrstunden, als eigentlich in Form der regelmäßigen Arbeitszeit vereinbart wurde, abzurufen, ohne dass dem Arbeitnehmer auf solche Mehrstunden ein vertraglicher Anspruch auf Arbeit zusteht.

Im Arbeitsvertrag wird Folgendes vereinbart: »Die Dauer der wöchentlichen Arbeitszeit beträgt ____ Stunden (Regelarbeitszeit). Der Arbeitnehmer erklärt sich damit einverstanden und verpflichtet sich, auf Aufforderung des Arbeitgebers bis zu ____ Stunden *[höchstens 25 %]* mehr als die oben vereinbarte Regelarbeitszeit zu arbeiten. Für geleistete Mehrarbeit erhält der Arbeitnehmer dieselbe Vergütung wie für Arbeitsstunden innerhalb der Regelarbeitszeit.«

## Abruf der Arbeit

Der Arbeitnehmer ist nur zur Arbeitsleistung verpflichtet, wenn der Arbeitgeber ihm die Lage seiner Arbeitszeit mindestens vier Tage im Voraus mitteilt (§ 12 Abs. 3 TzBfG). Die Vereinbarung von kürzeren Ankündigungsfristen im Arbeitsvertrag ist unwirksam.

Gesetzlich ist **keine Form** des Abrufs vorgeschrieben. Der Abruf kann zum Beispiel auch durch Aushang (z.B. am Schwarzen Brett des Betriebs) erfolgen, wenn der rechtzeitige Zugang der Bekanntmachung gesichert ist. Der Arbeitnehmer muss also die Möglichkeit zur Kenntnisnahme haben, das heißt, es muss mit seiner Anwesenheit im Betrieb gerechnet werden können.

Im Arbeitsvertrag kann etwa folgende Regelung getroffen werden: »Der Arbeitgeber wird dem Arbeitnehmer spätestens am ____ *[Tag]* des laufenden Kalendermonats den Bedarf an Arbeitsleistung und deren Zeiteinteilung für den Folgemonat mitteilen.«

## Arbeitsplatzteilung

Eine Arbeitsplatzteilung ist eine besondere Form des Teilzeitarbeitsverhältnisses. Sie liegt vor, wenn der Arbeitgeber mit mehreren Arbeitnehmern vereinbart, dass diese sich die Arbeitszeit an einem Arbeitsplatz teilen (§ 13 Abs. 1 Satz 1 TzBfG). Dabei schließt der Arbeitgeber mit jedem beteiligten Arbeitnehmer (Jobsharer) einen eigenen Arbeitsvertrag. Zwischen den einzelnen Arbeitnehmern bestehen keine vertraglichen Beziehungen.

### Lage der Arbeitszeit

Auch ohne spezielle Regelung im Arbeitsvertrag können die **Jobsharer** die Verteilung der Arbeitszeit untereinander selbst bestimmen. Wird keine Einigung erzielt, entscheidet der Arbeitgeber gemäß seinem Direktionsrecht.

Im Arbeitsvertrag kann etwa folgende Regelung getroffen werden: »Im Rahmen der Arbeitsplatzteilung wird der Arbeitnehmer ab dem ____ als __________ *[Tätigkeitsbeschreibung]* eingestellt. Die betriebsübliche Arbeitszeit beträgt täglich/wöchentlich/monatlich ____ Stunden. Der Arbeitnehmer verpflichtet sich, während dieser Zeiten den zugewiesenen Arbeitsplatz in Abstimmung mit dem/den anderen am gleichen Arbeitsplatz Beschäftigten ständig zu besetzen. Überschneidungen mit der

Arbeitszeit des/der anderen Beschäftigten dürfen nicht stattfinden. Die in die Arbeitsplatzteilung einbezogenen Arbeitnehmer müssen sich über die Aufteilung der Arbeitszeit im Rahmen der betriebsüblichen Arbeitszeit untereinander abstimmen. Sie sind verpflichtet, dem Arbeitgeber jeweils ____ Tage im Voraus für einen Zeitraum von ____ Wochen/Monaten einen Arbeitsplan vorzulegen. Können sich die in die Arbeitsplatzteilung einbezogenen Arbeitnehmer nicht einigen, kann der Arbeitgeber die Arbeitszeit/Aufteilung verbindlich im Rahmen seines Direktionsrechts regeln.«

## Vertretung

Ist im Rahmen der Arbeitsplatzteilung ein Arbeitnehmer an der Arbeitsleistung verhindert, sind die anderen Arbeitnehmer zur Vertretung **verpflichtet,** wenn sie der Vertretung im Einzelfall zugestimmt haben (§ 13 Abs. 1 Satz 2 TzBfG).

---

**Achtung:** Eine generelle Vorabvereinbarung zur **gegenseitigen Vertretungspflicht** ist unzulässig und unwirksam. Vorab kann die Pflicht zur Vertretung allerdings für den Fall eines dringenden betrieblichen Bedürfnisses vereinbart werden, wenn dies für den Arbeitnehmer im Einzelfall zumutbar ist (§ 13 Abs. 1 Satz 3 TzBfG).

---

Im Arbeitsvertrag kann beispielsweise folgende Regelung getroffen werden: »Im Falle eines dringenden betrieblichen Erfordernisses ist der Arbeitnehmer zur Vertretung der anderen in die Arbeitsplatzteilung einbezogenen Arbeitnehmer verpflichtet; dies jedoch nur, soweit sie ihm im Einzelfall zumutbar ist. Die in die Arbeitsplatzteilung einbezogenen Arbeitnehmer können die Vertretung im Einzelfall selbst regeln. Kommt eine Einigung nicht zustande, wird die Vertretung durch den Arbeitgeber im Rahmen seines Direktionsrechts angeordnet.«

## Altersteilzeit

Bei der Altersteilzeit handelt es sich um eine Art »Vorruhestandsmodell«, bei dem die Arbeitszeit des Beschäftigten um die Hälfte der üblichen Arbeitszeit gekürzt wird. Älteren Arbeitnehmern wird damit die Möglichkeit des gleitenden Übergangs in den Ruhestand ermöglicht. Bei der Altersteilzeit wird die bisherige wöchentliche Arbeitszeit um die **Hälfte reduziert.** Die versicherungspflichtige Beschäftigung wird fortgesetzt. Der Arbeitgeber ist verpflichtet, das Gehalt aufzustocken und zusätzliche Beiträge zur Rentenversicherung zu leisten. Grundlage ist das Altersteilzeitgesetz.

---

**Achtung:** Für Arbeitnehmer, die ihre Altersteilzeit vor dem 1.1.2010 begonnen haben, konnten Sie als Arbeitgeber eine staatliche Förderung der Altersteilzeit durch die Bundesagentur für Arbeit in Anspruch nehmen. Diese Förderung ist entfallen.

---

### Altersteilzeitmodelle

Die Verringerung (Halbierung) der Arbeitszeit des Arbeitnehmers kann in verschiedenen Formen erfolgen:

- **Gleichverteilungsmodell:** Die Arbeitszeit wird über den gesamten Zeitraum der Altersteilzeit auf die Hälfte reduziert. Dies kann etwa mit halben Arbeitstagen oder weniger Arbeitstagen pro Woche realisiert werden.
- **Blockmodell:** Die Altersteilzeit wird in zwei gleich lange Phasen unterteilt. In der ersten Phase (Arbeitsphase) wird regulär weitergearbeitet, in der zweiten Phase (Freistellungsphase) wird gar nicht mehr gearbeitet.
- **Individuelles Modell:** Die genaue Verteilung der Arbeitszeit können Arbeitgeber und Arbeitnehmer individuell vereinbaren. So ist zum Beispiel auch eine stufenweise Reduzierung der Arbeitszeit oder der Arbeitstage möglich.

## Voraussetzungen

Für die Altersteilzeit müssen sowohl der Arbeitgeber als auch der Arbeitnehmer bestimmte Voraussetzungen erfüllen, wenn der Aufstockungsbetrag des Arbeitgebers steuer- und sozialabgabenfrei bleiben soll.

Der Arbeitnehmer muss folgende Voraussetzungen erfüllen:

- Er muss bis zum Zeitpunkt des Beginns der Altersteilzeit das **55. Lebensjahr** vollendet haben.
- Der Arbeitnehmer muss mit dem Arbeitgeber eine **Vereinbarung abschließen,** nach der die Arbeitszeit auf die Hälfte der bisherigen wöchentlichen Arbeitszeit reduziert wird und die Versicherungspflicht in der Arbeitslosenversicherung vorliegt.
- Der Arbeitnehmer muss in den letzten fünf Jahren vor der Altersteilzeitarbeit mindestens 1.080 Kalendertage in einer **sozialversicherungspflichtigen Beschäftigung** gestanden haben.
- Die Altersteilzeit muss sich zwingend auf einen Zeitraum erstrecken, welcher mit dem **Beginn der Altersrente** endet.

Der Arbeitgeber muss das Regelarbeitsentgelt, das der Arbeitnehmer aus der reduzierten Arbeitszeit erhält, um **mindestens 20 % aufgestockt** haben. Zusätzlich muss der Arbeitgeber Beiträge zur gesetzlichen Rentenversicherung mindestens in Höhe des Betrags entrichtet haben, der auf 80 % des Regelarbeitsentgelts für die Altersteilzeitarbeit, begrenzt auf den Unterschiedsbetrag zwischen 90 % der monatlichen Beitragsbemessungsgrenze und der Regelarbeitsentgeltgrenze, entfällt, höchstens bis zur Beitragsbemessungsgrenze.

## Altersteilzeitvertrag

Altersteilzeit wird durch eine vertragliche Vereinbarung zwischen dem Arbeitgeber und dem Arbeitnehmer begründet. Der Altersteilzeitvertrag tritt (insbesondere hinsichtlich der Arbeitszeit- und Entgeltregelung) an die Stelle des bisherigen Arbeitsvertrags.

---

**Achtung:** Das Altersteilzeitgesetz räumt dem Arbeitnehmer **keinen Rechtsanspruch auf Altersteilzeit** ein. Bei Kleinbetrieben erfolgt die Vereinbarung auf freiwilliger Basis.

---

### 2.7.4 450-Euro-Minijob

Der sogenannte 450-Euro-Minijob ist eine Form der sogenannten **geringfügigen Beschäftigung,** die in der Arbeitswelt eine große Rolle spielt. Dabei handelt es sich um ein ganz normales Arbeitsverhältnis, für das allerdings sozialversicherungsrechtliche und steuerrechtliche Sonderreglungen gelten.

Eine geringfügige Beschäftigung liegt vor, wenn das Arbeitsentgelt aus dieser Beschäftigung regelmäßig im Monat **450,– € nicht übersteigt** (§ 8 Abs. 1 Nr. 1 SGB IV). Zum Arbeitsentgelt gehören alle laufenden und einmaligen Einnahmen aus einer Beschäftigung, gleichgültig ob ein Rechtsanspruch auf die Einnahmen besteht, unter welcher Bezeichnung oder in welcher Form sie geleistet werden und ob sie unmittelbar aus der Beschäftigung oder im Zusammenhang mit ihr erzielt werden (§ 14 Abs. 1 SGB IV). Zum regelmäßigen Arbeitsentgelt zählen auch anteilig Sonderzahlungen wie zum Beispiel Weihnachtsgratifikationen oder Urlaubsgeld.

#### Sozialversicherung und Lohnsteuer

Der gewerbliche Arbeitgeber eines 450-Euro-Minijobbers muss **Pauschalbeiträge** zur Kranken- und Rentenversicherung, eine Pauschsteuer und Umlagen als Ausgleich für seine Aufwendungen bei Krankheit oder Schwangerschaft bzw. Mutterschaft sowie eine Umlage für den Fall einer Insolvenz zahlen. Die Abgaben müssen monatlich der Minijob-Zentrale mit dem Beitragsnachweis gemeldet und gezahlt werden. Bezogen auf das Arbeitsentgelt sind zu zahlen:

- 15 % Rentenversicherung,
- 13 % Krankenversicherung,

- 2 % Pauschsteuer (einschließlich Kirchensteuer und Solidaritätszuschlag), sofern nicht per Lohnsteuerkarte abgerechnet wird (vgl. dazu unten),
- 1 % Umlage (U 1) zum Ausgleich der Aufwendungen bei Krankheit (nur wenn die Beschäftigung länger als vier Wochen dauert),
- 0,39 % Umlage (U 2) zum Ausgleich der Arbeitgeberaufwendungen bei Schwangerschaft/Mutterschaft,
- 0,12 % Insolvenzgeldumlage (U 3).

Die jeweils aktuellen Umlagesätze finden Sie auf der Internetseite der Minijob-Zentrale unter www.minijob-zentrale.de.

### Rentenversicherung

Seit dem 1.1.2013 sind geringfügig Beschäftigte bei Neueinstellungen **Pflichtmitglied** in der gesetzlichen Rentenversicherung, sofern sie sich nicht durch Antrag von der Versicherungspflicht befreien lassen. In diesem Fall beläuft sich der vom Arbeitnehmer zu tragende Anteil am Rentenversicherungsbeitrag auf 3,6 % des Arbeitsentgelts. Er ergibt sich aus der Differenz zwischen dem Pauschalbeitrag des Arbeitgebers (15 %) und dem vollen Beitrag zur Rentenversicherung in Höhe von 18,6 %.

Lässt sich der Arbeitnehmer von der Versicherungspflicht befreien, zahlt nur der Arbeitgeber den Pauschalbeitrag zur Rentenversicherung von 15 %. Als Folge erwirbt der Arbeitnehmer aber auch keine vollen Leistungsansprüche aus der Rentenversicherung. Die **Befreiung** kann nur für die Zukunft und im Falle der Ausübung mehrerer geringfügiger Beschäftigungen nur einheitlich für alle Beschäftigungen erklärt werden.

Obwohl Sie als Arbeitgeber nach dem Nachweisgesetz nicht verpflichtet sind, den Arbeitnehmer auf die Möglichkeit der Befreiung von der Versicherungspflicht hinzuweisen, ist es sinnvoll, im Arbeitsvertrag auf diese Möglichkeit hinzuweisen.

## Unfallversicherung

Die gesetzliche Unfallversicherung sichert den Minijobber bei einem Arbeitsunfall, Arbeitswegeunfall oder einer Berufskrankheit ab. Die Beschäftigung muss nicht bei der Minijob-Zentrale, sondern bei der zuständigen **Berufsgenossenschaft** gemeldet werden. Die Beiträge zur Unfallversicherung hat der Arbeitgeber zu tragen.

## Lohnsteuer

Lohnsteuer kann für geringfügig Beschäftigte wie folgt erhoben werden:

- Pauschal 2 % (einheitlicher Pauschsteuersatz), wenn der Arbeitgeber pauschale Rentenversicherungsbeiträge entrichtet (der Steuersatz beinhaltet die Lohnsteuer und die Kirchensteuer),
- pauschal 20 %, wenn keine pauschalen Rentenversicherungsbeiträge entrichtet werden, oder
- individuelle Besteuerung anstelle der Pauschalierung der Lohnsteuer (sie ist sinnvoll, wenn für den Arbeitnehmer überhaupt keine Lohnsteuer anfällt, weil der Freibetrag nicht überschritten wird).

## Arbeitsrecht

Die geringfügige Beschäftigung ist eine **Sonderform** des Teilzeitarbeitsverhältnisses (§ 2 Abs. 2 TzBfG). Für sie gelten deshalb grundsätzlich die gleichen arbeitsrechtlichen Grundsätze und Bestimmungen wie für Arbeitnehmer in Teilzeitbeschäftigungsverhältnissen. Sie dürfen also nicht schlechter behandelt werden als ein vergleichbarer vollzeitbeschäftigter Arbeitnehmer, es sei denn, dass sachliche Gründe eine unterschiedliche Behandlung rechtfertigen (§ 4 Abs. 1 TzBfG). Vgl. dazu auch 3.14.1.

## Arbeitszeit

Auch für geringfügig Beschäftigte gelten die gesetzlichen Regelungen über die Arbeitszeit. Die werktägliche Arbeitszeit (einschließlich Samstag) ist auf **acht Arbeitsstunden** begrenzt. Sie kann aber auf bis zu zehn Stunden verlängert werden, wenn innerhalb von sechs Monaten bzw. 24 Wochen ein Zeitausgleich auf im Durchschnitt acht Stunden werktäglich gewährleistet wird (wegen der Einzelheiten vgl. 3.7.1). Als Ausgleich kommen auch arbeitsfreie Werktage in Betracht. Für flexibel beschäftigte Teilzeitkräfte ist der Zeitausgleich deshalb nur ganz selten ein Problem. Auch die sonstigen Schutzbestimmungen des Arbeitszeitgesetzes gelten für geringfügig Beschäftigte.

Auch geringfügig Beschäftigte sind nur dann verpflichtet, **Überstunden** zu leisten, wenn dem Arbeitgeber ausdrücklich im Arbeitsvertrag das Recht eingeräumt wurde, Überstunden anzuordnen. Es gelten in diesem Zusammenhang die für Vollzeitkräfte unter 3.7.3 dargestellten arbeitsrechtlichen Grundsätze auch für geringfügig Beschäftigte.

## Vergütung

Die Vergütung des geringfügig Beschäftigten richtet sich grundsätzlich nach der für die Vollzeitbeschäftigten. Ihm steht eine seiner Arbeitsleistung entsprechende Vergütung zu (vgl. dazu 3.14.3). Für ganz Deutschland gilt eine gesetzlich festgelegte Lohnuntergrenze – der flächendeckende **Mindestlohn.** Dieser gilt grundsätzlich auch für Minijobber (vgl. dazu 3.5.4).

---

**Achtung:** Als gewerblicher Arbeitgeber müssen Sie für Minijobber grundsätzlich **detaillierte Stundenaufzeichnungen** anfertigen. Als Nachweis gelten die maschinelle Zeiterfassung oder entsprechende manuelle Aufzeichnungen. Sie sind verpflichtet, Beginn, Ende und Dauer der täglichen Arbeitszeit spätestens bis zum

Ablauf des siebten auf den Tag der Arbeitsleistung folgenden Kalendertages aufzuzeichnen und diese Aufzeichnungen mindestens zwei Jahre aufzubewahren.

---

## Gratifikationen

Der Grundsatz der Gleichbehandlung gilt auch für Gratifikationen (vgl. dazu im Einzelnen 3.6). Zahlt der Arbeitgeber seinen vollzeitbeschäftigten Arbeitnehmern eine Gratifikation (z.B. Weihnachtsgeld oder Urlaubsgeld), so haben auch seine Minijobber einen Anspruch darauf, es sei denn, es gibt für diese unterschiedliche Behandlung sachliche Gründe, z.B. Arbeitsleistung, Qualifikation, Berufserfahrung oder unterschiedliche Arbeitsplatzanforderungen. Dem Minijobber steht somit eine **Sonderzahlung** zu, die anteilig – bezogen auf seine Arbeitszeit – mindestens so hoch ist, wie die eines vergleichbaren vollzeitbeschäftigten Arbeitnehmers.

## Lohnfortzahlung im Krankheitsfall

Wie jeder andere Arbeitnehmer haben geringfügig Beschäftigte Anspruch auf Lohnfortzahlung im Krankheitsfall (vgl. dazu 3.10). Ist der Minijobber wegen unverschuldeter Krankheit oder einer medizinischen Vorsorge- bzw. Rehabilitationsmaßnahme arbeitsunfähig, hat er Anspruch darauf, dass ihm sein regelmäßiger Verdienst **bis zu sechs Wochen** weitergezahlt wird. Das Arbeitsentgelt muss für die Tage gezahlt werden, an denen der Minijobber ohne Arbeitsunfähigkeit arbeiten müsste. Der Anspruch auf Entgeltfortzahlung besteht aber erst nach vier Wochen der Beschäftigung.

## Kündigungsschutz

Weder bei den Kündigungsfristen noch beim Kündigungsschutz darf zwischen Vollzeitkräften und geringfügig Beschäftigten unterschieden werden. Weil das Kündigungsschutzgesetz auf Kleinbetriebe allerdings keine Anwendung findet, kann der Arbeitgeber ein Arbeitsverhältnis im Kleinbetrieb grundsätzlich jederzeit unter Beachtung der **gesetzlichen Kündigungsfristen** kündigen. Insbesondere ist für die Kündigung nicht erforderlich, dass ein sachlicher Grund vorliegt. Gleichwohl sind dem Arbeitgeber auch in Kleinbetrieben bei Kündigungen allgemeine Grenzen gesetzt (wegen der Einzelheiten vgl. 4.2.2).

Besonderer Kündigungsschutz besteht auch für Minijobber im Rahmen des **Mutterschutzes** (vgl. dazu 3.15.2) und der Elternzeit (vgl. dazu 3.16.7) sowie für **schwerbehinderte** geringfügig Beschäftigte (vgl. dazu 3.17.5).

### Arbeitszeugnis

Auf Verlangen muss dem geringfügig Beschäftigten bei Beendigung des Arbeitsverhältnisses ein Zeugnis ausgestellt werden (vgl. dazu 4.7.2).

### Urlaubsanspruch

Geringfügig Beschäftigte haben wie Vollzeitbeschäftigte Anspruch auf bezahlten Erholungsurlaub. Der gesetzliche Urlaubsanspruch beträgt jährlich **mindestens vier Wochen** bzw. 24 Werktage bei einer Sechstagewoche (vgl. dazu 3.9).

- Arbeitet eine Teilzeitkraft an allen Arbeitstagen der Woche, umfasst der Urlaubsanspruch ebenso viele Tage wie bei den Vollzeitbeschäftigten im Unternehmen. Arbeitet ein Minijobber also beispielsweise fünf Werktage die Woche, stehen ihm 20 Urlaubstage zu, selbst wenn er nur zehn Stunden in der Woche insgesamt arbeitet.
- Anders ist dies bei Minijobbern, die nicht an allen Arbeitstagen der Woche oder des Monats arbeiten. Ihr Urlaubsanspruch in Arbeitstagen wird im gleichen Umfang gekürzt, wie die Zahl ihrer Arbeitstage gegenüber der einer Vollzeitkraft vermindert ist.

Wenn beispielsweise ein Minijobber nur an zwei Werktagen pro Woche arbeitet, stehen ihm nur acht Urlaubstage (2 × 24 : 6) zu, selbst wenn er zehn Stunden in der Woche insgesamt arbeitet.

---

**Achtung:** Wenn Sie Ihren vollzeitbeschäftigten Arbeitnehmern über den gesetzlichen Mindesturlaubsanspruch hinaus weitere Urlaubstage gewähren, steht auch dem Minijobber ein entsprechender höherer Urlaubsanspruch zu.

---

### 2.7.5 Kurzfristige Beschäftigung

Auch die sogenannte kurzfristige Beschäftigung ist eine Form der geringfügigen Beschäftigung. Dabei handelt es sich um ein ganz normales Arbeitsverhältnis, für das allerdings sozialversicherungsrechtliche und steuerrechtliche Sonderreglungen gelten.

Eine kurzfristige Beschäftigung ist von vornherein auf einen **bestimmten Zeitraum begrenzt.** Sie liegt vor, wenn die Beschäftigung innerhalb eines Kalenderjahres auf längstens drei Monate oder 70 Arbeitstage befristet ist und die Beschäftigung nicht berufsmäßig ausgeübt wird. Die Höhe des Verdienstes hat keine Bedeutung. Die Geringfügigkeitsgrenze von 450,– € gilt bei einer kurzfristigen Beschäftigung nicht. Berufsmäßigkeit ist im Regelfall gegeben, wenn die Tätigkeit – und sei es mit Unterbrechungen – mit einer gewissen Regelmäßigkeit aufgenommen, also häufig und voraussehbar aufgenommen wird.

---

**Achtung:** Wird die Zeitgrenze von drei Monaten oder 70 Arbeitstagen überschritten, liegt eine regelmäßig ausgeübte Beschäftigung vor. Das ist der Fall, wenn Sie als Arbeitgeber absehen können, dass Ihre Aushilfe die Zeitgrenzen von drei Monaten bzw. 70 Arbeitstagen überschreitet. Verdient die Aushilfe regelmäßig bis zu 450,– € im Monat, hat sie einen 450-Euro-Minijob.

---

Bei der Prüfung, ob die Zeiträume von drei Monaten oder 70 Arbeitstagen überschritten werden, sind die Zeiten mehrerer aufeinanderfolgender kurzfristiger Minijobs ohne Rücksicht auf die Höhe der darin erzielten Arbeitsverdienste zusammenzurechnen. Dies gilt auch dann, wenn die einzelnen Beschäftigungen bei verschiedenen Arbeitgebern ausgeübt werden. Es muss also jeweils bei Beginn einer neuen Beschäftigung geprüft werden, ob diese – zusammen mit den schon im laufenden Kalenderjahr ausgeübten kurzfristigen Beschäftigungen des Arbeitnehmers – die maßgebende Zeitgrenze überschreitet.

## Sozialversicherung

Die kurzfristige Beschäftigung ist in der Kranken-, Pflege-, Renten- und Arbeitslosenversicherung versicherungs- und **beitragsfrei,** unabhängig von der Höhe des Verdienstes. Weder der Arbeitgeber noch der Beschäftigte zahlen Sozialversicherungsbeiträge. Für den Arbeitgeber eines kurzfristig Beschäftigten fallen nur Umlagen zum Ausgleich seiner Aufwendungen bei Krankheit des Beschäftigten und Schwangerschaft bzw. Mutterschaft einer Arbeitnehmerin sowie eine Umlage für den Fall einer Insolvenz an:

- 1 % Umlage zum Ausgleich der Aufwendungen bei Krankheit (nur wenn die Beschäftigung länger als vier Wochen dauert),
- 0,39 % Umlage zum Ausgleich der Arbeitgeberaufwendungen bei Schwangerschaft/Mutterschaft,
- 0,12 % Insolvenzgeldumlage.

## Unfallversicherung

Der kurzfristig Beschäftigte ist kraft Gesetzes in der gesetzlichen Unfallversicherung gegen Arbeitsunfälle und Berufskrankheiten versichert. Die Beiträge zu dieser Pflichtversicherung müssen vom Arbeitgeber an die zuständige **Berufsgenossenschaft** gezahlt werden.

### Lohnsteuer

Kurzfristig Beschäftigte können individuell nach der **Steuerklasse** des Beschäftigten oder mit einer pauschalen Lohnsteuer in Höhe von 25 % besteuert werden.

Der Arbeitslohn aus einer kurzfristigen Beschäftigung kann **pauschal** mit 25 % besteuert werden, wenn

- der Beschäftigte gelegentlich – nicht regelmäßig wiederkehrend – beschäftigt ist,
- die Beschäftigung nicht länger als 18 zusammenhängende Arbeitstage dauert,
- der Arbeitslohn während der Beschäftigungsdauer durchschnittlich bei 120,– € pro Arbeitstag nicht übersteigt und
- der auf einen Stundenlohn umgerechnete Arbeitslohn durchschnittlich 15,– € nicht übersteigt.

Die Lohnsteuer bestimmt sich in der Regel nach der Lohnsteuerklasse des Beschäftigten, sofern von der pauschalen Lohnsteuer von 25 % kein Gebrauch gemacht wird.

### Arbeitsrecht

Für kurzfristige Beschäftigungen gelten grundsätzlich dieselben arbeitsrechtlichen Vorschriften wie bei anderen Arbeitsverhältnissen. Wegen der begrenzten Dauer bestehen allerdings einige Besonderheiten (vgl. dazu 2.7.7).

## 2.7.6 Arbeitsvertrag mit Probezeit

In einem Arbeitsvertrag vereinbaren Arbeitgeber und Arbeitnehmer regelmäßig eine Probezeit. Damit soll den Vertragsparteien die Möglichkeit gegeben werden, sich kennenzulernen, sich ein Bild über den Arbeitsplatz und den Vertragspartner zu machen und zu entscheiden, ob sie auch in Zukunft zusammenarbeiten wollen. Im Grundsatz geht es bei der Vereinbarung einer Probezeit darum, den Arbeitsvertrag gegebenenfalls wieder problemlos beenden zu können.

Das Probearbeitsverhältnis ist ein ganz normales Arbeitsverhältnis. Arbeitgeber und Arbeitnehmer haben deshalb dieselben Rechte und Pflichten, die sie auch in einem Arbeitsverhältnis ohne Probezeit hätten. Für den Arbeitnehmer bestehen beispielsweise Urlaubsansprüche und der Anspruch auf Lohnfortzahlung im Krankheitsfall, im Gegenzug ist er zur Verschwiegenheit verpflichtet und er hat das Wettbewerbsverbot zu beachten.

---

**Achtung:** Eine Probezeit ist grundsätzlich nur dann Inhalt des Arbeitsverhältnisses, wenn dies **gesetzlich vorgesehen oder besonders vereinbart** ist, in Kleinbetrieben regelmäßig durch eine ausdrückliche Regelung im Arbeitsvertrag. Eine gesetzliche Probezeit von mindestens einem Monat ist für Berufsausbildungsverhältnisse zwingend.

---

Das Probearbeitsverhältnis kann als Arbeitsverhältnis auf **unbestimmte Zeit** vereinbart werden, das nach Ablauf der Probezeit in ein normales Arbeitsverhältnis übergeht, wenn es nicht zuvor gekündigt wird (unbefristetes Arbeitsverhältnis), oder als befristetes Arbeitsverhältnis, das nach Ablauf der Probezeit endet (befristetes Probearbeitsverhältnis).

### Unbefristetes Probearbeitsverhältnis

In der Regel ist das Probearbeitsverhältnis einem auf unbestimmte Zeit eingegangenes vorgeschaltet (vgl. dazu 2.7.1). In diesen Fällen liegt ein unbefristetes Arbeitsverhältnis vor, in dem eine bestimmte Zeit als Probezeit vereinbart ist. Das Arbeitsverhältnis endet also nicht automatisch nach Ablauf der Probezeit. Vielmehr besteht es automatisch als unbefristetes Dauerarbeitsverhältnis fort, wenn es nicht von einem Vertragspartner während der Probezeit gekündigt wurde. Dabei hat die Vereinbarung der Probezeit im Arbeitsvertrag letztlich Auswirkungen dahin gehend, wie schnell und zu welchem Termin der Arbeitsvertrag gekündigt werden kann.

---

**Achtung:** Wenn sich aus der Formulierung des Arbeitsvertrags nicht eindeutig ein **befristetes Probearbeitsverhältnis** ergibt, ist im Zweifel von einem Dauerarbeitsverhältnis mit vorgeschalteter Probezeit auszugehen. Die vorgeschaltete Probezeit ist also die Regel, das befristete Probearbeitsverhältnis die Ausnahme. Wollen Sie zum Zwecke der Erprobung ein zeitlich befristetes Arbeitsverhältnis begründen, muss die Befristung ausdrücklich und eindeutig vereinbart werden. Ferner bedarf die Befristungsabrede der Schriftform (§ 14 Abs. 4 TzBfG).

---

Während der vereinbarten Probezeit kann das Arbeitsverhältnis mit einer **verkürzten Kündigungsfrist** von zwei Wochen zu jedem beliebigen Tag gekündigt werden, wenn keine besondere Kündigungsfrist vereinbart wurde (§ 622 Abs. 3 BGB). Diese kurze Kündigungsfrist gilt aber höchstens für die Dauer von sechs Monaten, und zwar sowohl für die Kündigung des Arbeitgebers als auch für die des Arbeitnehmers. Wurde im Arbeitsvertrag eine längere Probezeit als sechs Monate vereinbart, so gilt die kürzere Kündigungsfrist nur für die ersten sechs Monate des Arbeitsverhältnisses. Ausreichend für die kurze Kündigungsfrist ist, dass eine Probezeit vereinbart ist; einer besonderen Vereinbarung der verkürzten Kündigungsfrist bedarf es nicht.

Das mit einer vorgeschalteten Probezeit abgeschlossene unbefristete Arbeitsverhältnis kann noch am letzten Tag einer höchstens sechsmonatigen Probezeit mit der verkürzten Frist gekündigt werden. Danach gelten die allgemeinen Kündigungsfristen. Wird das Arbeitsverhältnis weder vom Arbeitgeber noch vom Arbeitnehmer nach Ablauf der Probezeit gekündigt, läuft es auf unbestimmte Zeit weiter.

Besonderheiten in Bezug auf das Kündigungsrecht des Arbeitgebers gelten für das **Berufsausbildungsverhältnis** und für den Fall, dass eine Beschäftigte in der Probezeit schwanger wird.

- Das Berufsausbildungsverhältnis (vgl. dazu 2.7.10), das zwingend mit einer Probezeit von mindestens einem Monat beginnt, kann innerhalb der Probezeit ohne Einhaltung einer Kündigungsfrist und ohne Angabe von Gründen von beiden Vertragsparteien gekündigt werden.
- Der Grundsatz, dass **schwangeren Arbeitnehmerinnen** nicht gekündigt werden darf (vgl. dazu 3.15.2), gilt auch während der Probezeit. Einer Mitarbeiterin, die in der Probezeit schwanger wird, kann der Arbeitgeber ab Kenntnis der Schwangerschaft bis vier Monate nach der Geburt nur kündigen, wenn die zuständige Behörde die Kündigung zuvor ausdrücklich für zulässig erklärt hat. Kündigt er ihr, ohne von der Schwangerschaft zu wissen, ist die Kündigung auch dann unwirksam, wenn die Frau ihm innerhalb von zwei Wochen nach Zugang der Kündigung ihre Schwangerschaft mitteilt.

## Befristetes Probearbeitsverhältnis

Eine Alternative zu einem Arbeitsvertrag auf unbestimmte Zeit mit vorgeschalteter Probezeit ist der Abschluss eines befristeten Vertrags zum **Zwecke der Erprobung.** In diesem Fall handelt es sich um ein echtes Probearbeitsverhältnis, weil das Arbeitsverhältnis endet, wenn der vereinbarte Endtermin erreicht ist und keine Fortsetzung vereinbart wurde. Das Arbeitsverhältnis endet automatisch mit dem Ablauf der Probezeit. Es muss also nicht gekündigt werden, um es zu beenden. Ein ausdrücklicher Hinweis des Arbeitgebers rechtzeitig vor Ablauf der Probezeit, dass eine Weiterbeschäftigung nicht in Betracht komme, ist nicht erforderlich.

Die Befristung des Arbeitsverhältnisses zur Erprobung ist ein sachlich anerkannter Grund, der die Befristung des Arbeitsvertrags rechtfertigt (§ 14 Abs. 1 Nr. 5 TzBfG). Die Erprobung muss allerdings tatsächlich und objektiv auch der Grund für die Befristung sein. Als Arbeitgeber müssen Sie also tatsächlich ein Bedürfnis haben, den Mitarbeiter zu erproben. Wenn Sie einen Arbeitnehmer neu einstellen, dann besteht hieran kein Zweifel. Können Sie aber die Fähigkeiten des Mitarbeiters beurteilen, weil dieser schon vorher auf einer anderen Stelle im Betrieb tätig war, dann fehlt es an diesem Erprobungsbedürfnis. In diesem Fall ist grundsätzlich davon auszugehen, dass die Befristung des Arbeitsvertrags zur Erprobung unwirksam ist.

Die Befristungsabrede zwischen Arbeitgeber und Arbeitnehmer bedarf der **Schriftform** (§ 14 Abs. 4 TzBfG). Die Nichteinhaltung dieser Form hat allerdings nicht die Unwirksamkeit des gesamten Arbeitsvertrags zur Folge. Vielmehr kommt in diesem Fall ein unbefristetes Arbeitsverhältnis zustande.

Während der Dauer des befristeten Probearbeitsverhältnisses ist die **ordentliche Kündigung ausgeschlossen,** da der Termin zur Beendigung des Arbeitsverhältnisses ja von Anfang an feststeht. Von dieser gesetzlichen Regel kann allerdings im Arbeitsvertrag abgewichen und vereinbart werden, dass das Probearbeitsverhältnis auch während der Probezeit gekündigt werden kann. Unabhängig davon besteht während der Probezeit bereits ein besonderer Kündigungsschutz gegen Kündigungen des Arbeitnehmers (z.B. bei Schwangerschaft oder in der Elternzeit).

## Dauer der Probezeit

Die Dauer der Probezeit ist gesetzlich nicht festgeschrieben. Sie beträgt im Allgemeinen bei einfachen Arbeiten **drei bis vier Monate,** bei schwierigen Arbeiten sechs bis neun Monate. Im Regelfall sind bis zu sechs Monate als angemessen anzusehen. Das gilt sowohl für das unbefristete als auch für das befristete Probearbeitsverhältnis. Ausnahmsweise kann eine längere als sechsmonatige Probezeit vereinbart werden, wenn innerhalb dieser Frist die Arbeitsleistung nicht beurteilt werden kann. Bei Berufsausbildungsverhältnissen beträgt die Probezeit kraft Gesetzes mindestens einen Monat; sie darf höchstens vier Monate betragen.

## Verlängerung der Probezeit

Unter Umständen stellt sich die Frage, die vom Arbeitgeber und Arbeitnehmer vereinbarte Probezeit zu verlängern. In diesem Fall ist von Bedeutung, ob ein unbefristetes Arbeitsverhältnis mit vorgeschalteter Probezeit oder ein befristetes Probearbeitsverhältnis vorliegt.

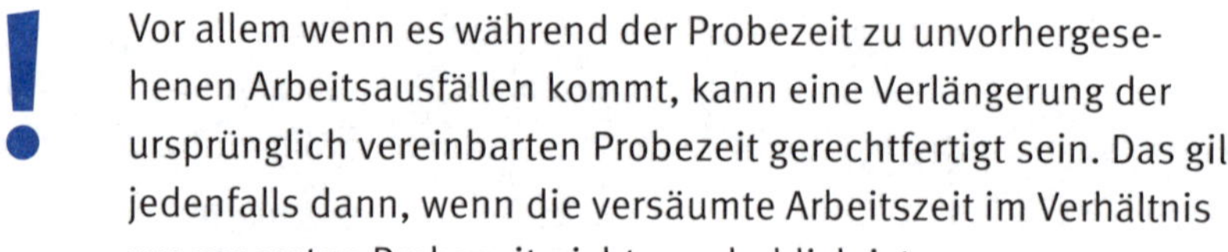

Vor allem wenn es während der Probezeit zu unvorhergesehenen Arbeitsausfällen kommt, kann eine Verlängerung der ursprünglich vereinbarten Probezeit gerechtfertigt sein. Das gilt jedenfalls dann, wenn die versäumte Arbeitszeit im Verhältnis zur gesamten Probezeit nicht unerheblich ist.

- Unproblematisch ist die **Verlängerung** der in einem unbefristeten Arbeitsverhältnis vorgeschalteten Probezeit auf sechs Monate, wenn eine kürzere Probezeit vereinbart wurde. Grundsätzlich kann die Probezeit auch über sechs Monate hinaus verlängert werden. In diesem Fall läuft sie jedoch ins Leere, weil die kürzere Kündigungsfrist nur für ein Arbeitsverhältnis mit einer Probezeit von längstens sechs Monaten gilt. In jedem Fall setzt die Verlängerung der Probezeit eine entsprechende Vereinbarung des Arbeitgebers mit dem Arbeitnehmer voraus.
- Bei einem befristeten Probearbeitsverhältnis kann die Probezeit nur verlängert werden, wenn die ursprünglich **vereinbarte Vertragsdauer** verlängert oder ein neuer befristeter Arbeitsvertrag abgeschlossen wird.

## Urlaubsanspruch in der Probezeit

Dem Arbeitnehmer steht während der Probezeit Erholungsurlaub zu. Anspruch auf den vollen gesetzlichen Urlaub hat er allerdings erst **sechs Monate nach Beginn** des Arbeitsverhältnisses (§ 4 BUrlG). Der Beschäftigte hat also keinen Anspruch darauf, den vollen Urlaub bereits während der Probezeit zu nehmen. Ihm steht allerdings für jeden Beschäftigungsmonat ein Zwölftel des gesetzlichen Mindesturlaubs zu.

Wird das Arbeitsverhältnis während der Probezeit gekündigt, muss dem Beschäftigten dessen **Resturlaub** gewährt werden. Ist das nicht möglich, muss der Urlaubsanspruch finanziell abgegolten werden (§ 7 Abs. 4 BUrlG).

## Entgeltfortzahlung bei Krankheit in der Probezeit

Erkrankt der Arbeitnehmer während der Probezeit und ist er arbeitsunfähig, hat er Anspruch auf Fortzahlung des Arbeitsentgelts bis zur Dauer von **sechs Wochen,** wenn er die vierwöchige Wartefrist erfüllt hat (vgl. dazu 3.10.1). Allerdings endet der Entgeltfortzahlungsanspruch mit dem Ende des Arbeitsverhältnisses (§ 8 Abs. 2 EFZG). Kündigt der Arbeitgeber also mit zweiwöchiger Frist innerhalb der Probezeit, bekommt der Arbeitnehmer weniger als die sechs Wochen Entgeltfortzahlung. Von dieser Regel gibt es aber eine wichtige Ausnahme: Der Arbeitnehmer kann die volle Entgeltfortzahlung von sechs Wochen beanspruchen, wenn der Arbeitgeber das Arbeitsverhältnis aus Anlass der Arbeitsunfähigkeit kündigt (§ 8 Abs. 1 Satz 1 EFZG). Der Arbeitgeber muss also unter Umständen selbst nach Beendigung des Arbeitsverhältnisses weiterhin eine Entgeltfortzahlung leisten, höchstens aber für sechs Wochen.

### 2.7.7 Aushilfsarbeitsvertrag

Bei einem Aushilfsarbeitsverhältnis soll nur ein **vorübergehender Mehrbedarf** an Arbeitskräften abgedeckt werden. Grund dafür kann sein, dass Stammkräfte (z.B. wegen Krankheit) ausfallen und ein begrenzter zusätzlicher Arbeitsanfall personell abgedeckt werden soll. Der Arbeitgeber will also von vornherein nicht ein auf Dauer angelegtes Arbeitsverhältnis begründen.

Regelmäßig wird das Aushilfsarbeitsverhältnis als **Teilzeitbeschäftigungsverhältnis** im Rahmen einer kurzfristigen Beschäftigung (vgl. dazu 2.7.5) oder als befristetes Arbeitsverhältnis begründet. Die Befristung des Arbeitsverhältnisses ist zulässig, wenn ein betrieblicher Bedarf an der Arbeitsleistung nur vorübergehend besteht. Zu beachten ist allerdings, dass eine Befristung dann nicht zulässig ist, wenn mit demselben Arbeitgeber bereits zuvor ein befristetes oder unbefristetes Arbeitsverhältnis bestanden hat. Bedarf die Befristung eines sachlichen Grunds, kann sich dieser aus dem vorübergehenden Arbeitskräftebedarf des Arbeitgebers ergeben (vgl. dazu auch 2.7.2).

---

**Achtung:** Wollen Sie das Aushilfsarbeitsverhältnis befristen, muss die **Befristung schriftlich vereinbart** werden (§ 14 Abs. 4 TzBfG) und hinreichend bestimmt sein. Das ist beispielsweise nicht der Fall, wenn die Einstellung des Arbeitnehmers »für einige Tage« erfolgt. Wird der Arbeitsvertrag befristet (z.B. für einen Monat), die Aushilfe aber darüber hinaus beschäftigt, kann ein unbefristetes Arbeitsverhältnis entstehen (§ 15 Abs. 5 TzBfG).

---

Ist das Aushilfsarbeitsverhältnis befristet abgeschlossen, endet es mit **Ablauf der vereinbarten Frist.** Während der vereinbarten Laufzeit kann das Arbeitsverhältnis sowohl vom Arbeitgeber als auch vom Arbeitnehmer nur dann ordentlich gekündigt werden, wenn dies ausdrücklich im Arbeitsvertrag vereinbart wurde.

Das Aushilfsarbeitsverhältnis kann auch auf unbestimmte Zeit, also unbefristet begründet werden. In diesem Fall endet es regelmäßig durch eine Kündigung.

Zwar gelten auch für das Aushilfsarbeitsverhältnis grundsätzlich die gesetzlichen Kündigungsfristen (vgl. dazu 4.2.1), allerdings kann die gesetzliche Kündigungsfrist während der ersten drei Monate verkürzt werden (§ 622 Abs. 5 Nr. 1 BGB).

Für das Aushilfsarbeitsverhältnis gelten grundsätzlich dieselben arbeitsrechtlichen Vorschriften wie bei anderen Arbeitsverhältnissen. Wegen der begrenzten Dauer sind allerdings einige Besonderheiten zu beachten

- Auch Beschäftigte im Rahmen eines Aushilfsarbeitsverhältnisses haben **Anspruch auf Entgeltfortzahlung** im Krankheitsfall. Der Anspruch entsteht allerdings erst, wenn das Arbeitsverhältnis vier Wochen bestanden hat. Ist der Beschäftigte vor Ablauf der Wartezeit erkrankt, erhält er Entgeltfortzahlung erst an dem Beginn der fünften Woche für den vollen Anspruchszeitraum von sechs Wochen.
- **Anspruch auf Erholungsurlaub** haben Arbeitnehmer erst, wenn das Arbeitsverhältnis sechs Monate bestanden hat. Diese Wartezeit werden kurzfristig Beschäftigte häufig nicht erfüllen. In diesem Fall steht ihnen jedoch ein Teilurlaubsanspruch zu.

### 2.7.8 Arbeitsverträge mit Praktikanten und Werkstudenten

Gelegentlich werden auch in Kleinbetrieben Praktikanten und sogenannte Werkstudenten beschäftigt. Praktikant ist, wer für eine **begrenzte Dauer** zum Erwerb praktischer Kenntnisse und Erfahrungen einer bestimmten betrieblichen Tätigkeit zur Vorbereitung auf eine berufliche Tätigkeit nachgeht. Dabei handelt es sich nicht um eine Berufsausbildung im Sinne des Berufsbildungsgesetzes. Um einen Werkstudenten handelt es sich, wenn ein Studierender **neben**

**seinem Studium** eine bezahlte Beschäftigung ausübt, um sich durch Arbeit die zur Durchführung des Studiums und zur Bestreitung seines Lebensunterhalts erforderlichen Mittel zu verdienen. Werkstudenten genießen das sogenannte Werkstudentenprivileg.

## Praktikantenvertrag

Unter einem Praktikum versteht man eine **vorübergehende Tätigkeit** zum Erwerb praktischer Kenntnisse und Erfahrungen. In diesem Fall stellt sich dann die Frage, ob und in welchem Umfang Arbeitsrecht Anwendung findet. In diesem Zusammenhang muss zwischen dem Pflichtpraktikum und dem freiwilligen Praktikum unterschieden werden.

- **Pflichtpraktika** dienen dazu, im Rahmen eines Studiums berufliche Praxiserfahrung zu erlangen. Sie werden für das erfolgreiche Absolvieren zahlreicher Studiengänge gefordert. Inhalt, Art und Dauer bestimmen sich üblicherweise nach der jeweiligen Studien- und Prüfungsordnung. Das Praktikum ist regelmäßig in den Ausbildungsvorgang integriert, beispielsweise als Vorpraktikum vor dem eigentlichen Studienbeginn.
- **Freiwillige Praktika** sind kein Bestandteil einer Ausbildung oder eines Studiums. Hier wird der Inhalt des Praktikums vom Unternehmen und vom Praktikanten bestimmt. Beide Seiten sind frei in der Ausgestaltung des Praktikums. Um ein freiwilliges Praktikum handelt es sich beispielsweise, wenn es nach Beendigung der Schulzeit zur Orientierung für eine Berufsausbildung oder für die Aufnahme eines Studiums geleistet wird.

Während bei Pflichtpraktika in der Regel weder ein Ausbildungs- noch ein Arbeitsverhältnis mit dem Unternehmen zustande kommt, ergeben sich die Rechte und Pflichten bei einem freiwilligen Praktikum aus dem Praktikumsvertrag und aus den arbeitsrechtlichen Regelungen.

## Nachweis der Arbeitsbedingungen

Wer einen Praktikanten einstellt, hat danach unverzüglich nach Abschluss des Praktikantenvertrags, spätestens vor Aufnahme der Praktikantentätigkeit, die wesentlichen Vertragsbedingungen **schriftlich** niederzulegen, die Niederschrift zu unterzeichnen und dem Praktikanten auszuhändigen (§ 2 Abs. 1a NachwG). In die Niederschrift sind mindestens aufzunehmen:

- der Name und die Anschrift der Vertragsparteien,
- die mit dem Praktikum verfolgten Lern- und Ausbildungsziele,
- Beginn und Dauer des Praktikums,
- Dauer der regelmäßigen täglichen Praktikumszeit,
- Zahlung und Höhe der Vergütung,
- Dauer des Urlaubs,
- ein in allgemeiner Form gehaltener Hinweis auf die Tarifverträge, Betriebs- oder Dienstvereinbarungen, die auf das Praktikumsverhältnis anzuwenden sind.

## Beginn und Dauer

Im Regelfall wird das Praktikum für eine **bestimmte Dauer** vereinbart. In diesem Fall endet das Vertragsverhältnis automatisch mit Ablauf der vereinbarten Frist. Eine Kündigung des freiwilligen Praktikantenverhältnisses ist innerhalb der vertraglich geregelten Probezeit ohne Einhaltung einer Kündigungsfrist zulässig. Nach Ablauf der Probezeit kann dem Praktikanten aufgrund der Befristung nur aus einem wichtigen Grund außerordentlich fristlos gekündigt werden (z.B. weil er ständig und erheblich zu spät kommt oder alle Ausbildungsbemühungen ablehnt).

Bei einem freiwilligen Praktikum kann eine Probezeit vereinbart werden. Die Dauer richtet sich nach der Dauer des Praktikums.

## Arbeitszeit

Grundsätzlich gelten für das Praktikantenarbeitsverhältnis die gesetzlichen Regelungen des **Arbeitszeitgesetzes** (vgl. dazu 3.7). Für minderjährige Praktikanten im Alter von 15 bis 18 Jahren gilt das Jugendarbeitsschutzgesetz, das besondere Regelungen hinsichtlich Arbeits-, Pausen- und Urlaubszeiten vorsieht und bestimmte Tätigkeiten verbietet (vgl. dazu 3.18).

## Vergütung

Zwar ist die Praktikumsvergütung letztlich Verhandlungssache, unter Umständen sind allerdings die gesetzlichen Vorschriften über den **gesetzlichen Mindestlohn** zu beachten. Nach dem Mindestlohngesetz ist Praktikant unabhängig von der Bezeichnung des Rechtsverhältnisses, wer sich nach der tatsächlichen Ausgestaltung und Durchführung des Vertragsverhältnisses für eine begrenzte Dauer zum Erwerb praktischer Kenntnisse und Erfahrungen einer bestimmten betrieblichen Tätigkeit zur Vorbereitung auf eine berufliche Tätigkeit unterzieht, ohne dass es sich dabei um eine Berufsausbildung im Sinne des Berufsbildungsgesetzes oder um eine damit vergleichbare praktische Ausbildung handelt.

Grundsätzlich gilt auch für Praktikanten der gesetzliche Mindestlohn. Dieser beträgt aktuell (2021) 9,60 € pro Stunde. Allerdings gibt es beim Mindestlohn zahlreiche Ausnahmen (§ 22 Abs. 1 MiLoG).

- Der gesetzliche Mindestlohn gilt nicht für Praktika, die aufgrund einer schulrechtlichen Bestimmung, einer Ausbildungsordnung oder einer hochschulrechtlichen Bestimmung geleistet werden, und zwar unabhängig von deren Dauer. Damit sind Pflichtpraktika nicht vom Mindestlohn erfasst.
- Beim freiwilligen Praktikum hängt die Praktikumsvergütung von der Dauer des Praktikums ab. Bei einem Praktikum von mehr als drei Monaten, das zur Orientierung für eine Berufsausbildung oder für die Aufnahme eines Studiums geleistet wird, muss

das Unternehmen den gesetzlichen Mindestlohn von 9,60 € pro Stunde zahlen.

- Freiwillige Praktika unter drei Monaten sind nicht mindestlohnpflichtig. Sie werden häufig nur mit einer sehr geringen Aufwandsentschädigung oder überhaupt nicht vergütet.

### Erholungsurlaub

Im Gegensatz zum Pflichtpraktikum besteht bei einem freiwilligen Praktikum **Anspruch auf einen jährlichen Erholungsurlaub,** der sich an der Dauer des Praktikums orientiert. Bei einer Praktikumsdauer von einem bis fünf Monate stehen dem Praktikanten zwei Urlaubstage pro Monat zu. Wird ein Praktikant länger als sechs Monate beschäftigt, erhält er den vollen Urlaubsanspruch nach dem Bundesurlaubsgesetz. Das sind bei einer Sechstagewoche jährlich mindestens 24 Werktage, bei einer Fünftagewoche jährlich mindestens 20 Werktage.

## Arbeitsvertrag mit Werkstudent

Werkstudenten werden nicht zu ihrer Berufsausbildung beschäftigt, sondern im Rahmen eines normalen Arbeitsverhältnisses. Sie unterliegen ebenso wie herkömmliche Teilzeitarbeitsverträge allen gesetzlichen Regelungen des **Arbeitsrechts.** Werkverträge haben also u.a. Anspruch auf Erholungsurlaub und Entgeltfortzahlung im Krankheitsfall (vgl. dazu 3.14). Das Besondere bei der Beschäftigung von Werkstudenten ist das sogenannte Werkstudentenprivileg. Die Beschäftigung ist **versicherungsfrei,** wenn und solange sie neben dem Studium ausgeübt wird. Für eine Beschäftigung als Werkstudent ist wesentlich, dass das Studium im Vordergrund steht. Eine Bewertung der Verhältnisse richtet sich nach Umfang und Lage der Arbeitszeit.

## Beschäftigung neben dem Studium

Nur für »ordentlich Studierende« kommt das Werkstudentenprivileg in Betracht. Der Student muss an einer Hochschule immatrikuliert, also in das **Studentenverzeichnis** eingetragen sein. Zu den Hochschulen gehören die in- und ausländischen Universitäten und Fachhochschulen. Um einen ordentlich Studierenden handelt es sich auch, wenn nach Beendigung des ersten Studiums ein weiteres als Aufbau- oder Zweitstudium aufgenommen wird. Voraussetzung ist, dass das zweite Studium wiederum mit einer Hochschulprüfung abschließt. Darüber hinaus gibt es Fachschulen, die der fachlichen Ausbildung dienen. Solche Schulen sind neben den staatlich anerkannten Fachschulen auch andere Bildungseinrichtungen. Sie bieten berufliche Bildungsgänge mit einem berufsqualifizierenden Abschluss an, wie zum Beispiel Techniker- und Meisterschulen. Fachschüler, die eine solche Einrichtung besuchen, sind ordentlich Studierende.

## 20-Wochenstunden-Grenze

Üben Studenten neben dem Studium eine mehr als **geringfügige Beschäftigung** aus, besteht in der Kranken-, Pflege- und Arbeitslosenversicherung Versicherungsfreiheit, wenn Zeit und Arbeitskraft des Studenten überwiegend für das Studium aufgewendet werden (Werkstudentenprivileg). Davon ist auszugehen, wenn die wöchentliche Arbeitszeit einer Beschäftigung nicht mehr als 20 Stunden beträgt. Die Höhe des Arbeitsentgelts hat keine Bedeutung.

Übt ein Student eine Beschäftigung mit mehr als **20 Wochenstunden** aus, so ist er nur dann versicherungsfrei, wenn das Überschreiten der 20-Stunden-Grenze durch Beschäftigungszeiten am Wochenende oder in den Abend- und Nachtstunden erfolgt und die Beschäftigung auf nicht mehr als 26 Wochen befristet ist. Beschäftigungen, die nur in den Semesterferien ausgeübt werden, sind – unabhängig von der Lage der Arbeitszeit – versicherungsfrei. Werden mehrere dieser befristeten Beschäftigungen mit mehr als 20 Wochenstunden ausgeübt, dürfen sie insgesamt im Laufe eines Jahres 26 Wochen nicht überschreiten.

#### Versicherungsfreiheit

Durch das Werkstudentenprivileg zahlen Studenten **keine Beiträge** zur Kranken-, Arbeitslosen- und Pflegeversicherung (zur Rentenversicherung sind allerdings die vollen Beiträge zu zahlen). Die Beitragsfreiheit gilt auch für den Arbeitgeber. Es spielt keine Rolle, in welcher Höhe das Arbeitsentgelt ausfällt. **Übersteigt** die Arbeitszeit im Laufe der Beschäftigung die 20-Stunden-Grenze, so besteht vom Tag des Überschreitens an Versicherungspflicht.

### 2.7.9 Arbeitsvertrag mit Familienangehörigen

Für Familienangehörige besteht unter Umständen bereits kraft Gesetzes eine **Verpflichtung zur Mitarbeit im Betrieb.** Für Ehegatten kann sich diese Verpflichtung aus § 1353 BGB ergeben. Für die Kinder (auch volljährige), die dem elterlichen Hausstand angehören und von den Eltern erzogen oder unterhalten werden, ergibt sich die familienrechtliche Arbeitsverpflichtung aus § 1619 BGB. Werden die Dienste von Familienmitgliedern allein aufgrund dieser familienrechtlichen Verpflichtungen geleistet, liegt kein Arbeitsverhältnis vor. Das ist regelmäßig der Fall, wenn der Familienangehörige nur gelegentlich oder unregelmäßig aushilft und für seine Mitarbeit **kein Entgelt** erhält bzw. eine Vergütung, die für seine Arbeitsleistung nicht angemessen ist.

Unabhängig von der familienrechtlichen Arbeitsverpflichtung kann mit dem Ehegatten und den Kindern aber auch ein Arbeitsverhältnis begründet werden. Dieses Arbeitsverhältnis kann insbesondere als unbefristetes Vollzeitarbeitsverhältnis, als Teilzeitarbeitsverhältnis, als 450-Euro-Job oder als Aushilfsarbeitsverhältnis im Rahmen einer kurzfristigen Beschäftigung ausgestaltet werden. In jedem Fall ist das Arbeitsverhältnis mit einer Reihe von Vorteilen verbunden. Auf diese Weise wird der **Gewinn gemindert**, auf der anderen Seite wird Verdienst geschaffen. Wenn Familienmitglieder im Familienbetrieb ordentlich angemeldet sind, genießen sie den Schutz der Kranken- und Pflegeversicherung und sind auch renten- und arbeitslosenversichert.

## Arbeitsverhältnis mit dem Familienangehörigen

Wird mit dem Familienangehörigen ein Arbeitsverhältnis begründet, hat dies neben arbeitsrechtlichen (z.B. Weisungsrecht des Arbeitgebers, Anspruch auf Erholungsurlaub, Entgeltfortzahlung im Krankheitsfall) vor allem auch steuer- und sozialversicherungsrechtliche Konsequenzen.

- Aus **steuerrechtlicher Sicht** handelt es sich bei Vergütungen an den mitarbeitenden Familienangehörigen für den Arbeitgeber um Betriebsausgaben und für den Angehörigen um einkommensteuerpflichtige Einkünfte.
- Und das Arbeitsverhältnis begründet die Verpflichtung, **Beiträge zur Sozialversicherung** (Renten-, Kranken-, Pflege- und Arbeitslosenversicherung) zu entrichten.

## Sozialversicherungsrechtliche Anerkennung

Ein entgeltliches Beschäftigungsverhältnis zwischen Angehörigen im Sinne der Sozialversicherung wird angenommen, wenn

- der Angehörige in den Betrieb des Arbeitgebers **wie eine fremde Arbeitskraft eingegliedert** ist und die Beschäftigung tatsächlich ausübt,
- der Angehörige dem **Weisungsrecht** des Arbeitgebers unterliegt,
- der Angehörige **anstelle einer fremden Arbeitskraft** beschäftigt wird,
- ein der Arbeitsleistung **angemessenes Arbeitsentgelt** vereinbart und regelmäßig gezahlt wird,
- von dem Arbeitsentgelt regelmäßig **Lohnsteuer entrichtet** wird und
- das Arbeitsentgelt als **Betriebsausgabe** gebucht wird.

Das für eine abhängige Beschäftigung **typische Weisungsrecht** des Arbeitgebers in Bezug auf Zeit, Dauer, Ort und Art der Arbeitsausführung kann bei der Beschäftigung von Familienangehörigen abgeschwächt sein. Das Weisungsrecht darf aber nicht vollständig entfallen. Dem im Betrieb mitarbeitenden Familienangehörigen muss eine regelmäßige und zeitlich anspruchsvolle Arbeit übertragen werden, die sonst von anderen angestellten Mitarbeitern ausgeführt werden müsste. Es darf sich also beispielsweise nicht nur um gelegentliche Telefon- oder Botendienste handeln. Das mit dem im Betrieb mitarbeitenden Familienangehörigen vereinbarte Arbeitsentgelt muss in einem angemessenen Verhältnis zu seiner tatsächlichen Arbeitsleistung stehen. Es muss ungefähr dem tariflichen oder ortsüblichen Arbeitsentgelt entsprechen.

Die Mitarbeit von Familienangehörigen kann sozialversicherungsrechtlich eine heikle Sache sein. Stellt sich heraus, dass der bislang angenommene Sozialversicherungsstatus falsch ist, können Sozialversicherungsbeiträge nachgefordert und Leistungen der Sozialversicherung im Bedarfsfall verweigert werden. Nur eine abhängige Beschäftigung ist in der Regel sozialversicherungspflichtig, nicht dagegen eine familienhafte Mitarbeit. Bestehen Zweifel an einem bestehenden Sozialversicherungsstatus, sollte bei der **Clearingstelle** der Deutschen Rentenversicherung Bund ein Statusfeststellungsverfahren beantragt werden. Seit 2008 ist ein Statusfeststellungsverfahren obligatorisch, das heißt, dass eine automatische Überprüfung stattfindet. Bei älteren Arbeitsverhältnissen fand eine solche automatische Prüfung nicht statt.

### Steuerrechtliche Anerkennung

Personalkosten im Rahmen der Beschäftigung eines Familienangehörigen können nur dann steuerlich geltend gemacht werden, wenn das Beschäftigungsverhältnis einem Fremdvergleich standhält. Das bedeutet: Der angestellte Angehörige muss zu den gleichen Bedingungen beschäftigt werden wie ein Mitarbeiter, der nicht mit dem Betriebsinhaber verwandt ist oder ihm sonst nahesteht. Dabei gilt: Je enger der Grad der Verwandtschaft, desto wichtiger ist es, die Formalien einzuhalten.

Damit das Finanzamt das Arbeitsverhältnis mit Familienangehörigen steuerlich anerkennt, müssen insbesondere folgende Voraussetzungen erfüllt sein:

- Es muss ein **schriftlicher Arbeitsvertrag** abgeschlossen werden und so die Mitarbeit im Betrieb von der familienhaften Mitarbeit abgegrenzt werden. Im Arbeitsvertrag sollten die wichtigsten Rechte und Pflichten der Vertragspartner festgelegt werden (z.B. Art und Umfang der Tätigkeit, Arbeitszeit, Urlaub, Höhe des Arbeitsentgelts, Kündigungsfristen).
- Das Arbeitsverhältnis muss entsprechend den Vereinbarungen **tatsächlich durchgeführt** werden.
- Das mit dem im Betrieb mitarbeitenden Familienangehörigen **vereinbarte Arbeitsentgelt** muss angemessen sein. Maßstab ist, was ein fremder Arbeitnehmer für die Tätigkeit erhalten würde.
- Das Arbeitsentgelt muss dem Familienangehörigen **zur freien Verfügung** ausgezahlt werden. Es kann auch auf ein gemeinschaftliches Konto der Eheleute (Oder-Konto) überwiesen werden.

---

**Urteil**

*Lohnzahlungen an einen im Beruf des Steuerpflichtigen mitarbeitenden Angehörigen sind als Werbungskosten abziehbar, wenn der Angehörige aufgrund eines wirksamen, inhaltlich dem zwischen Fremden Üblichen entsprechenden Arbeitsvertrags beschäftigt wird, die vertraglich geschuldete Arbeitsleistung erbringt und der Steuerpflichtige seinerseits die Arbeitgeberpflichten, insbesondere die der Lohnzahlung, erfüllt.*

*Bei der nicht vollzeitigen Beschäftigung Angehöriger sind Unklarheiten bei der Wochenarbeitszeit für die steuerliche Anerkennung des Arbeitsverhältnisses unschädlich, wenn die konkrete Arbeitszeit des Angehörigen von den beruflichen Erfordernissen des Steuerpflichtigen abhängt und Unklarheiten deshalb auf die Eigenart des Arbeitsverhältnisses und nicht auf eine unübliche Gestaltung zurückzuführen sind.*

*Aufzeichnungen betreffend die Arbeitszeit, z.B. Stundenzettel, dienen lediglich Beweiszwecken. Sie sind für die steuerliche Anerkennung eines Arbeitsverhältnisses zwischen nahen Angehörigen daher nicht zwingend erforderlich.*

BFH, Az. VI R 28/18

---

### 2.7.10 Berufsausbildungsvertrag

Das Berufsausbildungsverhältnis wird durch den Abschluss des Berufsausbildungsvertrags begründet. Die vertragsrechtlichen Bestimmungen der Berufsausbildung sind im **Berufsbildungsgesetz** (BBiG) geregelt. Die gesetzlichen Regelungen können zum Nachteil des Auszubildenden nicht geändert werden.

---

**Achtung:** Auszubildende dürfen nur eingestellt und ausgebildet werden, wenn die Ausbildungsstätte für die Berufsausbildung geeignet ist und die Zahl der Auszubildenden in einem angemessenen Verhältnis zur Zahl der betrieblichen Fachkräfte steht. Die Eignung der Ausbildungsstätte liegt in der Regel vor, wenn sie über alle Einrichtungen verfügt, die für die Berufsausbildung benötigt werden. Was ein kleinerer Betrieb nicht abdecken kann, darf auch durch Ausbildungsmaßnahmen außerhalb der Ausbildungsstätte (z.B. in Lehrwerkstätten und anderen außer- oder überbetrieblichen Einrichtungen) vermittelt werden. Möglich ist auch der Zusammenschluss mehrerer Betriebe im Rahmen einer Verbundausbildung.

---

## Vertragsabschluss

Der Ausbildungsvertrag wird zwischen dem Ausbildungsbetrieb und dem Auszubildenden geschlossen. Minderjährige bedürfen für den Vertragsabschluss der **Zustimmung ihres gesetzlichen Vertreters.**

Der Berufsausbildungsvertrag muss unverzüglich, **spätestens vor Beginn** der Berufsausbildung, **schriftlich** niedergelegt werden. Er muss mindestens folgende Angaben enthalten (§ 11 Abs. 1 BBiG):

- die Art, sachliche und zeitliche Gliederung (Ausbildungsplan) sowie das Ziel der Berufsausbildung, insbesondere die Berufstätigkeit, für die ausgebildet werden soll;
- Beginn und Dauer der Berufsausbildung;
- Ausbildungsmaßnahmen außerhalb der Ausbildungsstätte;
- die Dauer der regelmäßigen täglichen Ausbildungszeit;
- die Dauer der Probezeit;
- die Zahlung und Höhe der Vergütung;
- die Dauer des Urlaubs sowie
- die Voraussetzungen, unter denen der Berufsausbildungsvertrag gekündigt werden kann.

---

**Achtung:** Grundsätzlich sind Vereinbarungen unwirksam, durch die der Auszubildende für die Zeit nach Beendigung des Ausbildungsverhältnisses in der Ausübung seiner beruflichen Tätigkeit beschränkt wird. Nichtig sind also alle Abreden, durch die der Auszubildende rechtlich oder faktisch an den Ausbildungsbetrieb gebunden wird. Zulässig ist es allerdings, wenn sich der Auszubildende innerhalb der letzten sechs Monate des Berufsausbildungsverhältnisses dazu verpflichtet, mit dem Ausbildungsbetrieb ein Arbeitsverhältnis einzugehen (§ 12 Abs. 1 BBiG).

---

Der Berufsausbildungsvertrag muss in das **Berufsausbildungsverzeichnis** eingetragen werden (§ 36 Abs. 1 BBiG). Das Verzeichnis wird bei den zuständigen Innungen und Kammern geführt.

## Probezeit

Das Berufsausbildungsverhältnis beginnt zwingend mit der Probezeit. Diese muss **mindestens einen Monat** und darf **höchstens vier Monate** betragen (§ 20 BBiG). Die Dauer der Probezeit muss im Berufsausbildungsvertrag schriftlich festgehalten werden. Innerhalb des gesetzlich vorgegebenen Zeitrahmens kann die Probezeit nachträglich verlängert oder verkürzt werden.

## Ausbildungsdauer

Das Ausbildungsverhältnis dauert in der Regel drei Jahre. Es **endet automatisch** am Ende des Monats, in dem der Auszubildende seine Abschlussprüfung bestanden hat (§ 21 Abs. 2 BBiG). Eine besondere Kündigung ist nicht erforderlich. Besteht der Auszubildende die Abschlussprüfung nicht, so verlängert sich das Berufsausbildungsverhältnis bis zur nächsten Wiederholungsprüfung, höchstens um ein Jahr (§ 21 Abs. 3 BBiG).

---

**Achtung:** Wird der Auszubildende nach dem Ende des Ausbildungsverhältnisses (und bestandener Prüfung) ohne eine anderslautende Vereinbarung weiterbeschäftigt, so gilt ein Arbeitsverhältnis auf unbestimmte Zeit als begründet (§ 24 BBiG).

---

## Ausbildungsvergütung

Auszubildende haben Anspruch auf eine **angemessene Vergütung.** Diese steigt mit fortschreitender Berufsausbildung, mindestens jährlich an. Seit dem 1.1.2020 gilt für Auszubildende in tariflich nicht gebundenen Betrieben ein Mindestlohn, der unter Berücksichtigung des jeweiligen Ausbildungsjahres für die Jahre 2020 bis 2023 gesetzlich festgelegt ist (§ 17 BBiG).

2022 beträgt die Mindestvergütung im 1. Ausbildungsjahr 585,– €, im 2. Jahr 690,– €, im 3. Jahr 790,– € und im 4. Ausbildungsjahr 819,– € monatlich.

#### Urlaub

Die Dauer des Urlaubs muss im Berufsausbildungsvertrag festgelegt werden. Der gesetzliche Mindesturlaub wird im **Jugendarbeitsschutzgesetz** und im Bundesurlaubsgesetz in Werktagen, bezogen auf eine Sechstagewoche, angegeben. Die Dauer richtet sich unter anderem nach dem Alter der Auszubildenden.

Nach dem Jugendarbeitsschutzgesetz beträgt der Urlaubsanspruch für jugendliche Auszubildende

- unter 16 Jahren mindestens 30 Werktage,
- unter 17 Jahren mindestens 27 Werktage und
- unter 18 Jahren mindestens 25 Werktage.

Für erwachsene Auszubildende gilt das Bundesurlaubsgesetz, das jedem Arbeitnehmer und jeder Arbeitnehmerin einen Urlaubsanspruch von mindestens vier Wochen sichert (24 Werktage bei Zugrundelegung einer Sechstagewoche).

## 2.8 Arbeitspapiere und Meldepflichten des Arbeitgebers

Zum Beginn des Arbeitsverhältnisses ist der Arbeitnehmer verpflichtet, dem Arbeitgeber die erforderlichen Arbeitspapiere vorzulegen. Dem Arbeitgeber obliegen bestimmte Meldepflichten.

### 2.8.1 Arbeitspapiere

Der Arbeitnehmer muss dem Arbeitgeber zum Beginn des Arbeitsverhältnisses insbesondere folgende Arbeitspapiere vorlegen:

- **Sozialversicherungsausweis** bzw. Schreiben des Rentenversicherungsträgers mit zugeteilter Sozialversicherungsnummer,
- **Arbeitszeugnis** des früheren Arbeitgebers,
- **Ausbildungsnachweise,**

- **Urlaubsbescheinigung** (Bescheinigung über den im laufenden Kalenderjahr beim früheren Arbeitgeber gewährten und abgegoltenen Urlaub),
- Mitteilung darüber, in welcher **Krankenkasse** der Arbeitnehmer versichert ist,
- **Aufenthalts- und Arbeitserlaubnis** bei einem Arbeitnehmer aus einem Drittstaat (Staaten außerhalb EU, EWR und der Schweiz),
- **Elternnachweis,** sofern auf der Lohnsteuerkarte keine Kinderfreibeträge eingetragen sind,
- **Gesundheitsbescheinigung** (Erstuntersuchung bzw. Nachuntersuchung nach dem Jugendarbeitsschutzgesetz) bei einem Jugendlichen, der noch nicht 18 Jahre alt ist,
- **Schwerbehindertenausweis** bei einem schwerbehinderten Arbeitnehmer.

## 2.8.2 Meldepflichten des Arbeitgebers

Meldepflichten bestehen insbesondere gegenüber der **Krankenkasse,** dem **Finanzamt** und der gesetzlichen **Unfallversicherung.** Eine Beschäftigung im Rahmen eines 450-Euro-Minijobs oder einer kurzfristigen Beschäftigung muss bei der **Minijob-Zentrale** gemeldet werden.

### Anmeldung bei der Krankenkasse

Der Arbeitgeber muss den Arbeitnehmer bei einer Krankenkasse anmelden, wenn dieser eine **versicherungspflichtige** oder geringfügige Beschäftigung aufnimmt. Die Zuständigkeit der Krankenkasse richtet sich danach, welche Krankenkasse der Beschäftigte gewählt hat. Die Anmeldung muss **innerhalb von zwei Wochen nach Beginn** der Beschäftigung mit dem Vordruck »Meldung zur Sozialversicherung« vorgenommen werden. Bei einer Anmeldung durch Datenübermittlung beträgt die Abgabefrist sechs Wochen nach Aufnahme der Tätigkeit.

Betriebe benötigen zur Meldung der bei ihnen beschäftigten Arbeitnehmer an die Sozialversicherung eine **Betriebsnummer.** Mit der Einstellung des ersten Beschäftigten ist diese Betriebsnummer erforderlich. Sie wird vom Betriebsnummern-Service der Bundesagentur für Arbeit vergeben.

## Mitteilung der Steuer-ID an das Finanzamt

Zum Beginn des Arbeitsverhältnisses muss der Arbeitnehmer dem Arbeitgeber seine Steuer-ID mitteilen, die dieser dann an das Finanzamt weiterleiten muss. Um Zugriff auf die Daten der jeweiligen Mitarbeiter zu erlangen, muss der Arbeitgeber jeden Arbeitnehmer unter Angabe von Geburtsdatum, **Steueridentifikationsnummer,** der Information über Haupt- oder Nebenarbeitsverhältnis – und ob und in welcher Höhe ein festgestellter Freibetrag abgerufen werden soll – in der ELStAM-Datenbank anmelden. Das Bundeszentralamt für Steuern übermittelt dann eine Anmeldebestätigung an den Betrieb, in der die ELStAM der angemeldeten Mitarbeiter enthalten sind. Damit kann der Arbeitgeber alle für den Lohnsteuerabzug notwendigen Daten abrufen.

## Anmeldung bei der Berufsgenossenschaft

Der Arbeitgeber muss den Beschäftigten bei der zuständigen Berufsgenossenschaft anmelden. Durch eine Mitgliedschaft ist der Mitarbeiter automatisch in der **gesetzlichen Unfallversicherung** versichert.

## Anmeldung bei der Minijob-Zentrale

Beschäftigungsverhältnisse in einem 450-Euro- oder kurzfristigen Minijob müssen bei der Minijob-Zentrale angemeldet werden. Zudem besteht die Meldepflicht bei der gesetzlichen Unfallversicherung.

# 3 Laufendes Arbeitsverhältnis

Die einzelnen Rechte und Pflichten des Arbeitgebers und des Arbeitnehmers im laufenden Arbeitsverhältnis ergeben sich im Wesentlichen aus dem Arbeitsvertrag und den gesetzlichen Regelungen. In diesem Zusammenhang kann es zu Störungen kommen, wenn ein Vertragspartner seine Pflichten verletzt. Bei Pflichtverletzungen des Arbeitnehmers kann der Arbeitgeber diesen verwarnen, abmahnen und unter Umständen sogar fristlos kündigen.

## 3.1 Weisungsrecht des Arbeitgebers

Hauptleistungspflicht des Arbeitnehmers aus dem Arbeitsverhältnis ist seine Pflicht, die vertraglich vereinbarte Arbeit zu leisten. In diesem Zusammenhang ist der Arbeitgeber in einem bestimmten Rahmen berechtigt, dem Beschäftigten Weisungen zu erteilen. Dadurch wird der Arbeitgeber in die Lage versetzt, den Arbeitnehmer entsprechend den wechselnden betrieblichen Erfordernissen einzusetzen. Weisungen des Arbeitgebers, durch die die Arbeitspflicht des Arbeitnehmers konkretisiert wird, muss der Arbeitnehmer befolgen. Ein Weisungsrecht steht dem Arbeitgeber allerdings nur **im Rahmen der im Arbeitsvertrag getroffenen Vereinbarungen** und **innerhalb der gesetzlichen Regelungen** zu.

Der Arbeitgeber kann Inhalt, Ort und Zeit der Arbeitsleistung nach billigem Ermessen näher bestimmen, soweit diese Arbeitsbedingungen nicht durch den Arbeitsvertrag, Bestimmungen einer Betriebsvereinbarung, eines anwendbaren Tarifvertrages oder gesetzliche Vorschriften festgelegt sind. Dies gilt auch hinsichtlich der Ordnung und des Verhaltens der Arbeitnehmer im Betrieb. Bei der Ausübung des Ermessens hat der Arbeitgeber auch auf Behinderungen des Arbeitnehmers Rücksicht zu nehmen (§ 106 GewO).

### 3.1.1 Grenzen des Weisungsrechts

Ein Weisungsrecht steht dem Arbeitgeber nur im Rahmen der im Arbeitsvertrag getroffenen Vereinbarungen und der betrieblichen Übung sowie innerhalb der gesetzlichen Vorschriften zu. Grenzen ergeben sich auch durch Tarifverträge und Betriebsvereinbarungen, die allerdings bei Kleinbetrieben regelmäßig keine Bedeutung haben.

- Das Weisungsrecht des Arbeitgebers wird durch die im **Arbeitsvertrag getroffenen Regelungen** begrenzt. Dabei gilt: Je konkreter die Tätigkeit des Mitarbeiters im Arbeitsvertrag festgelegt ist, desto eingeschränkter kann der Arbeitgeber das Weisungsrecht ausüben.
- Grenzen findet das Weisungsrecht des Arbeitgebers in zahlreichen **gesetzlichen Vorschriften,** so unter anderem durch die Vorschriften des Arbeitszeitgesetzes, des Mutterschutzgesetzes, der Jugendschutzgesetze, das Schwerbehindertenrecht und durch die Unfallverhütungsvorschriften.
- Das Weisungsrecht des Arbeitgebers kann auch durch eine sogenannte **betriebliche Übung** beschränkt sein. Darunter versteht man die regelmäßige Wiederholung bestimmter Verhaltensweisen des Arbeitgebers, aus denen der Beschäftigte schließen kann, dass ihm eine Leistung oder eine Vergünstigung auf Dauer eingeräumt wird (z.B. freiwillige Freistellung des Arbeitnehmers im Karneval). Auf diese Weise kann für den Arbeitnehmer ein Anspruch auf die Leistung bestehen, die vom Arbeitgeber nicht einseitig durch sein Weisungsrecht, sondern nur durch eine Änderungskündigung wieder beseitigt werden kann.

Bei der Ausübung seines Weisungsrechts ist der Arbeitgeber nicht frei. Soweit sein Weisungsrecht nicht ohnehin bereits durch Gesetz, Arbeitsvertrag oder Betriebsübung beschränkt ist, muss es »billigem Ermessen« entsprechen. Weisungen des Arbeitgebers müssen einen **sachlichen Grund** haben, dürfen also nicht willkürlich sein, und sie müssen dem Arbeitnehmer zumutbar sein. Ferner hat der Arbeitgeber bei der Ausübung seines Ermessens auf Behinderungen des Arbeitnehmers Rücksicht zu nehmen.

**Urteil**

*Der Arbeitgeber kann kraft seines Direktionsrechts die Lage der Arbeitszeit eines Arbeitnehmers nach billigem Ermessen näher bestimmen, soweit hierüber keine vertragliche oder kollektivrechtliche Vereinbarung getroffen ist. Bei seiner Ermessensentscheidung muss er die wesentlichen Umstände abwägen und die beiderseitigen Interessen angemessen berücksichtigen. Auf schutzwürdige familiäre Belange des Arbeitnehmers wie eine erforderliche Beaufsichtigung und Betreuung von Kindern hat er Rücksicht zu nehmen, soweit der vom Arbeitnehmer gewünschten Verteilung der Arbeitszeit nicht betriebliche Gründe oder berechtigte Belange anderer Beschäftigter entgegenstehen.*

BAG, Az. 6 AZR 567/03

### 3.1.2 Inhalt des Weisungsrechts

Im arbeitsvertraglichen und gesetzlichen Rahmen erstreckt sich das Weisungsrecht auf die Art der vom Arbeitnehmer zu leistenden Arbeiten, den Ort der Arbeitsleistung, die Arbeitszeit und das Verhalten des Arbeitnehmers.

#### Art der zu leistenden Arbeiten

Welche Arbeitsleistungen der Arbeitnehmer zu erbringen hat, ergibt sich regelmäßig aus dem Arbeitsvertrag. Dabei kann die **Tätigkeitsbeschreibung** vertraglich konkret oder allgemein gehalten werden. Die entsprechende Formulierung hat allerdings erhebliche Konsequenzen, weil von ihr der Umfang des Weisungsrechts des Arbeitgebers abhängt.

Einem als »kaufmännischer Angestellter« eingestellten Arbeitnehmer können sämtliche Tätigkeiten zugewiesen werden, die diesem Berufsbild entsprechen. Ein als Fahrer eines Lastkraftwagens eingestellter Mitarbeiter ist dagegen nur dann zur Ladetätigkeit verpflichtet, wenn dies ausdrücklich vereinbart worden ist.

Regelmäßig wird die vom Arbeitnehmer geschuldete Arbeitsleistung im Arbeitsvertrag nur allgemein beschrieben. In diesem Fall müssen sich dann die Weisungen des Arbeitgebers **im Rahmen des vereinbarten Berufsbildes** bzw. der vertraglich näher umschriebenen Tätigkeit halten. Dabei gilt: Je allgemeiner die vom Arbeitnehmer zu leistenden Dienste im Arbeitsvertrag beschrieben sind, desto weiter geht die Befugnis des Arbeitgebers, dem Arbeitnehmer im Wege des Weisungsrechts unterschiedliche Arbeiten zuzuweisen. Beschränkt sich die Regelung im Arbeitsvertrag darauf, die Tätigkeit fachlich zu umschreiben (z.B. Maurer, Schlosser), darf der Arbeitgeber dem Arbeitnehmer sämtliche Arbeiten zuweisen, die sich innerhalb des vereinbarten Berufsbilds halten.

---

**Achtung:** Ihr Weisungsrecht beschränkt sich allerdings darauf, die Arbeitspflicht des Arbeitnehmers zu konkretisieren, nicht dagegen den Inhalt des Arbeitsvertrags zu ändern. Deshalb ist auch die dauerhafte Absenkung der Qualität einer Arbeitsleistung selbst dann nicht zulässig, wenn Sie dem Arbeitnehmer weiterhin die vereinbarte Vergütung zahlen.

---

Nur bei **außergewöhnlichen Notfällen** ist der Arbeitgeber berechtigt, den Arbeitnehmer wegen dessen allgemeiner Treuepflicht auch zu solchen Arbeiten heranzuziehen, die nicht in seinen Tätigkeitsbereich fallen. Es muss sich allerdings hierbei um einen unvorhersehbaren, durch rechtzeitige Personalplanung nicht behebbaren Engpass handeln. Dauernder Arbeitskräftemangel oder regelmäßig auftretende Eilfälle fallen nicht darunter.

Einzelheiten zu den vom Arbeitnehmer geschuldeten Arbeitsleistungen finden Sie unter 3.2.

## Ort der Arbeitsleistung

Das Weisungsrecht des Arbeitgebers erstreckt sich auch auf den Arbeitsort, also auf den Ort, an dem der Arbeitnehmer die von ihm geschuldete Arbeit leisten muss. Regelmäßig ergibt sich auch der Arbeitsort aus dem Arbeitsvertrag. Die Arbeitsaufnahme an einem **anderen Ort** bedarf dann der **Zustimmung des Arbeitnehmers** oder einer **Änderungskündigung.** Ist der Arbeitsort arbeitsvertraglich nicht bestimmt, kann sich aus dem Weisungsrecht des Arbeitgebers ergeben, den Arbeitnehmer an unterschiedlichen Orten einzusetzen. Auch aus dem Wesen der vom Abnehmer geschuldeten Tätigkeit (z.B. Montagearbeiter) kann sich für den Arbeitgeber das Recht ergeben, den Arbeitnehmer an wechselnden Arbeitsorten einzusetzen. Vgl. dazu im Einzelnen 3.3.

Durch die Aufnahme eines sogenannten **Versetzungsvorbehalts** in den Arbeitsvertrag können Sie als Arbeitgeber Ihr Weisungsrecht hinsichtlich des Arbeitsorts des Arbeitnehmers erweitern. Damit behalten Sie sich das Recht vor, dem Arbeitnehmer vorübergehend eine andere als die vertraglich vereinbarte Arbeitsleistung zuzuweisen, unter Umständen auch einen anderen Arbeitsort. Einer Zustimmung des Arbeitnehmers bedarf es dann nicht mehr (vgl. dazu 3.4).

## Arbeitszeit

Die Dauer der Arbeitszeit ist regelmäßig im **Arbeitsvertrag** bestimmt. Ist arbeitsvertraglich nichts geregelt, so gilt für neu eingestellte Arbeitnehmer die betriebsübliche Arbeitszeit. Hinsichtlich der Lage der Arbeitszeit (z.B. Beginn, Ende, Pausen) steht dem Arbeitgeber regelmäßig ein Weisungsrecht zu, wenn diese nicht ausnahmsweise arbeitsvertraglich festgelegt ist. In jedem Fall müssen sowohl bei der Dauer als auch bei der Lage der Arbeitszeit die gesetzlichen Vorschriften des Arbeitszeitgesetzes beachtet werden (vgl. dazu 3.7).

**Achtung:** Ihr Weisungsrecht erstreckt sich grundsätzlich nur dann darauf, **Überstunden** anzuordnen, wenn Sie sich dieses Recht **ausdrücklich im Arbeitsvertrag** vorbehalten haben. Nur ausnahmsweise sind Sie in seltenen Notfällen berechtigt, einseitig, also auch ohne entsprechenden arbeitsvertraglichen Vorbehalt, Überstunden anzuordnen.

#### Verhalten des Arbeitnehmers

Auch das Verhalten des Arbeitnehmers im Betrieb kann der Arbeitgeber durch Weisungen regeln. Entsprechende Pflichten des Arbeitnehmers ergeben sich aus seiner **allgemeinen Treuepflicht** gegenüber dem Arbeitgeber. Danach hat der Arbeitnehmer seine Pflichten nach Treu und Glauben zu erfüllen (§ 242 BGB), das heißt, alles zu unterlassen, was sich schädigend und störend auf den Betriebsablauf auswirkt oder die Interessen des Arbeitgebers beeinträchtigt.

Das Weisungsrecht des Arbeitgebers erstreckt sich z.B. darauf, ein Alkoholverbot im Betrieb anzuordnen, eine bestimmte Arbeitskleidung vorzuschreiben (z.B. Sicherheitsschuhe zu tragen) oder Berichtspflichten einzuführen.

### 3.1.3 Folgen des Weisungsrechts

Verstößt der Arbeitnehmer gegen eine Arbeitsanweisung des Arbeitgebers, kann der Arbeitgeber nach vorheriger **Abmahnung** das Arbeitsverhältnis kündigen. Unter Umständen können auch **Schadensersatzansprüche** geltend gemacht werden.

**Achtung:** Eine Arbeitsanweisung muss vom Arbeitnehmer nicht beachtet werden, wenn diese nicht von Ihrem Weisungsrecht gedeckt ist. In diesem Fall verletzt der Arbeitnehmer nicht seine Arbeitspflicht. Im Streitfall müssen Sie beweisen, dass Ihnen ein Weisungsrecht zusteht, für die Weisung ein sachlicher Grund besteht und sie dem Arbeitnehmer zumutbar ist.

## 3.2 Art der Arbeitsleistung

Die Hauptpflicht des Arbeitnehmers im Arbeitsverhältnis ist die Verpflichtung zur Arbeitsleistung. Die Art der zu leistenden Arbeit ergibt sich aus dem Arbeitsvertrag.

### 3.2.1 Tätigkeitsbeschreibung im Arbeitsvertrag

Welche Tätigkeit im Arbeitsverhältnis der Arbeitnehmer zu erbringen hat, ergibt sich aus dem Arbeitsvertrag. Nach § 2 Abs. 1 Nr. 5 NachwG ist die vom Arbeitnehmer zu leistende Tätigkeit **schriftlich konkret zu charakterisieren und zu beschreiben.** Nur die vom Arbeitnehmer geschuldete Arbeit kann der Arbeitgeber abfordern. Eine vertraglich nicht geschuldete Tätigkeit kann der Arbeitgeber vom Arbeitnehmer nicht verlangen.

---

**Achtung:** Wollen Sie dem Arbeitnehmer konkret eine Tätigkeit zuweisen, die nicht durch die Tätigkeitsbeschreibung im Arbeitsvertrag abgedeckt ist, können Sie eine Änderung des Arbeitsvertrags nur durch **einvernehmliche Regelung mit dem Arbeitnehmer** oder durch eine **Änderungskündigung** herbeiführen. Und wenn vom Arbeitnehmer andere Arbeiten als die arbeitsvertraglich geschuldeten wahrgenommen werden, kann dieser unter Umständen eine Sondervergütung verlangen.

---

Wie unter 3.1.2 dargelegt, erstreckt sich Ihr Weisungsrecht grundsätzlich auch auf die Art der vom Arbeitnehmer zu erbringenden Arbeitsleistung. Ihr Weisungsrecht wird allerdings durch die arbeitsrechtlichen Festlegungen und durch **gesetzliche Vorschriften** (z.B. durch das Mutterschutzgesetz oder das Jugendarbeitsschutzgesetz) beschränkt. Es umfasst auch nicht die Befugnis, dem Arbeitnehmer eine geringerwertige Tätigkeit zuzuweisen, und zwar auch dann nicht, wenn die bisher gezahlte Vergütung fortgezahlt wird. Geringwertigere Tätigkeiten muss der Arbeitnehmer nur in Notfällen verrichten (z.B. im Katastrophenfall).

Der Umfang Ihres Weisungsrechts hängt wesentlich von der im Arbeitsvertrag beschriebenen Arbeitspflicht des Arbeitnehmers ab. Je enger und je spezifischer die Tätigkeitsbeschreibung erfolgt, umso eingeschränkter ist Ihr Weisungsrecht. Ist dagegen die Tätigkeit nur vage umschrieben, steht Ihnen ein weitreichendes Weisungsrecht zur Leistungsbestimmung zu. Je allgemeiner die vom Arbeitnehmer zu leistenden Dienste festgelegt sind, desto weiter geht Ihre Befugnis, die Arbeitsleistung des Arbeitnehmers zu konkretisieren und ihm unterschiedliche Aufgaben im Wege Ihres Weisungsrechts zu übertragen. Deshalb ist es sinnvoll, die Tätigkeitsbeschreibung im Arbeitsvertrag nicht zu eng zu fassen.

Von Bedeutung für den Umfang Ihrer Weisungsbefugnis ist, ob der Arbeitnehmer für eine im Arbeitsvertrag fachlich umschriebene Tätigkeit, für eine bestimmte Tätigkeit oder für jede Tätigkeit eingestellt ist.

### Einstellung für eine fachlich umschriebene Tätigkeit

Im Regelfall wird dem Arbeitnehmer durch den Arbeitsvertrag eine fachlich umschriebene Tätigkeit zugewiesen (z.B. Buchhalter, Schlosser). In diesem Fall können dem Arbeitnehmer sämtliche Arbeiten zugewiesen werden, die diesem Berufsbild entsprechen. Nur in Notfällen kann dem Arbeitnehmer eine andersartige Arbeit übertragen werden (vgl. dazu 3.2.4).

### Einstellung für eine bestimmte Tätigkeit

Wenig sinnvoll ist es aus Arbeitgebersicht, den Arbeitnehmer nur für eine bestimmte Tätigkeit einzustellen, weil in diesem Fall das Weisungsrecht des Arbeitgebers erheblich eingeschränkt wird. Sinnvoll ist es deshalb in diesem Fall, im Arbeitsvertrag einen Versetzungsvorbehalt zu vereinbaren (vgl. dazu 3.4.2).

### Einstellung für jede Tätigkeit

Am weitesten geht das Weisungsrecht des Arbeitgebers, wenn die vom Arbeitnehmer **geschuldete Arbeitsleistung weit gefasst** und der Arbeitnehmer letztlich für jede Arbeit eingestellt wird (z.B. als Hilfsarbeiter). In diesem Fall können dem Arbeitnehmer dann alle Tätigkeiten zugewiesen werden, die für ihn bei Vertragsabschluss vorhersehbar waren. Unabhängig davon hat der Arbeitgeber das ihm zustehende Weisungsrecht nach »billigem Ermessen« auszuüben (§ 106 GewO). Konkret bedeutet das, dass dem Arbeitnehmer die ihm zugewiesenen Arbeiten auch zumutbar sein müssen.

## 3.2.2 Bezugnahme auf eine Stellen- oder Arbeitsplatzbeschreibung

Inhalt und Umfang der Leistungspflichten des Arbeitnehmers können sich auch aus einer im Arbeitsvertrag in Bezug genommenen Stellenbeschreibung oder aus einer auf den konkreten Zustand des Arbeitsplatzes des Mitarbeiters bezogenen Arbeitsplatzbeschreibung ergeben. In einer Stellen- oder Arbeitsplatzbeschreibung werden die **Aufgaben und Kompetenzen** einer bestimmten Arbeitsstelle definiert und beschrieben, welche Tätigkeiten im Einzelnen zur Erfüllung dieser Aufgabe verrichtet werden müssen.

Wirksamer Bestandteil des Arbeitsvertrags wird eine Stellenbeschreibung nur dann, wenn sie dem Arbeitnehmer beim Vertragsschluss bekannt ist und gegebenenfalls ausgehändigt wird. Das bedeutet, dass die Stellenbeschreibung beim Abschluss des Arbeitsvertrags auch tatsächlich vorhanden ist und nicht – wie es in der Praxis häufig der Fall ist – erst nachträglich angefertigt wird.

---

**Achtung:** Wird im Arbeitsvertrag auf eine Stellen- oder Arbeitsplatzbeschreibung Bezug genommen und wird diese damit Inhalt und Bestandteil des Arbeitsverhältnisses, so ist Ihr Weisungsrecht in Bezug auf den Inhalt der vom Arbeitnehmer geschuldeten Tätigkeit gering. Es umfasst in diesem Fall nicht die Befugnis, dem Arbeitnehmer eine andere Tätigkeit oder einen anderen Arbeitsplatz zuzuweisen. Nur durch eine **Änderungskündigung** und einer damit verbundenen Änderung des Inhalts des Arbeitsverhältnisses können Sie eine Änderung der vom Arbeitnehmer geschuldeten Tätigkeit erreichen.

---

### 3.2.3 Arbeitsleistung nach »betrieblicher Übung«

Setzt der Arbeitgeber über einen längeren Zeitraum einen Mitarbeiter vorbehaltlos auf einem bestimmten Arbeitsplatz ein, kann sich in Ausnahmefällen die Arbeitspflicht des Beschäftigten auf diese Tätigkeit konkretisieren. In diesem Fall kann dann der Arbeitgeber dem Arbeitnehmer nicht mehr im Rahmen seines Weisungsrechts einen anderen Arbeitsplatz zuweisen. Das kann beispielweise dann der Fall sein, wenn der Arbeitgeber dem Beschäftigten eine vom Arbeitsvertrag nicht umfasste Tätigkeit als besonders interessant und lukrativ anpreist und der Arbeitnehmer die Tätigkeit über viele Jahre ausübt.

Man spricht in diesem Fall von der sogenannten betrieblichen Übung. Darunter ist die **regelmäßige Wiederholung** bestimmter Verhaltensweisen des Arbeitgebers zu verstehen, aus denen der Arbeitnehmer schließen kann, dass ihm eine Leistung oder eine Vergünstigung auf Dauer eingeräumt wird. Letztlich handelt es sich bei einer betrieblichen Übung um eine **stillschweigende Änderung** des Arbeitsvertrags, sodass der Arbeitnehmer darauf vertrauen kann, dass er wegen des langjährigen Verhaltens des Arbeitgebers auch weiterhin auf seinem bisherigen Arbeitsplatz eingesetzt wird.

Wollen Sie verhindern, dass einem Arbeitnehmer durch betriebliche Übung ein bestimmter Arbeitsplatz zustehen soll, müssen Sie die Zuweisung des Arbeitsplatzes ausdrücklich unter einem entsprechenden Vorbehalt erklären, etwa in der Weise, dass die Übertragung der Aufgaben jederzeit widerrufen werden und aus der Zuweisung einer bestimmten Tätigkeit **kein Rechtsanspruch** für die Zukunft hergeleitet werden kann.

### 3.2.4 Arbeitszuweisung in Notfällen

Zwar ist der Arbeitgeber grundsätzlich nicht berechtigt, dem Arbeitnehmer eine nach Art, Ort oder Umfang nicht geschuldete Tätigkeit zuzuweisen, wenn durch den Arbeitsvertrag entsprechende Vereinbarungen getroffenen wurden, gleichwohl hat der Arbeitnehmer bei einer **betrieblichen Ausnahmesituation** auch Weisungen des Arbeitgebers Folge zu leisten, die über die im Arbeitsvertrag festgelegten Pflichten hinausgehen.

Ein erweitertes Weisungsrecht steht dem Arbeitgeber bei einem betrieblichen Notfall zu. Ein solcher Notfall liegt vor, wenn bei Nichterledigung der Arbeit ein verhältnismäßig großer Schaden droht und dem Arbeitgeber andere Vorkehrungen zur **Schadensverhinderung** nicht zugemutet werden können. In diesen Fällen (z.B. bei einem kurzfristigen Ausfall eines Kollegen wegen Krankheit oder wenn eine verspätet eintreffende Lieferung noch am selben Tag entladen werden muss) können dem Arbeitnehmer zumindest vorübergehend andere Arbeiten zugewiesen werden.

---

**Achtung:** Andere Arbeiten können dem Beschäftigten nur dann übertragen werden, wenn andernfalls der drohende Schaden unverhältnismäßig groß wäre. Maßgebend sind immer die **Umstände des Einzelfalls.** Keine andere Tätigkeit kann dem Arbeitnehmer zugewiesen werden, wenn der Personalengpass durch rechtzeitige Personalplanung des Arbeitgebers vermeidbar war. Schließlich ist der Arbeitnehmer in Notfällen nur dann verpflichtet, eine andersartige Tätigkeit wahrzunehmen, wenn ihm die Arbeit zumutbar ist und er den Anforderungen fachlich und persönlich gewachsen ist.

---

### 3.2.5 Nebenpflichten des Arbeitnehmers

Zu den vom Arbeitnehmer auszuübenden Tätigkeiten gehören im Regelfall immer die üblichen »Nebenarbeiten«. Darunter sind Tätigkeiten zu verstehen, die in einem inneren **Zusammenhang mit der eigentlichen Arbeitsleistung** stehen (z.B. Säuberung des Arbeitsplatzes bzw. der Maschine, Verpflichtung zur Teilnahme an Schulungs- und Fortbildungsmaßnahmen).

### 3.2.6 Änderung der Art der Arbeitsleistung

Die vom Arbeitnehmer geschuldete Arbeitsleistung kann während des Arbeitsverhältnisses **jederzeit einvernehmlich geändert** werden. Gegen den Willen des Arbeitnehmers kommt eine Änderung nur durch eine **Änderungskündigung** in Betracht. Im Rahmen seines Weisungsrechts kann der Arbeitgeber dem Arbeitnehmer eine andere als die geschuldete Arbeitsleistung nur dann zuweisen, wenn er sich dieses Recht im Arbeitsvertrag durch eine sogenannte **Versetzungsklausel** vorbehalten hat. In diesem Fall bedarf dann die Übertragung anderer als der arbeitsvertraglich vereinbarten Aufgaben nicht des Einvernehmens des Arbeitnehmers (vgl. dazu 3.4.2).

## 3.3 Arbeitsort

Arbeitsort ist der Ort, an dem der Arbeitnehmer seine von ihm geschuldete Arbeitsleistung zu erbringen hat. Er ergibt sich in erster Linie aus dem Arbeitsvertrag. Nach § 2 Abs. 1 Nr. 4 NachwG ist der Ort der **Arbeitsleistung im Arbeitsvertrag** anzugeben.

- Der Ort der Arbeitsleistung ist, wenn sich aus dem Arbeitsvertrag oder den Umständen nichts anderes ergibt, **grundsätzlich der Betrieb** des Arbeitgebers (§ 269 Abs. 1 BGB). Falls der Arbeitnehmer nicht nur an einem bestimmten Arbeitsort tätig sein soll, muss im Arbeitsvertrag vereinbart werden, dass er an verschiedenen Orten beschäftigt werden kann.

- Im Arbeitsvertrag können auch **mehrere Arbeitsorte** vereinbart werden.
- Aus dem Arbeitsvertrag kann sich auch ergeben, ob der Arbeitnehmer seine Arbeitsleistung **im gesamten Betrieb** oder nur in einem Teil des Betriebs zu erbringen hat.
- Im Arbeitsvertrag kann auch vereinbart werden, dass der Arbeitgeber den Arbeitsort **näher festlegen** darf. Eine entsprechende Klausel ist zulässig, weil damit lediglich auf den Regelungsinhalt des § 106 GewO verwiesen wird.
- Wurde im Arbeitsvertrag kein Arbeitsort vereinbart, so kann sich dieser auch aus der Art der vom Arbeitnehmer zu leistenden Arbeit im Betrieb des Arbeitgebers oder aus den **Umständen des Vertrags** ableiten.

Wird der Arbeitnehmer als Monteur beschäftigt, ergibt sich bereits aus den Umständen des Vertrags, dass der Arbeitnehmer die von ihm geschuldete Arbeit nicht an einem bestimmten Ort, also im Betrieb des Arbeitgebers zu erbringen hat, sondern selbstverständlich an verschiedenen Einsatzstellen. Das Weisungsrecht des Arbeitgebers erstreckt sich in diesem Fall darauf, den Arbeitnehmer an unterschiedlichen Arbeitsorten einzusetzen.

Ist im Arbeitsvertrag ein bestimmter Arbeitsort angegeben oder ergibt sich aus der vom Arbeitnehmer geschuldeten Leistung ein konkreter Arbeitsort, können Sie dem Arbeitnehmer nur **einvernehmlich oder** – gegen seinen Willen – im Wege der **Änderungskündigung** einen anderen Arbeitsort zuweisen. Im Rahmen Ihres Weisungsrechts können Sie nur dann einen anderen Arbeitsort bestimmen, wenn Sie sich dieses Recht durch eine Versetzungsklausel im Arbeitsvertrag vorbehalten haben. In diesem Fall bedarf die Festlegung eines anderen als des vereinbarten Arbeitsorts nicht des Einvernehmens des Arbeitnehmers (vgl. dazu 3.4.3).

Aber auch, wenn die Festlegung des Arbeitsorts dem Weisungsrecht des Arbeitgebers unterliegen soll, kann dieser seine Befugnis nicht nach freiem Ermessen ausüben. Die Ausübung des Direktionsrechts bestimmt sich gemäß § 106 GewO vielmehr nach **»billigem Ermessen«**. In diesem Zusammenhang hat der Arbeitgeber die wesentlichen Umstände des Sachverhalts abzuwägen und die beiderseitigen Interessen (also auch die Interessen des Arbeitnehmers) angemessen zu berücksichtigen. **Unbillig** ist es also, wenn der Arbeitgeber ausschließlich seine Interessen bei der Ausübung des Weisungsrechts zum Maßstab macht.

## 3.4 Versetzung des Arbeitnehmers

Wie oben dargelegt, kann der Arbeitgeber kraft seines Weisungsrechts Inhalt und Ort der Arbeit nach billigem Ermessen näher bestimmen, soweit diese Arbeitsbedingungen nicht durch den **Arbeitsvertrag** oder **gesetzliche Vorschriften** bereits geregelt sind (§ 106 Satz 1 GewO). Die arbeitsvertraglich vereinbarten Arbeitsbedingungen können Arbeitgeber und Arbeitnehmer grundsätzlich nur einvernehmlich oder der Arbeitgeber einseitig durch eine Änderungskündigung ändern. Einen anderen Arbeitsbereich oder einen anderen Arbeitsort kann der Arbeitgeber dem Arbeitnehmer auch dann zuweisen, wenn er sich dies im Arbeitsvertrag ausdrücklich vorbehalten hat, der Vertrag also eine sogenannte Versetzungsklausel enthält.

Durch eine **Versetzungsklausel** im Arbeitsvertrag können Sie als Arbeitgeber Ihr Weisungsrecht gegenüber dem Arbeitnehmer erweitern, indem Sie sich das Recht vorbehalten, dem Arbeitnehmer vorübergehend eine andere als die vertraglich vereinbarte Arbeitsleistung zuzuweisen, unter Umständen auch an einen anderen Arbeitsort. Einer Zustimmung des Arbeitnehmers bedarf es dann nicht mehr. Ohne arbeitsvertragliche Versetzungsklausel ist also Ihr Handlungsspielraum erheblich eingeschränkt. Deshalb sollten Sie in jeden Arbeitsvertrag eine entsprechende Regelung aufnehmen. Allerdings unterliegt auch bei einer Versetzungsklausel die einseitige Änderung der Arbeitsbedingungen durch den Arbeitgeber arbeitsrechtlichen Grenzen.

Die Versetzung des Arbeitnehmers ist von dessen Umsetzung zu unterscheiden. Eine Umsetzung liegt dann vor, wenn der Arbeitgeber dem Arbeitnehmer den neuen Arbeitsplatz oder den neuen Arbeitsort kraft seines Weisungsrechts zuweisen kann. So kann der Arbeitgeber etwa dem Arbeitnehmer an seinem bisherigen Arbeitsplatz eine neue Tätigkeit zuweisen, wenn die vom Arbeitnehmer geschuldete Arbeitsleistung noch zu dem **vertraglich vereinbarten Berufsbild** gehört. In diesem Fall muss der Arbeitgeber zwar die Grenzen des billigen Ermessens berücksichtigen, die Änderung der Arbeitsbedingungen kann jedoch auch dann erfolgen, wenn der Arbeitsvertrag keine Versetzungsklausel enthält.

### 3.4.1 Allgemeine Voraussetzungen

Die einseitige Änderung des Arbeitsbereichs des Arbeitnehmers durch den Arbeitgeber setzt voraus, dass der Arbeitsvertrag einen sogenannten **Versetzungsvorbehalt** enthält. Dieser kann sich auf die Zuweisung eines anderen Arbeitsbereichs und den Ort der Arbeitsleistung beziehen.

Im Arbeitsvertrag kann etwa folgende Regelung getroffen werden: »Der Arbeitgeber behält sich vor, dem Arbeitnehmer eine andere, zumutbare Arbeit im gleichen Betrieb zuzuweisen, die seinen Vorkenntnissen und Fähigkeiten entspricht, sowie das Aufgabengebiet aus organisatorischen Gründen vorübergehend oder dauerhaft zu ändern. Er ist darüber hinaus berechtigt, den Arbeitnehmer auch an einen anderen Arbeitsort zu versetzen, sofern dies dem Arbeitnehmer zumutbar ist.«

Der Arbeitgeber kann sich zwar durch eine entsprechende Festlegung im Arbeitsvertrag ein Versetzungsrecht vorbehalten, gleichwohl kann die Versetzung im Einzelfall aber unwirksam sein, wenn sie **nicht billigem Ermessen** nach § 106 GewO entspricht. In diesem Zusammenhang ist Folgendes zu beachten:

- Die Zuweisung eines anderen Arbeitsplatzes kann stets nur im Rahmen eines angemessenen Ausgleichs der **beiderseitigen Interessen** erfolgen. **Unbillig** ist es demnach, wenn der Arbeitgeber nur seine **eigenen Interessen** und nicht auch die des Arbeitnehmers bei der Versetzung berücksichtigt.
- Die Versetzung entspricht nur dann billigem Ermessen, wenn sie **nicht willkürlich** erfolgt **und** die Folgen der Versetzung dem Arbeitnehmer auch **zumutbar** sind. Der Arbeitgeber muss also eine Interessenabwägung vornehmen, bei der alle Umstände des Einzelfalls zu berücksichtigten sind, also abwägen, ob sein Interesse an einer Versetzung das **Interesse des Arbeitnehmers** an einer Beibehaltung der bisherigen Arbeitsbedingungen überwiegt.
- Bei der Ausübung seines Versetzungsrechts nach billigem Ermessen hat der Arbeitgeber auch auf **Behinderungen** des Arbeitnehmers Rücksicht zu nehmen (§ 106 Satz 3 GewO).

Bei der Zuweisung eines neuen Arbeitsplatzes müssen etwa **besondere persönliche Umstände** (z.B. Lebensalter, Gesundheit) und das Maß der Verantwortung des neuen Arbeitsplatzes im Verhältnis zum alten, bei der Zuweisung eines neuen Arbeitsorts zudem etwa die Länge des Arbeitswegs zwischen Wohnung und neuem Arbeitsort, der bevorstehende Ruhestand und familiäre Verpflichtungen berücksichtigt werden. Zu berücksichtigen sind auch die sozialen Lebensverhältnisse des Mitarbeiters.

Die angeordnete Versetzung ist für den Arbeitnehmer nur verbindlich, wenn sie der **Billigkeit** entspricht. Das heißt, der Arbeitnehmer braucht eine **unbillige Anweisung** des Arbeitgebers nicht zu befolgen, auch wenn keine dementsprechende rechtskräftige Entscheidung des Arbeitsgerichts vorliegt.

**Urteil**

*Auch bei der Auswahl der für eine Versetzung in Betracht kommenden Arbeitnehmer sind die Grundsätze billigen Ermessens zu beachten. Die personelle Auswahlentscheidung bei einer Versetzung entspricht nicht billigem Ermessen im Sinne von §§ 106 GewO, § 315 BGB, wenn der Arbeitgeber nur Beschäftigte in die Auswahl einbezieht, deren Arbeitsverhältnisse zunächst befristet waren und erst später entfristet wurden.*

BAG, Az. 10 AZR 915/12

## 3.4.2 Zuweisung einer anderen Tätigkeit

Zulässig ist es, dem Arbeitnehmer aufgrund einer arbeitsvertraglichen **Versetzungsklausel** eine inhaltlich andere, aber **gleichwertige Tätigkeit** wie die vertraglich geschuldete zu übertragen. **Nicht zulässig** ist allerdings die Übertragung einer anderen Tätigkeit dann, wenn damit eine geringere Vergütung verbunden ist. Entsprechendes gilt, wenn der Arbeitnehmer auf einen Arbeitsplatz mit einer geringerwertigen Tätigkeit versetzt werden soll, und zwar auch dann, wenn die bisher gezahlte Vergütung fortgezahlt wird. In einer wirksamen Versetzungsklausel muss deshalb klar und eindeutig zum Ausdruck gebracht werden, dass dem Arbeitnehmer nur mindestens gleichwertige anderweitige Arbeitsbereiche einseitig durch den Arbeitgeber zugewiesen werden können. Nicht notwendig ist es, die Gründe für eine Änderung des Aufgabenbereichs in die Versetzungsklausel aufzunehmen.

## 3.4.3 Zuweisung eines anderen Arbeitsorts

Um eine arbeitsvertragliche Versetzung handelt es sich auch, wenn dem Arbeitnehmer ein anderer Arbeitsort zugewiesen werden soll. Im Rahmen der Anwendung des Grundsatzes **billigen Ermessens** stellt sich dann die Frage, ob der neue Arbeitsort für den Arbeitnehmer zumutbar ist. In diesem Fall sind die Interessen des Arbeitgebers und des Arbeitsnehmers sorgfältig abzuwägen. Das berechtigte Interesse des Arbeitnehmers an der Vermeidung eines Umzugs bzw. an kurzen Pendelzeiten und geringem finanziellen Aufwand ist ein wesentliches Kriterium. Ob diese Interessen angemessen berücksichtigt sind, kann nur durch Abwägung mit den betrieblichen Gründen des Arbeitgebers ermittelt werden. So sind bei **wichtigen betrieblichen Gründen** dem Arbeitnehmer unter Umständen längere Pendelzeiten zumutbar, bei Gründen von geringerem Gewicht können aber bereits kürzere Pendelzeiten unzumutbar sein. Feste Grenzen lassen sich nicht festlegen; maßgebend sind die konkreten Umstände des Einzelfalls.

---

**Urteil**

*Die sozialrechtlichen Zumutbarkeitsregeln (§ 140 Abs. 4 SGB II), wie sie für die Beschäftigung Arbeitsloser vorgeschrieben sind, sind für örtliche Veränderungen von Arbeitnehmern anlässlich einer Versetzung nicht anwendbar. Nach dieser Vorschrift gelten Pendelzeiten von insgesamt bis zu zweieinhalb Stunden bei einer Arbeitszeit von mehr als sechs Stunden und Pendelzeiten von bis zu zwei Stunden bei einer Arbeitszeit von sechs Stunden und weniger für Arbeitslose regelmäßig als verhältnismäßig.*

BAG, Az. 10 AZR 202/10

---

## 3.5 Vergütung des Arbeitnehmers

Als Gegenleistung für die erbrachte Arbeitsleistung hat der Arbeitnehmer einen Anspruch auf Vergütung (§§ 611, 612 BGB). Angestellte erhalten regelmäßig ein Gehalt, Arbeiter einen Lohn. Die Höhe des dem Arbeitnehmer zustehenden Arbeitsentgelts muss vom Arbeitgeber schriftlich niedergelegt werden (§ 2 Abs. 1 Nr. 6 NachwG).

### 3.5.1 Höhe der Vergütung

Regelmäßig wird die Vergütung des Arbeitnehmers im **Arbeitsvertrag festgelegt.** Im Arbeitsvertrag kann jedoch auch Bezug auf die **tarifliche Vergütung** genommen werden.

#### Vergütung nach dem Arbeitsvertrag

Im Regelfall wird die Vergütung des Arbeitnehmers im Arbeitsvertrag vereinbart. Dort wird in der Mehrzahl der Fälle dem Arbeitnehmer eine **Zeitvergütung** zugesagt. Die Arbeitsleistung des Arbeitnehmers wird dann nach Stunden, Tagen oder Monaten vergütet. Dabei ist es unerheblich, ob der Arbeitnehmer gut oder schlecht arbeitet. Der Vergütungsanspruch des Arbeitnehmers entsteht unabhängig von Quantität und Qualität der geleisteten Arbeit.

Beim vereinbarten Arbeitsentgelt handelt es sich grundsätzlich um den **Bruttobetrag.** Die Bruttovergütung bezeichnet die Gesamtvergütung des Arbeitnehmers **vor Abzug** von Steuern und Abgaben. Vom Bruttogehalt errechnen sich die vom Arbeitgeber abzuführenden monatlichen **Versicherungsbeiträge** sowie die abzuführende **Lohnsteuer.** Nur wenn es Arbeitgeber und Arbeitnehmer ausnahmsweise ausdrücklich vereinbart haben, schuldet der Arbeitgeber den vereinbarten Betrag als Nettovergütung.

#### Vergütung durch Bezugnahme auf den Tarifvertrag

Anstatt die Vergütung des Arbeitnehmers im Arbeitsvertrag zu regeln, kann auf die **Vergütungsregelungen eines Tarifvertrags** Bezug genommen werden. In diesem Fall kann der Arbeitnehmer dann die Vergütung verlangen, die einem Arbeitnehmer im Geltungsbereich dieses Tarifvertrags zusteht. Die Verweisung auf die tariflichen Vergütungsregelungen kann in **statischer oder dynamischer Form** erfolgen (vgl. dazu 2.5).

### Vergütung ohne arbeitsvertragliche Vereinbarung

Wurde im Arbeitsvertrag keine Vergütung vereinbart, so folgt daraus nicht, dass der Arbeitnehmer die Arbeitsleistung unentgeltlich zu erbringen hat. Vielmehr gilt eine **Vergütung als stillschweigend vereinbart,** wenn die Arbeitsleistung den Umständen nach nur gegen eine Vergütung zu erwarten ist (§ 612 Abs. 1 BGB). Und im Regelfall wird man eine Arbeitsleistung nur gegen Entgelt erwarten können. Ist die Höhe der Vergütung nicht bestimmt, so ist die übliche Vergütung als vereinbart anzusehen (§ 612 Abs. 2 BGB). Das ist die am gleichen Ort in ähnlichen Gewerben oder Berufen für die entsprechende Arbeit **unter Berücksichtigung der persönlichen Verhältnisse** des Arbeitnehmers (Alter, Familienstand, Kinder) gezahlte Vergütung.

## 3.5.2 Zulagen und Zuschläge

Neben der Grundvergütung, die im Regelfall als Zeitvergütung ausgestaltet ist, werden dem Arbeitnehmer häufig auch Vergütungszulagen gezahlt. Darunter sind Leistungen des Arbeitgebers zu verstehen, die **zusätzlich zur vereinbarten Grundvergütung** gezahlt werden. Dazu zählen unter anderen Erschwerniszulagen, Funktionszulagen wegen Übernahme zusätzlicher Verantwortung, Leistungszulagen, persönliche Zulagen oder Sozialzulagen wie Kinder- oder Ortszulagen. Auch Zuschläge sind zusätzliche Leistungen des Arbeitgebers. Sie werden für **besondere Leistungen** oder Belastungen des Arbeitnehmers gezahlt. In Betracht kommen Zuschläge für Nachtarbeit, Überstunden oder Sonn- und Feiertagsarbeit.

### Vertraglicher Anspruch des Arbeitnehmers

Mit Ausnahme des Zuschlags für Nachtarbeit besteht **kein gesetzlicher Anspruch** auf Zulagen oder Zuschläge. Ein entsprechender Anspruch kann sich insbesondere aus einer entsprechenden Vereinbarung im Arbeitsvertrag ergeben. Möglich ist es auch, dass ein

**Anspruch aus betrieblicher Übung** entsteht. Das kann dann in Betracht kommen, wenn der Arbeitgeber über mehrere Jahre (mindestens drei Jahre) ohne Vorbehalt einen Zuschlag oder eine Zulage zur Vergütung gewährt und der Arbeitnehmer darauf vertrauen darf, dass die Zulage bzw. der Zuschlag auch für die Zukunft gezahlt werden. In diesem Fall wird dann ein vertraglicher Anspruch des Arbeitnehmers auf die üblich gewordene Leistung begründet, der rechtlich genau so zu behandeln ist wie ein Anspruch, der arbeitsvertraglich vereinbart wurde. Der durch betriebliche Übung entstandene Anspruch auf eine Zulage oder einen Zuschlag zur Vergütung kann nur einvernehmlich durch den Arbeitgeber und den Arbeitnehmer oder einseitig durch den Arbeitgeber durch eine Änderungskündigung beseitigt werden.

Wollen Sie dem Arbeitnehmer auf freiwilliger Basis eine Zulage oder einen Zuschlag zur Vergütung gewähren, dabei aber eine betriebliche Übung und somit einen Rechtsanspruch ausschließen, müssen Sie sich die **Freiwilligkeit der Leistung** vorbehalten. Damit dieser Vorbehalt wirksam ist, muss er klar, verständlich und **eindeutig formuliert** sein. Die Zahlung von Leistungszulagen kann auch mit einem Widerrufsvorbehalt verbunden werden. In diesem Fall können Sie das Widerrufsrecht allerdings nur nach billigem Ermessen ausüben, das heißt, Sie brauchen regelmäßig einen sachlichen Grund für den Widerruf.

## Gesetzlicher Anspruch auf Nachtarbeiterzuschlag

Soweit keine tariflichen Ausgleichsregelungen bestehen, hat der Arbeitgeber dem Nachtarbeitnehmer für die während der Nachtarbeit geleisteten Arbeitsstunden eine angemessene Zahl **bezahlter freier Tage** oder einen angemessenen **Zuschlag** auf das ihm hierfür zustehende Bruttoarbeitsentgelt zu zahlen (§ 6 Abs. 5 ArbZG). Nachtarbeitnehmer ist ein Mitarbeiter, der normalerweise Nachtarbeit in Wechselschicht oder an mindestens 48 Tagen im Kalenderjahr leistet (§ 2 Abs. 5 ArbZG). Nachtarbeit ist die Arbeit, die mehr als zwei

Stunden der Nachtzeit umfasst. Nachtzeit im Sinne des **Arbeitszeitgesetzes** ist die Zeit von 23:00 Uhr bis 6:00 Uhr (in Bäckereien und Konditoreien die Zeit von 22:00 Uhr bis 5:00 Uhr).

Die Wahl der **Form des Ausgleichs** (Zuschlag in Geld oder Freizeitausgleich) liegt im Ermessen des Arbeitgebers. Der dem Arbeitnehmer zustehende Nachtarbeitszuschlag kann auch pauschal pro Monat vereinbart werden. In jedem Fall ist der Arbeitgeber zu einem angemessenen Ausgleich verpflichtet. Zwar erfordert die Angemessenheit eines in Geld bemessenen Zuschlags nicht in jedem Fall, dass dieser Zuschlag Tarifniveau erreicht, Tarifverträge können aber auf jeden Fall als Orientierungshilfe dienen.

Arbeitet der Arbeitnehmer im Drei-Schicht-Betrieb und leistet er jede dritte Woche Nachtarbeit, so gilt regelmäßig ein Zuschlag von 25 % des Stundenlohns als angemessen.

## 3.5.3 Gleichbehandlung bei der Vergütung

Aufgrund der Vertragsfreiheit kann die Vergütung grundsätzlich zwischen dem Arbeitgeber und dem Arbeitnehmer frei vereinbart werden. Der Arbeitgeber ist also nicht an Vergütungsregelungen gebunden, die er mit anderen Arbeitnehmern getroffen hat. Nicht begünstigte Arbeitnehmer können **grundsätzlich keine Ansprüche** daraus ableiten, dass der Arbeitgeber an einen vergleichbaren Mitarbeiter eine höhere Vergütung zahlt.

Der Arbeitgeber zahlt an seine Mitarbeiter 18,– € in der Stunde. Er benötigt wegen neuer Aufträge dringend einen neuen Mitarbeiter. Der Bewerber, den der Arbeitgeber einstellen will, verlangt 20,– € die Stunde. Der Arbeitgeber ist nicht gehindert, mit dem Arbeitnehmer diesen höheren Stundenlohn zu vereinbaren. Daraus erwächst den anderen Beschäftigten kein Anspruch auf eine entsprechende Lohnerhöhung.

Unabhängig davon ist die **Pflicht zur Gleichbehandlung** bzw. das Verbot von sachlich nicht gerechtfertigten Diskriminierungen, die auch für die Vergütung des Arbeitnehmers gilt, in einer Reihe gesetzlicher Vorschriften verankert:

- Ein **teilzeitbeschäftigter Arbeitnehmer** darf wegen der Teilzeitarbeit nicht schlechter behandelt werden als ein vergleichbarer vollzeitbeschäftigter Arbeitnehmer, es sei denn, dass sachliche Gründe eine unterschiedliche Behandlung rechtfertigen. Einem teilzeitbeschäftigten Arbeitnehmer ist Arbeitsentgelt oder eine andere teilbare geldwerte Leistung mindestens in dem Umfang zu gewähren, der dem Anteil seiner Arbeitszeit an der Arbeitszeit eines vergleichbaren vollzeitbeschäftigten Arbeitnehmers entspricht (§ 4 Abs. 1 TzBfG).
- Ein **befristet beschäftigter Arbeitnehmer** darf wegen der Befristung des Arbeitsvertrages nicht schlechter behandelt werden, als ein vergleichbarer unbefristet beschäftigter Arbeitnehmer, es sei denn, dass sachliche Gründe eine unterschiedliche Behandlung rechtfertigen. Einem befristet beschäftigten Arbeitnehmer ist Arbeitsentgelt oder eine andere teilbare geldwerte Leistung, die für einen bestimmten Bemessungszeitraum gewährt wird, mindestens in dem Umfang zu gewähren, der dem Anteil seiner Beschäftigungsdauer am Bemessungszeitraum entspricht (§ 4 Abs. 2 TzBfG).
- Beschäftigte dürfen **nicht** wegen der Rasse oder wegen der ethnischen Herkunft, des Geschlechts, der Religion oder Weltanschauung, einer Behinderung, des Alters oder der sexuellen Identität **benachteiligt** werden. Eine unterschiedliche Behandlung ist zulässig, wenn dieser Grund wegen der Art der auszuübenden Tätigkeit oder der Bedingungen ihrer Ausübung eine wesentliche und entscheidende berufliche Anforderung darstellt, sofern der Zweck rechtmäßig und die Anforderung angemessen ist (§§ 1, 7, 8 AGG).

- Bei gleicher oder gleichwertiger Arbeit ist eine unmittelbare oder mittelbare **Benachteiligung** wegen des Geschlechts im Hinblick auf sämtliche Entgeltbestandteile und Entgeltbedingungen **verboten.** Eine unmittelbare Entgeltbenachteiligung liegt vor, wenn eine Beschäftigte oder ein Beschäftigter wegen des Geschlechts bei gleicher oder gleichwertiger Arbeit ein geringeres Entgelt erhält, als eine Beschäftigte oder ein Beschäftigter des jeweils anderen Geschlechts erhält, erhalten hat oder erhalten würde. Eine unmittelbare Benachteiligung liegt auch im Falle eines geringeren Entgelts einer Frau wegen Schwangerschaft oder Mutterschaft vor (§ 3 EntgTranspG).
- Arbeitgeber dürfen **schwerbehinderte Beschäftigte** nicht wegen ihrer Behinderung benachteiligen (§ 164 Abs. 2 SGB IX).

## 3.5.4 Mindestlohn

Arbeitnehmer können von ihrem Arbeitgeber ein Arbeitsentgelt mindestens in Höhe des Mindestlohns verlangen. Der Mindestlohn wird gesetzlich festgelegt. Über die Anpassung der Höhe des Mindestlohns entscheidet eine Mindestlohnkommission. **Gesetzliche Grundlage** ist das Mindestlohngesetz (MiLoG).

---

**Achtung:** Vereinbarungen, die den Anspruch auf Mindestlohn unterschreiten oder seine Geltendmachung beschränken oder ausschließen, sind insoweit **unwirksam** (§ 3 MiLoG). Verstöße gegen das Mindestlohngesetz können mit **Geldbußen** bis zu 500.000,– € geahndet werden (§ 21 MiLoG).

---

### Persönlicher Anwendungsbereich

Der **gesetzliche Mindestlohn** gilt für alle Arbeitnehmer über 18 Jahren. Deren Anspruch besteht unabhängig von Arbeitszeit oder Umfang der Beschäftigung – und damit auch für Minijobber.

**Keinen Anspruch** auf den Mindestlohn haben unter anderem (§ 22 MiLoG)

- **Auszubildende** nach dem Berufsbildungsgesetz,
- Teilnehmer an einer **Maßnahme der Arbeitsförderung,**
- Jugendliche unter 18 Jahren **ohne abgeschlossene Berufsausbildung,**
- **Langzeitarbeitslose** innerhalb der ersten sechs Monate nach Wiedereinstieg in den Arbeitsmarkt.

Der gesetzliche Mindestlohn gilt nicht für Praktika, die aufgrund einer schulrechtlichen Bestimmung, einer Ausbildungsordnung oder einer hochschulrechtlichen Bestimmung geleistet werden, und zwar unabhängig von deren Dauer. Damit sind **Pflichtpraktika** nicht vom Mindestlohn erfasst. Beim freiwilligen Praktikum hängt die Praktikumsvergütung von der Dauer des Praktikums ab. Bei einem Praktikum von mehr als drei Monaten, das zur Orientierung für eine Berufsausbildung oder für die Aufnahme eines Studiums geleistet wird, muss das Unternehmen den gesetzlichen Mindestlohn zahlen. **Freiwillige Praktika** unter drei Monaten sind nicht mindestlohnpflichtig. Sie werden häufig nur mit einer sehr geringen Aufwandsentschädigung oder überhaupt nicht vergütet. Keinen Anspruch auf den Mindestlohn haben **Praktikanten unter 18 Jahren,** die keine Berufsausbildung abgeschlossen haben.

## Höhe und Zusammensetzung

Seit 1.7.2021 beträgt der Mindestlohn 9,60 € pro Stunde; er steigt zum 1.1.2022 auf 9,82 € sowie zum 1.7.2022 auf 10,45 €. Beim gesetzlichen Mindestlohn handelt es sich um einen **Bruttostundenlohn.** Arbeitgeberanteile zur Sozialversicherung bleiben bei der Berechnung des Mindestlohns außer Betracht. Das heißt, auch die Beiträge zur gesetzlichen Krankenversicherung und zur gesetzlichen Rentenversicherung im Rahmen der Minijobs trägt der Arbeitgeber – zusätzlich zum Bruttostundenlohn.

Bestimmte Vergütungsbestandbestandteile können auf den Mindestlohn angerechnet werden. Dazu gehören

- **Zuschläge und Zulagen,** die für die Arbeit zu besonderen Zeiten (z.B. Überstunden, Sonn- und Feiertagsarbeit), zu erschwerten Bedingungen (z.B. Schmutz- oder Gefahrenzulage) oder für überdurchschnittliche Arbeitsergebnisse (z.B. Qualitätsprämien) gezahlt werden;
- **Einmalzahlungen** wie Weihnachtsgeld oder zusätzliches Urlaubsgeld, wenn diese unwiderruflich, anteilig und an dem für den Mindestlohn maßgeblichen Fälligkeitszeitpunkt gezahlt werden;
- Zuschläge und Zulagen, mit denen lediglich die regelmäßige und dauerhaft vertraglich geschuldete Arbeitsleistung vergütet wird (z.B. Bauzulage im Baugewerbe).

---

**Achtung:** Nicht anrechenbar sind solche Zahlungen, die der Arbeitgeber ohne Rücksicht auf die tatsächliche Arbeitsleistung des Arbeitnehmers erbringt oder die auf einer gesetzlichen Zweckbestimmung beruhen (z.B. Zuschläge für Nachtarbeit, Aufwandsentschädigung wie z.B. Wegegeld und Beiträge zur betrieblichen Altersversorgung und sonstige vermögenswirksamen Leistungen).

---

## Fälligkeit

Der Mindestlohn ist vom Arbeitgeber zum Zeitpunkt der vereinbarten Fälligkeit zu zahlen, spätestens jedoch zum letzten Bankarbeitstag des Monats, der auf den Monat folgt, in dem die Arbeitsleistung erbracht wurde (§ 2 Abs. 1 MiLoG).

### Dokumentationspflicht

Um sicherzustellen, dass der Mindestlohn auch tatsächlich für die geleistete Arbeitszeit bezahlt wird, unterliegen Arbeitgeber in bestimmten Fällen einer Dokumentationspflicht. Danach sind Arbeitgeber verpflichtet, **Beginn, Ende und Dauer der täglichen Arbeitszeit** innerhalb einer bestimmten Frist zu erfassen und die Aufzeichnungen aufzubewahren. Die Dokumentationspflicht gilt generell für geringfügig Beschäftigte und die im Schwarzarbeitsbekämpfungsgesetz genannten Wirtschaftsbereiche (z.B. Baugewerbe, Gaststätten und Herbergen, Gebäudereinigung. Ausgenommen von der Dokumentationspflicht sind lediglich enge Familienangehörige (Ehegatten, eingetragene Lebenspartner, Eltern, Kinder).

---

**Achtung:** Spätestens bis zum Ablauf des siebten auf den Tag der Arbeitsleistung folgenden Kalendertag müssen die Aufzeichnungen vollständig vorliegen und für mindestens zwei Jahre aufbewahrt werden. In welcher Form der Arbeitgeber die Arbeitszeiten dokumentiert, ist nicht vorgegeben. Die Aufzeichnung kann sowohl schriftlich als auch elektronisch geführt werden, beispielweise mittels Stundenzetteln, Stempelkarten, einer elektronischen Tabellenkalkulation oder eines Zeiterfassungssystems. Grundsätzlich ist es auch erlaubt, dass der Arbeitgeber seine Mitarbeiter anweist, die Arbeitszeiten eigenständig festzuhalten. Der Arbeitgeber ist aber auch in diesem Fall verantwortlich, dass die Angaben vollständig und richtig sind.

---

## 3.5.5 Auszahlung der Vergütung

Arbeitnehmer haben Anspruch auf Erteilung einer **Abrechnung in Textform** über das vom Arbeitgeber gezahlte Arbeitsentgelt. Die Abrechnung muss mindestens Angaben über **Abrechnungszeitraum** und Zusammensetzung des **Arbeitsentgelts** enthalten. Hinsichtlich der Zusammensetzung sind insbesondere Angaben über Art und

Höhe der Zuschläge, Zulagen, sonstige Vergütungen, Art und Höhe der Abzüge, Abschlagszahlungen sowie Vorschüsse erforderlich. Die Verpflichtung zur Abrechnung entfällt, wenn sich die Angaben gegenüber der letzten ordnungsgemäßen Abrechnung nicht geändert haben (§ 108 Abs. 1 und 2 GewO).

Der Arbeitnehmer ist vorleistungspflichtig. Das Arbeitsentgelt ist demnach vom Arbeitgeber erst zu zahlen, nachdem der Arbeitnehmer seine Arbeitsleistung erbracht hat (§ 614 BGB). Deshalb wird regelmäßig die Vergütung erst am **Ende des Kalendermonats** gezahlt. Eine abweichende Vereinbarung zugunsten des Arbeitnehmers ist zulässig.

Empfangsberechtigt ist grundsätzlich **nur der Arbeitnehmer selbst,** es sei denn, er hat einen Teil seiner Entgeltforderung an einen Dritten abgetreten oder einen Dritten zum Empfang des Arbeitsentgelts bevollmächtigt. Auch minderjährige Arbeitnehmer sind berechtigt, Arbeitsentgelt in Empfang zu nehmen. Allerdings kann der gesetzliche Vertreter die Ermächtigung zurücknehmen oder einschränken.

## 3.5.6 Verletzung der Vergütungspflicht

Zahlt der Arbeitgeber dem Arbeitnehmer ganz oder teilweise nicht rechtzeitig die vereinbarte Vergütung, verletzt er seine Vertragspflicht. In diesem Fall kann der Arbeitnehmer **Ersatz** des ihm durch den Verzug entstandenen Schadens verlangen, seine Arbeitsleistung zurückhalten und unter Umständen den Arbeitsvertrag außerordentlich (fristlos) kündigen.

### Ersatz des Verzugsschadens

Wenn der Arbeitgeber die fällige Vergütung nicht rechtzeitig zahlt, kommt er in **Zahlungsverzug.** Ist der Lohn oder das Gehalt zu einem kalendermäßig bestimmten Zeitpunkt fällig (z.B. zum 15.4. oder – wenn die Vergütung nach Zeitabschnitten bemessen ist – am Ende des Zeitabschnitts), kommt der Arbeitgeber **ohne Mahnung** des Arbeitnehmers in Verzug.

---

**Achtung:** Kommen Sie mit der Lohnzahlung in Verzug, kann der Arbeitnehmer **Verzugszinsen** mindestens in Höhe des gesetzlichen Zinssatzes (5 % über dem Basiszinssatz) verlangen, wenn er nicht einen höheren Zinssatz nachweisen kann. In diesem Zusammenhang hat der Arbeitnehmer auch die Möglichkeit, auf Ihre Kosten einen Rechtsanwalt mit der Wahrnehmung seiner Interessen zu beauftragen.

---

## Zurückbehaltungsrecht des Arbeitnehmers

Zahlt der Arbeitgeber nicht rechtzeitig die fällige Vergütung, darf der Arbeitnehmer seine **Arbeitsleistung zurückhalten.** In diesem Fall muss der Arbeitnehmer gegenüber dem Arbeitgeber klar und eindeutig zum Ausdruck bringen, dass er die Arbeit wegen des Zahlungsrückstands nicht leistet.

---

**Achtung:** Hält der Arbeitnehmer seine Arbeitsleistung zurück, kommen Sie als Arbeitgeber in **Annahmeverzug.** In diesem Fall müssen Sie für die Zeit, in der sich der Arbeitnehmer auf sein Zurückbehaltungsrecht beruft, den Lohn bzw. das Gehalt weiterzahlen. Der Annahmeverzug endet mit der Zahlung der rückständigen Vergütung. In diesem Fall muss dann der Arbeitnehmer die Arbeit wieder aufnehmen.

---

## Außerordentliche Kündigung

Wenn der Arbeitgeber mit einem erheblichen Betrag in Rückstand gerät oder sich die Zahlungsrückstände über einen **erheblichen Zeitraum** erstrecken, kann der Arbeitnehmer das Arbeitsverhältnis außerordentlich (fristlos) kündigen. Auch kleinere Zahlungsrückstände können für eine **außerordentliche Kündigung** ausreichen, wenn der Arbeitgeber willkürlich und ohne nachvollziehbare Gründe handelt und ein Wiederholungsfall vorliegt.

## 3.5.7 Pfändungsschutz

Gläubiger des Arbeitnehmers können, wenn alle anderen Eintreibungsversuche gescheitert sind, grundsätzlich auch dessen Lohn- oder Gehaltsforderungen gegenüber dem Arbeitgeber pfänden. Es muss dann aufgrund eines vollstreckbaren Urteils oder eines Vollstreckungsbescheids gegen den Arbeitnehmer ein **Pfändungs- und Überweisungsbeschluss** beim Amtsgericht erwirkt und dem Arbeitgeber zugestellt werden.

Allerdings unterliegt der Lohn oder das Gehalt des Arbeitnehmers im gesetzlichen Rahmen einem **besonderen Pfändungsschutz.** So können bestimmte Teile des Einkommens nicht und pfändbares Einkommen nur in einem bestimmten Umfang gepfändet werden.

### Unpfändbares Einkommen

Zum unpfändbaren Einkommen gehören unter anderem

- die **Hälfte der Bruttogesamtvergütung** für Mehrarbeit (dies gilt nicht nur für den Zuschlag, sondern auch für die gesamte Überstundenvergütung),
- **Urlaubsgeld,**
- Zuwendungen aus Anlass eines **besonderen Betriebsereignisses,**
- **Aufwandsentschädigungen,**
- **Gefahrenzulagen** sowie Schmutz- und Erschwerniszulagen, soweit diese Bezüge den Rahmen des Üblichen nicht übersteigen,
- **Weihnachtsvergütungen bis zur Hälfte** des monatlichen Entgelts, maximal aber 500,– €,
- **Blindenzulagen,**
- **vermögenswirksame Leistungen,**
- **Kindergeld.**

### Pfändungsfreigrenzen

Pfändungsfreigrenzen sollen dem Arbeitnehmer sein **Existenzminimum sichern.** Die Höhe des pfändbaren Einkommens richtet sich nach der Anzahl der gegenüber dem Schuldner unterhaltsberechtigten Personen, also Personen, an die der Arbeitnehmer Unterhaltszahlungen leisten muss (z.B. Kinder, Ehepartner ohne Einkommen oder geschiedener Ehepartner). Aktuell (2021) beträgt der **monatliche unpfändbare Grundfreibetrag 1.179,99 €.** Er gilt für alle Schuldner, die keine Unterhaltsverpflichtungen zu erfüllen haben. Ist der Schuldner anderen Personen unterhaltspflichtig, erhöhen sich die Freigrenzen je nachdem, wie vielen Personen gegenüber Unterhalt zu leisten ist.

Die Pfändungsfreigrenze beträgt z.B. für einen Schuldner mit einer Unterhaltsverpflichtung 1.629,99 €, mit zwei Unterhaltsverpflichtungen 1.869,99 €, mit drei Unterhaltsverpflichtungen 2.119,99 € und mit vier Unterhaltsverpflichtungen 2.369,99 €. Diese Beträge unterliegen nicht der Pfändung.

## 3.6 Gratifikationen

Gratifikationen sind **Vergütungen oder Sonderzahlungen,** die der Arbeitgeber aus bestimmten Anlässen (z.B. Jubiläum, Urlaub, Weihnachten) neben der laufenden Arbeitsvergütung zahlt. Im Regelfall sind Sonderzahlungen nicht von der individuellen Leistung des Arbeitnehmers abhängig. Sie gelten vielmehr als Anerkennung für geleistete Arbeit und Anreiz für weitere Arbeitsleistungen. Bei Gratifikationen handelt es sich grundsätzlich um **freiwillige Leistungen** des Arbeitgebers.

---

**Achtung:** Gratifikationen, die der Arbeitgeber aus bestimmten Anlässen gewährt, sind von Leistungen abzugrenzen, die eine Gegenleistung für die geschuldete Arbeitsleistung des Arbeitnehmers darstellen (z.B. Anwesenheitsprämie). In diesen Fällen sind Sonderzahlungen des Arbeitgebers eine zusätzliche Vergütung für die im Jahr geleistete Arbeit und damit Bestandteil des Gehalts.

---

Bei Sonderzahlungen mit **reinem Entgeltcharakter,** bei denen der Arbeitgeber die Arbeitsleistung zusätzlich vergüten will, hat der Arbeitnehmer Anspruch auf eine anteilige Auszahlung. Bei Sondervergütungen **mit Gratifikationscharakter** (Betriebstreue), mit denen allein die (künftige) Betriebstreue des Arbeitnehmers belohnt werden soll, besteht kein Anspruch auf eine (anteilige) Zahlung, wenn kein Arbeitsverhältnis mehr besteht bzw. dieses (wirksam) gekündigt ist. Dass allein die Betriebstreue belohnt werden soll, muss sich aber deutlich aus der zugrunde liegenden Vereinbarung ergeben und die Sondervergütung darf keinen wesentlichen Anteil der Gesamtvergütung des Arbeitnehmers ausmachen. Während des Kalenderjahrs angefallene Fehlzeiten (z.B. wegen Elternzeit oder krankheitsbedingter Ausfallzeiten, die über den Entgeltfortzahlungszeitraum hinaus andauern) berechtigen dann den Arbeitgeber, die Sondervergütung zu kürzen.

### 3.6.1 Kein gesetzlicher Anspruch auf Sonderzahlungen

Gesetzlich besteht für Arbeitnehmer **kein Anspruch auf eine Gratifikation.** In Kleinbetrieben kann ein entsprechender Anspruch insbesondere aufgrund des Arbeitsvertrags, einer betrieblichen Übung oder des Gleichbehandlungsgrundsatzes bestehen.

Der Arbeitgeber muss an den Arbeitnehmer eine Gratifikation zahlen, wenn diesem durch den **Arbeitsvertrag** ein entsprechender Anspruch eingeräumt ist. Statt den Gratifikationsanspruch des Arbeitnehmers im Arbeitsvertrag zu regeln, kann auf die entsprechende Regelung in einem **Tarifvertrag** Bezug genommen werden. In diesem Fall kann der Arbeitnehmer dann die Gratifikation verlangen, die einem Arbeitnehmer im Geltungsbereich dieses Tarifvertrags zusteht. Die Verweisung auf die tarifliche Regelung kann in **statischer oder dynamischer Form** erfolgen (vgl. dazu 2.5.2).

Auch ohne arbeitsvertragliche Regelung kann sich ein Anspruch des Arbeitnehmers auf eine Gratifikation aus einer sogenannten **betrieblichen Übung** ergeben. Das ist der Fall, wenn der Arbeitgeber über eine gewisse Zeit hin faktisch die Gratifikation zahlt und der

Arbeitnehmer aus diesem Verhalten berechtigterweise den Schluss ziehen kann, dass ihm die Zahlung auf Dauer gewährt werden soll. Ausreichend für das Entstehen einer betrieblichen Übung ist im Allgemeinen, dass die Gratifikation drei Jahre hintereinander ohne Vorbehalt gezahlt wird. Wechselt allerdings die Höhe der Gratifikation oder schließt der Arbeitgeber einen Rechtsanspruch ausdrücklich aus, entsteht keine betriebliche Übung.

Grundsätzlich kann der **Arbeitgeber frei entscheiden,** ob und unter welchen Voraussetzungen er seinen Arbeitnehmern eine zusätzliche Leistung gewährt. Er ist allerdings an den arbeitsrechtlichen **Grundsatz der Gleichbehandlung** gebunden, von dem er ohne sachlichen Grund nicht abweichen darf. So darf beispielsweise ein teilzeitbeschäftigter Arbeitnehmer wegen der Teilzeit nicht schlechter behandelt werden als ein vergleichbarer vollzeitbeschäftigter Arbeitnehmer, es sei denn, dass sachliche Gründe eine unterschiedliche Behandlung rechtfertigen. Dieser Anspruch eines Teilzeitbeschäftigten bezieht sich auch auf Gratifikationen. Ihm ist eine zusätzliche Sonderzuwendung mindestens in dem Umfang zu gewähren, der dem Anteil seiner Arbeitszeit an der Arbeitszeit eines vergleichbaren vollzeitbeschäftigten Arbeitnehmers entspricht. Entsprechendes gilt für Minijobber, es sei denn, es gibt für eine unterschiedliche Behandlung sachliche Gründe (z.B. Arbeitsleistung, Qualifikation, Berufserfahrung oder unterschiedliche Arbeitsplatzanforderungen).

In der betrieblichen Praxis werden Gratifikationen häufig mit **Freiwilligkeits- oder Widerrufsvorbehalten** verbunden. Damit will der Arbeitgeber eine vertragliche Verpflichtung, die Gratifikation jeweils zu leisten, verhindern bzw. sich das Recht vorbehalten, einen Anspruch durch einseitige Erklärung wieder zu beseitigen. Daneben wird in Arbeitsverträgen häufig vereinbart, dass Sonderzuwendungen vom Arbeitnehmer unter bestimmten Voraussetzungen wieder zurückzuerstatten sind. Solche, im Arbeitsvertrag festgelegten **Widerrufs- und Rückzahlungsvorbehalte** sind zwar grundsätzlich zulässig, werden sie jedoch in einem Formularvertrag vereinbart (vgl. dazu 2.4.3), unterliegen sie der **gesetzlichen Inhaltskontrolle,** das heißt, sie müssen klar und verständlich sein und dürfen den Arbeitnehmer nicht unangemessen benachteiligen (§ 307 BGB).

## 3.6.2 Freiwilligkeitsvorbehalt

Im Regelfall wird der Arbeitgeber verhindern wollen, dass der Arbeitnehmer einen Anspruch auf eine Gratifikation erwirbt. Vielmehr soll ein solches Entgelt eine freiwillige Leistung des Arbeitgebers sein. Deshalb wird im Arbeitsvertrag häufig ein Freiwilligkeitsvorbehalt vereinbart. Damit will der Arbeitgeber verhindern, dass die gewährte Sonderzahlung zu einem **dauernden Bestandteil** des Arbeitsvertrags wird und daher künftig von ihm einseitig nicht mehr beseitigt werden kann.

An die Wirksamkeit des Freiwilligkeitsvorbehalts werden besondere Anforderungen gestellt. So muss die **Festlegung im Arbeitsvertrag** insbesondere klar und verständlich sein. Es reicht etwa nicht aus, dass im Arbeitsvertrag ein Hinweis auf die Freiwilligkeit der Leistung erfolgt. Vielmehr muss die Klausel darüber hinaus eindeutig klarstellen, dass selbst bei wiederholter Zahlung **kein Rechtsanspruch** auf zukünftige Zahlungen besteht. Unwirksam ist auch eine Regelung, die nach ihrem Wortlaut zunächst einen Anspruch begründet, anschließend aber einen Freiwilligkeitsvorbehalt enthält. Widersprüchlich und damit unwirksam ist auch eine Regelung im Arbeitsvertrag, die die Voraussetzungen und die Höhe der Gratifikation präzise formuliert, anschließend aber die Zahlung dennoch an einen Freiwilligkeitsvorbehalt geknüpft wird.

Im Arbeitsvertrag kann folgende **wirksame** Regelung getroffen werden: »Die Zahlung von Weihnachtsgeld liegt im freien Ermessen des Arbeitgebers und begründet keinen Rechtsanspruch für die Zukunft, auch wenn die Auszahlung wiederholt und ohne ausdrücklichen Vorbehalt der Freiwilligkeit erfolgte.«

Folgender Freiwilligkeitsvorbehalt wäre **unwirksam:** »Der Arbeitnehmer erhält zusätzlich eine freiwillige Weihnachtsgratifikation in Höhe eines Monatsgehalts, die mit dem Novembergehalt auszuzahlen ist.«

### 3.6.3 Widerrufsvorbehalt

Wird dem Arbeitnehmer arbeitsvertraglich der Anspruch auf eine Gratifikation eingeräumt, kann diese Regelung mit einem Widerrufsvorbehalt verbunden werden. Danach kann der Anspruch auf Gratifikation durch **einseitige Erklärung des Arbeitgebers** wieder beseitigt werden.

Der Widerrufsvorbehalt unterscheidet sich vom Freiwilligkeitsvorbehalt dadurch, dass eine Leistung erst einmal unbefristet zugesagt wird. Als Arbeitgeber haben Sie jedoch die Möglichkeit, durch Ausübung Ihres Widerrufsrechts die Weitergewährung der Leistung im Rahmen der rechtlichen Möglichkeiten zu beenden. Der Freiwilligkeitsvorbehalt soll dagegen von vornherein die Entstehung eines Anspruchs auf die zusätzliche Leistung für die Zukunft unterbinden.

An die Wirksamkeit eines arbeitsvertraglichen Widerrufsvorbehalts werden folgende Anforderungen gestellt:

- Eine Leistung kann nur aus **sachlichem Grund** widerrufen werden. Ein Widerrufsvorbehalt muss so formuliert sein, dass die Voraussetzungen und der Umfang der vorbehaltenen Änderungen konkret dargelegt werden. Die Widerrufsgründe müssen klar und verständlich im Arbeitsvertrag genannt sein. Als Widerrufsgründe kommen zum Beispiel wirtschaftliche Gründe, Gründe im Verhalten des Arbeitnehmers oder Gründe in der Person des Arbeitnehmers in Betracht. Ferner muss der Grad der Störung konkretisiert werden (z.B. unterdurchschnittliche Leistungen des Arbeitnehmers).
- Eine formularvertragliche Vereinbarung im Arbeitsvertrag, nach der eine Leistung »jederzeit frei widerruflich« oder »jederzeit ohne Angaben von Gründen widerruflich« sein soll, ist **unwirksam,** weil sie den Arbeitnehmer unangemessen benachteiligt. Ein Widerrufsrecht besteht also in einem solchen Fall nicht.

- Der Widerrufsvorbehalt ist nur dann wirksam, wenn der widerrufliche Teil **höchstens 25 % bis 30 %** der Gesamtvergütung ausmacht und der Tariflohn nicht unterschritten wird.

Entspricht der im Arbeitsvertrag vereinbarte Widerrufsvorbehalt nicht diesen Anforderungen, ist er unwirksam. Der Arbeitnehmer hat in diesem Fall Anspruch auf die vereinbarte Gratifikation.

Im Arbeitsvertrag kann folgende **wirksame** Regelung getroffen werden: »Der Arbeitnehmer erhält für jeden Urlaubstag ein Urlaubsgeld in Höhe von ____ €. Er kann die Leistung aus ____ *[Angabe der Gründe: z.B. wirtschaftlichen Schwierigkeiten des Unternehmens wegen eines Umsatzrückgangs von mehr als ____ %]* widerrufen.«

Folgender Freiwilligkeitsvorbehalt wäre **unwirksam:** »Der Arbeitnehmer erhält für jeden Urlaubstag ein Urlaubsgeld in Höhe von ____ €. Die Leistung ist jederzeit ohne Angabe von Gründen widerruflich.«

### 3.6.4 Rückzahlungsvorbehalt

Im Arbeitsvertrag kann eine Regelung über die Rückforderung einer gezahlten Gratifikation getroffen werden. In einer solchen Rückzahlungsklausel wird der Arbeitnehmer verpflichtet, die Leistungen an den Arbeitgeber zurückzuzahlen, wenn das Arbeitsverhältnis zu einem bestimmten Zeitpunkt nicht mehr besteht oder vom **Arbeitnehmer gekündigt** wurde.

---

**Achtung:** Eine Rückforderung der Gratifikation wegen Beendigung des Arbeitsverhältnisses kurz nach Erhalt der Gratifikation scheidet aus, wenn die Sonderzuweisung ausschließlich Entgeltcharakter hat. Dagegen sind Sie als Arbeitgeber **zur Rückforderung berechtigt,** wenn Sie diesbezüglich eine eindeutige Vereinbarung mit dem Arbeitnehmer getroffen haben und mit der Zahlung ausschließlich künftige oder vergangene Betriebstreue entlohnt werden soll.

---

Das Bundesarbeitsgericht hat Grundsätze für die Wirksamkeit einer in einem Arbeitsvertrag vereinbarten Rückzahlungsklausel bei Weihnachtsgratifikationen entwickelt. Dabei wird davon ausgegangen, dass für eine hohe Sonderzahlung der Arbeitgeber erwarten kann, dass der Arbeitnehmer für eine eher längere Zeit auf eine Kündigung verzichtet. Ist die Gratifikation eher gering, kann der Arbeitgeber dementsprechend eine nicht so lange Betriebstreue erwarten. Folgende Bedingungen gelten für die Wirksamkeit eines Rückzahlungsvorbehalts:

- Bei Gratifikationen **bis 100,– €** ist eine Rückzahlungsklausel generell **unwirksam.**
- Beträgt die Gratifikation mehr als 100,– €, aber weniger als ein Monatsgehalt, kann die Bindung bis maximal zum 31.3. des Folgejahres vereinbart werden.
- Liegt die Gratifikation bei oder über einem Monatsgehalt, ist auf die Kündigungsfristen abzustellen: Ein Arbeitnehmer mit einer Kündigungsfrist zum Quartalsende kann daher in der Regel bis zum 30.6. gebunden werden, ein Arbeitnehmer mit der gesetzlichen Kündigungsfrist bis zum 30.4.
- Rückzahlungsklauseln über den 30.6. des Folgejahres hinaus sind **grundsätzlich unzulässig.**

Im Arbeitsvertrag kann beispielsweise folgende Regelung getroffen werden: »Der Arbeitnehmer ist verpflichtet, das Weihnachtsgeld zurückzuzahlen, wenn er aufgrund eigener Kündigung oder aufgrund außerordentlicher oder verhaltensbedingter Kündigung durch den Arbeitgeber aus einem vom Arbeitnehmer zu vertretenden Grund bis zum 31.3. des auf die Auszahlung folgenden Kalenderjahres *[bis zum 30.6. des auf die Auszahlung folgenden Kalenderjahres, wenn das Weihnachtsgeld eine Monatsvergütung übersteigt]* ausscheidet und die gezahlte Gratifikation über 100,– € beträgt. Entsprechendes gilt bei Beendigung des Arbeitsverhältnisses durch Aufhebungsvertrag. Eine Rückzahlungsverpflichtung besteht nicht, wenn das Ausscheiden betriebsbedingte Umstände zum Anlass hat.«

## 3.7 Arbeitszeit

Der Arbeitnehmer schuldet dem Arbeitgeber seine Arbeitsleistung nur innerhalb der vereinbarten Arbeitszeit. Im Rahmen seines Weisungsrechts ist der Arbeitgeber grundsätzlich berechtigt, die Arbeitstage, die tägliche Arbeitszeitdauer und die Lage der täglichen Arbeitszeit festzulegen. Sein Weisungsrecht wird aber vor allem durch den Arbeitsvertrag und gesetzliche Regelungen beschränkt. Vor allem das **Arbeitszeitgesetz** (ArbZG) enthält Regelungen, die die Sicherheit und den Gesundheitsschutz bei der Arbeitszeitgestaltung gewährleisten sollen.

### 3.7.1 Dauer der Arbeitszeit

Die vereinbarte Arbeitszeit hat der Arbeitgeber spätestens einen Monat nach dem vereinbarten Beginn des Arbeitsverhältnisses schriftlich niederzulegen (§ 2 Abs. 1 Nr. 7 NachwG).

#### Arbeitsvertragliche Festlegung und Weisungsrecht des Arbeitgebers

In welchem zeitlichen Umfang der Arbeitnehmer die Arbeitsleistung zu erbringen hat, richtet sich in erster Linie nach dem Arbeitsvertrag. Darin können Arbeitgeber und Arbeitnehmer die Dauer der Arbeitszeit im Rahmen der gesetzlichen Regelungen frei bestimmen. Wird im Arbeitsvertrag keine konkrete Arbeitszeit vereinbart, so hat der Arbeitnehmer während der üblichen Arbeitszeit im Betrieb zu arbeiten.

Kraft seines Weisungsrechts kann der Arbeitgeber die **wöchentliche Arbeitszeit** auf die einzelnen Wochentage verteilen, soweit vertraglich nichts anderes vereinbart ist. In diesem Fall unterliegt dem Weisungsrecht des Arbeitgebers sowohl die individuelle Arbeitszeit des einzelnen Arbeitnehmers als auch die betriebsübliche Arbeitszeit. Der Arbeitgeber ist auch berechtigt, die individuelle Arbeitszeit des einzelnen Arbeitnehmers abweichend von der betriebsüblichen Arbeitszeitdauer festzulegen. Bei der Ausübung seines Weisungsrechts hat er allerdings die gesetzlichen Arbeitnehmerschutzvorschriften zu beachten, ebenso ist er stets an die Grenzen billigen Ermessens gebunden, wonach Festlegungen nicht willkürlich, sondern nur aus betrieblichen Gründen erfolgen dürfen (§ 106 Satz 1 GewO).

## Arbeitszeit

Arbeitszeit ist die Zeit vom Beginn bis zum Ende der Arbeit **ohne** die Ruhepausen. Arbeitszeiten bei mehreren Arbeitgebern sind zusammenzurechnen (§ 2 Abs. 1 ArbZG). Ob der Arbeitnehmer tatsächlich arbeitet, hat in diesem Zusammenhang keine Bedeutung. Ausreichend ist, wenn er sich am Arbeitsplatz bereithält, also verfügbar ist. Die Arbeitszeit beginnt in der Regel mit dem Betreten des Betriebs und endet mit dem Verlassen des Betriebs. Zur Arbeitszeit gehören auch

- die **Arbeitsbereitschaft,** wenn also der Arbeitnehmer dem Arbeitgeber zur Verfügung steht und sich bereithält, um im Bedarfsfall von sich aus tätig werden zu können (z.B. ein Verkäufer, der auf Kundschaft wartet),
- der **Bereitschaftsdienst,** wenn sich der Arbeitnehmer innerhalb oder außerhalb des Betriebs an einem vom Arbeitgeber bestimmten Ort aufhält und sich auf Aufforderung des Arbeitgebers zur Arbeitsaufnahme bereithält,
- die **Dienstreisezeit,** wenn der Arbeitnehmer selbst arbeitet, also beispielsweise ein Auto fährt oder Aufgaben für den Arbeitgeber erledigt (die Dienstreisezeit zählt nicht als Arbeitszeit, wenn der Arbeitnehmer sich in dieser Zeit erholen und entspannen kann).

---

**Achtung:** Nicht zur Arbeitszeit zählen **Wegezeiten,** die der Arbeitnehmer benötigt, um von seiner Wohnung zum Betrieb oder wieder zurück zu kommen. Auch Waschen und Umkleiden zählt regelmäßig nicht zur Arbeitszeit, es sei denn, dass der Arbeitgeber dem Arbeitnehmer vorschreibt, eine bestimmte Kleidung zu tragen und das Umkleiden im Betrieb erfolgen muss. Auch bei einer Rufbereitschaft, also bei der Verpflichtung des Arbeitnehmers, sich an einem selbstbestimmten, aber dem Arbeitgeber anzugebenden Ort auf Abruf zur Arbeit bereitzuhalten, handelt es sich nicht um Arbeitszeit.

## Gesetzliche Höchstarbeitszeit

Die werktägliche Arbeitszeit darf **acht Stunden** nicht überschreiten. Sie kann ohne bestimmte Anlässe auf bis zu zehn Stunden verlängert werden, wenn innerhalb von sechs Kalendermonaten oder innerhalb von 24 Wochen im Durchschnitt acht Stunden täglich nicht überschritten werden (§ 3 Abs. 1 ArbZG).

**Achtung:** Als Arbeitgeber sind Sie verpflichtet, die über die werktägliche Arbeitszeit hinausgehende Arbeitszeit der Arbeitnehmer aufzuzeichnen. Die **Nachweise** müssen Sie mindestens zwei Jahre aufbewahren (§ 16 Abs. 2 ArbZG).

Besondere Vorschriften gelten für die Höchstarbeitszeit von Nachtarbeitnehmern. Nachtarbeitnehmer ist ein Mitarbeiter, der normalerweise Nachtarbeit in Wechselschicht oder an mindestens 48 Tagen im Kalenderjahr leistet (§ 2 Abs. 5 ArbZG). Nachtarbeit ist die Arbeit, die mehr als zwei Stunden der Nachtzeit umfasst. Nachtzeit im Sinne des Arbeitszeitgesetzes ist die Zeit von **23:00 Uhr bis 6:00 Uhr** (in Bäckereien und Konditoreien die Zeit von 22:00 Uhr bis 5:00 Uhr). Auch die Arbeitszeit der Nachtarbeitnehmer darf acht Stunden nicht überschreiten. Auch sie kann über acht Stunden hinaus auf zehn Stunden verlängert werden. Allerdings gelten verkürzte Ausgleichsfristen. Die Verlängerung ist nur zulässig, wenn innerhalb von einem Kalendermonat oder innerhalb von vier Wochen im Durchschnitt acht Stunden täglich nicht überschritten werden (§ 6 Abs. 2 ArbZG).

---

**Achtung:** Beschäftigen Sie einen Arbeitnehmer länger als zehn Stunden oder dulden Sie Überschreitungen der Zehn-Stunden-Grenze, handeln Sie ordnungswidrig. Die **Ordnungswidrigkeit** kann mit einer Geldbuße bis zu 30.000,– € geahndet werden. Eine Vereinbarung mit dem Arbeitnehmer, nach der dieser verpflichtet ist, über die gesetzliche zulässige Arbeitszeit hinaus zu arbeiten, ist unwirksam (§ 134 BGB).

---

Für bestimmte Arbeitnehmergruppen bestehen Sonderregelungen über die zulässige tägliche Höchstarbeitszeit:

- **Jugendliche** dürfen nicht mehr als acht Stunden täglich und nicht mehr als 40 Stunden wöchentlich beschäftigt werden. Wenn allerdings an einzelnen Werktagen die Arbeitszeit auf weniger als acht Stunden verkürzt ist, können Jugendliche an den übrigen Werktagen derselben Woche achteinhalb Stunden beschäftigt werden (§ 8 JArbSchG).
- Der Arbeitgeber darf eine **schwangere oder stillende** Frau, die 18 Jahre oder älter ist, nicht mit einer Arbeit beschäftigen, die die Frau über achteinhalb Stunden täglich oder über 90 Stunden in der Doppelwoche hinaus zu leisten hat. Eine schwangere oder stillende Frau unter 18 Jahren darf der Arbeitgeber nicht mit einer Arbeit beschäftigen, die die Frau über acht Stunden täglich oder über 80 Stunden in der Doppelwoche hinaus zu leisten hat. In die Doppelwoche werden die Sonntage eingerechnet. Der Arbeitgeber darf eine schwangere oder stillende Frau nicht in einem Umfang beschäftigen, der die vertraglich vereinbarte wöchentliche Arbeitszeit im Durchschnitt des Monats übersteigt. Bei mehreren Arbeitgebern sind die Arbeitszeiten zusammenzurechnen (§ 4 Abs. 1 MuSchG).
- **Schwerbehinderte** Arbeitnehmer müssen von Mehrarbeit freigestellt werden, wenn sie dies verlangen (§ 207 SGB IX). Mehrarbeit ist jede Arbeitszeit, die über die gesetzliche Zeit von acht Stunden Arbeit am Tag hinausgehen.

### 3.7.2 Lage der täglichen Arbeitszeit

Die Lage der Arbeitszeit betrifft die Frage, wann die tägliche Arbeitszeit des Arbeitnehmers beginnen bzw. enden und in welchem Umfang die Arbeitszeit durch Pausen unterbrochen werden soll. Die Lage der Arbeitszeit fällt grundsätzlich in das **Weisungsrecht des Arbeitgebers.** Sie kann aber auch im Arbeitsvertrag genau festgelegt werden.

#### Arbeitsvertragliche Festlegung und Weisungsrecht des Arbeitgebers

Beginn und Ende der täglichen Arbeitszeit können im Arbeitsvertrag festgelegt werden. In diesem Fall sind Arbeitgeber und Arbeitnehmer an diese Regelungen gebunden. Wird im Arbeitsvertrag die Lage der täglichen Arbeitszeit nicht ausdrücklich vereinbart, so gilt im Zweifel die betriebliche Arbeitszeit als vereinbart.

Wird im Arbeitsvertrag die Lage der Arbeitszeit nicht vereinbart und bestehen auch keine tariflichen oder betrieblichen Regelungen, so ist der Arbeitgeber im Rahmen seines Weisungsrechts befugt, die Lage der Arbeitszeit des Arbeitnehmers einseitig nach billigem Ermessen zu bestimmen (§ 106 Satz 1 GewO). Der Arbeitgeber ist auch berechtigt, die individuelle Arbeitszeit des einzelnen Arbeitnehmers abweichend von der betriebsüblichen Arbeitszeitdauer festzulegen. Bei der Ausübung seines Weisungsrechts hat er allerdings die gesetzlichen **Arbeitnehmerschutzvorschriften** zu beachten, ebenso ist er stets an die Grenzen billigen Ermessens gebunden, wonach Festlegungen nicht willkürlich, sondern nur aus betrieblichen Gründen erfolgen dürfen (§ 106 Satz 1 GewO). Bei der Ausübung seines Ermessens hat der Arbeitgeber auch die Interessen der Arbeitnehmer angemessen zu berücksichtigen. Auch auf schutzwürdige familiäre Belange des Arbeitnehmers hat der Arbeitgeber Rücksicht zu nehmen.

Die Anordnung des Arbeitgebers, dass eine aus dem Erziehungsurlaub zurückkehrende Mutter ab sofort früher mit der Arbeit anfangen muss, entspricht nicht billigem Ermessen, wenn die Arbeitnehmerin wegen der Änderung der Arbeitszeit ihr Kind nicht in den Kindergarten bringen kann.

Soweit der Arbeitgeber die Lage der Arbeitszeit nach billigem Ermessen festlegen darf, hat er insbesondere auch die zwingenden gesetzlichen Regelungen des **Arbeitszeitgesetzes** zu beachten. Diese betreffen insbesondere Ruhepausen, Ruhezeiten und das grundsätzliche Arbeitsverbot an Sonn- und gesetzlichen Feiertagen.

## Ruhepausen

Ruhepausen sind im Voraus festliegende Unterbrechungen der Arbeitszeit für bestimmte Zeiten, die der Erholung dienen. Sie zählen nicht zur Arbeitszeit und sind besonders bei schwerer körperlicher Arbeit wichtig. Während der Ruhepause ist der Arbeitnehmer **von der Arbeitspflicht befreit.** Er kann frei darüber entscheiden, wie er die Freizeit verbringen will, und er muss sich auch nicht zur Arbeitsleistung bereithalten. In Kleinbetrieben muss den Beschäftigten nach der **Arbeitsstättenverordnung** nur dann ein Pausenraum oder ein entsprechender Pausenbereich zur Verfügung gestellt werden, wenn die Sicherheit und der Schutz der Gesundheit es erfordern. Dies gilt nicht, wenn die Beschäftigten in Büroräumen oder vergleichbaren Arbeitsräumen beschäftigt sind und dort gleichwertige Voraussetzungen für eine Erholung während der Pause gegeben sind.

---

**Achtung:** Die Ruhepause muss von der **Betriebspause** unterschieden werden. Bei der Betriebspause handelt es sich um eine kurzfristige Unterbrechung der Arbeit aus technischen Gründen (z.B. bei unvorhergesehenen Betriebsstillstandszeiten). Betriebspausen liegen nicht im Interesse des Arbeitnehmers und gelten deshalb als Arbeitszeit.

---

Die Länge der Ruhepause ist abhängig von der Dauer der Arbeitszeit (§ 4 ArbZG).

- Die Arbeit muss bei einer Arbeitszeit von mehr als sechs bis zu neun Stunden durch Ruhepausen von mindestens **30 Minuten** unterbrochen werden.
- Beträgt die Arbeitszeit mehr als neun Stunden, muss die Pause mindestens **45 Minuten** betragen.
- Ruhezeiten können in Zeitabschnitten von jeweils **mindestens 15 Minuten** aufgeteilt werden.
- Länger als sechs Stunden dürfen Arbeitnehmer nicht ohne Ruhepausen beschäftigt werden.

Sonderregelungen gelten für Jugendliche und werdende und stillende Mütter:

- Jugendlichen müssen bei einer Arbeitszeit von **mehr als viereinhalb bis zu sechs Stunden** Ruhepausen von mindestens 30 Minuten, bei einer Arbeitszeit von **mehr als sechs Stunden** von mindestens 60 Minuten gewährt werden. Als Ruhepause gilt nur eine Arbeitsunterbrechung von mindestens 15 Minuten. Die Ruhepausen müssen in angemessener zeitlicher Lage gewährt werden, frühestens eine Stunde nach Beginn und spätestens eine Stunde vor Ende der Arbeitszeit. Länger als viereinhalb Stunden hintereinander dürfen Jugendliche nicht ohne Ruhepause beschäftigt werden (§ 11 JArbSchG).
- Der Arbeitgeber hat eine stillende Frau auf ihr Verlangen **während der ersten zwölf Monate** nach der Entbindung für die zum Stillen erforderliche Zeit freizustellen, mindestens aber zweimal täglich für eine halbe Stunde oder einmal täglich für eine Stunde. Bei einer zusammenhängenden Arbeitszeit von mehr als acht Stunden soll auf Verlangen der Frau zweimal eine Stillzeit von mindestens 45 Minuten oder, wenn in der Nähe der Arbeitsstätte keine Stillgelegenheit vorhanden ist, einmal eine Stillzeit von mindestens 90 Minuten gewährt werden. Die Arbeitszeit gilt als zusammenhängend, wenn sie nicht durch eine Ruhepause von mehr als zwei Stunden unterbrochen wird (§ 7 Abs. 2 MuSchG).

## Ruhezeiten

Der Arbeitgeber hat dafür zu sorgen, dass bestimmte Ruhezeiten eingehalten werden. Die Ruhezeit ist der Zeitraum zwischen Arbeitsende und Arbeitsbeginn desselben Arbeitnehmers am Folgetag. Sie beträgt **mindestens elf Stunden** (§ 5 Abs. 1 ArbZG). Während der Ruhezeit darf der Arbeitnehmer nicht zur Arbeit herangezogen werden.

Endet die Arbeitszeit des Arbeitnehmers um 17:00 Uhr, darf er frühestens wieder am Folgetag um 4:00 Uhr mit der Arbeit beginnen.

**Gesetzliche Ausnahmeregelungen** bestehen unter anderem für Gaststätten und andere Einrichtungen zur Bewirtung und Beherbergung sowie in der Landwirtschaft und in der Tierhaltung. Hier kann die Ruhezeit um bis zu eine Stunde verkürzt werden, wenn jede Verkürzung der Ruhezeit innerhalb eines Kalendermonats oder innerhalb von vier Wochen durch Verlängerung einer anderen Ruhezeit auf mindestens zwölf Stunden ausgeglichen wird (§ 5 Abs. 2 ArbZG).

**Sonderregelungen** gelten für Jugendliche. Sie dürfen nach Beendigung der Arbeitszeit nicht vor Ablauf einer ununterbrochenen Freizeit von mindestens zwölf Stunden beschäftigt werden (§ 13 JArbSchG).

## Sonn- und Feiertagsarbeit

An Sonn- und gesetzlichen Feiertagen dürfen Arbeitnehmer von 0:00 Uhr bis 24:00 Uhr nicht beschäftigt werden (§ 9 Abs. 1 ArbZG). Für bestimmte Branchen und Betriebe gelten allerdings Ausnahmen (z.B. für Beschäftigte im Gaststättengewerbe oder in der Landwirtschaft).

**Sonderregelungen** gelten für Jugendliche und werdende und stillende Mütter:

- Die Beschäftigung **Jugendlicher** an Samstagen ist unter anderem nur in Bäckereien und Konditoreien, im Friseurhandwerk, in der

Landwirtschaft und Tierhaltung, im Gaststättengewerbe und in Reparaturwerkstätten für Kraftfahrzeuge zulässig. Mindestens zwei Samstage im Monat sollen beschäftigungsfrei bleiben (§ 16 JArbSchG). An Sonntagen ist die Beschäftigung Jugendlicher unter anderem nur in der Landwirtschaft und Tierhaltung mit Arbeiten, die auch an Sonn- und Feiertagen naturnotwendig vorgenommen werden müssen, und im Gaststättengewerbe zulässig. Jeder zweite Sonntag soll, mindestens zwei Sonntage im Monat müssen beschäftigungsfrei bleiben (§ 17 JArbSchG).

- Eine **schwangere oder stillende Frau** darf der Arbeitgeber nicht an Sonn- und Feiertagen beschäftigen. Er darf sie an Sonn- und Feiertagen nur dann beschäftigen, wenn sich die Frau dazu ausdrücklich bereit erklärt, eine Ausnahme vom allgemeinen Verbot der Arbeit an Sonn- und Feiertagen zugelassen ist, der Frau in jeder Woche im Anschluss an eine ununterbrochene Nachtruhezeit von mindestens elf Stunden ein Ersatzruhetag gewährt wird und insbesondere eine unverantwortbare Gefährdung für die schwangere Frau oder ihr Kind durch Alleinarbeit ausgeschlossen ist (§ 6 MuSchG).

### 3.7.3 Überstunden

Von Überstunden spricht man, wenn die tatsächliche Arbeitszeit des Arbeitnehmers die **arbeitsvertraglich geschuldete Arbeitszeit übersteigt.** Ob und in welchem Umfang der Arbeitnehmer verpflichtet ist, Überstunden zu leisten, hängt im Wesentlichen vom Inhalt des Arbeitsvertrags ab. Ohne arbeitsvertragliche Verpflichtung muss der Arbeitnehmer nur in Notfällen Überstunden leisten.

#### Arbeitsvertragliche Voraussetzungen

Aufgrund seines Weisungsrechts ist der Arbeitgeber grundsätzlich nicht berechtigt, Überstunden anzuordnen, wenn der Arbeitsvertrag keine entsprechende Verpflichtung des Arbeitnehmers enthält. In Kleinbetrieben kommt dann nur in Notfällen eine einseitige Anordnung von Überstunden in Betracht.

---

**Urteil**

*Arbeitgeber dürfen ihre Mitarbeiter nicht pauschal per Aushang am »Schwarzen Brett« zu Überstunden verpflichten, wenn Mehrarbeit im Arbeitsvertrag nicht festgelegt ist. Der Arbeitgeber kann höchstens dann Überstunden im Rahmen der arbeitsvertraglichen Treuepflicht verlangen, wenn es sich um eine Notlage handelt.*

LAG Rheinland-Pfalz, Az. 2 SA 559/11

---

Sinnvoll ist es aus der Sicht des Arbeitgebers, im Arbeitsvertrag den Arbeitnehmer zu verpflichten, Überstunden zu leisten. Solche Vereinbarungen sind **grundsätzlich zulässig.** Wird die Verpflichtung des Beschäftigten, Überstunden zu leisten, in einem Formularvertrag geregelt, findet allerdings eine Inhaltskontrolle statt. Danach muss die Vertragsklausel klar und eindeutig zum Ausdruck bringen, unter welchen Voraussetzungen die Pflicht zur Leistung von Überstunden besteht. Auch der Umfang der zu leistenden Überstunden muss **zeitlich beschränkt** sein und in einem angemessenen Verhältnis zur konkreten Arbeitszeitdauer des betreffenden Arbeitnehmers stehen. Unangemessen ist zum Beispiel die Verpflichtung zur Leistung von Überstunden im Umfang von mehr als 25 % der vereinbarten Arbeitszeit, wenn dafür keine sehr schwerwiegenden Gründe vorliegen.

Im Arbeitsvertrag kann beispielsweise folgende Regelung getroffen werden: »Der Mitarbeiter verpflichtet sich, Überstunden in angemessenem Umfang und im zulässigen Rahmen, höchstens aber ____ Überstunden monatlich, zu leisten.«

Allein dadurch, dass der Arbeitnehmer vom Arbeitgeber – auch längere Zeit – unter Überschreitung der vertraglich vorgesehenen Arbeitszeit eingesetzt wird, ergibt sich allein noch keine einvernehmliche Änderung der vertraglich vereinbarten Arbeitszeit. Eine dauerhafte Vertragsänderung mit einer erhöhten regelmäßigen Arbeitszeit setzt vielmehr entsprechende Erklärungen des Arbeitgebers und des Arbeitnehmers voraus.

Ausnahmsweise können Sie als Arbeitgeber Mitarbeiter auch ohne arbeitsvertragliche Regelung kraft Ihres Weisungsrechts verpflichten, Überstunden zu leisten. Das ist insbesondere dann zulässig, wenn es sich um einen **Notfall** handelt und der Arbeitnehmer aufgrund seiner arbeitsvertraglichen Treuepflicht einspringen muss. Dabei handelt es sich allerdings nur um ganz ungewöhnliche Fälle, wenn also bei Nichterledigung der Arbeit ein unverhältnismäßig großer **Schaden droht** und Ihnen andere Vorkehrungen zur Schadensverhinderung nicht zumutbar sind.

## Gesetzliche Voraussetzungen

Ohne Weiteres kann der Arbeitgeber die Verlängerung der Arbeitszeit aufgrund einer entsprechenden **arbeitsvertraglichen Regelung** anordnen, wenn die tägliche Arbeitszeit von zehn Stunden nicht überschritten wird und die erbrachten Überstunden im Ausgleichszeitraum (vgl. dazu 3.7.1) ausgeglichen werden. Andernfalls kann der Arbeitnehmer nur dann angewiesen werden, Überstunden zu leisten, wenn die Bestimmungen des **Arbeitszeitgesetzes** eingehalten werden. Ein Verstoß gegen die Vorschriften des Arbeitszeitgesetzes kann als Ordnungswidrigkeit mit einer **Geldbuße bis zu 30.000,– €** geahndet werden.

In Notfällen kann ausnahmsweise die Arbeitszeit des Arbeitnehmers abweichend von den gesetzlichen Bestimmungen verlängert werden (§ 14 ArbZG):

- In einem **Notfall** oder außergewöhnlichen Fall, der unabhängig vom Willen der Betroffenen eintritt und dessen Folgen nicht auf andere Weise zu beseitigen sind, darf abweichend von den gesetzlichen Schutzvorschriften des Arbeitszeitgesetzes die Arbeitszeit verlängert werden. Es muss also ein plötzliches, unvorhergesehenes Ereignis eintreten, das die Gefahr eines unverhältnismäßigen Schadens mit sich bringt (z.B. wenn Arbeitsergebnisse zu misslingen drohen).

- Die Arbeitszeit der Beschäftigten kann auch dann abweichend vom Arbeitszeitgesetz verlängert werden, wenn eine verhältnismäßig geringe Zahl von Arbeitnehmern vorübergehend mit Arbeiten beschäftigt wird, deren Nichterledigung das Ergebnis der Arbeiten gefährden oder einen **unverhältnismäßigen Schaden** zur Folge haben würde. Das ist etwa dann der Fall, wenn die Arbeiten während der betriebsüblichen Arbeitszeit begonnen wurden, aber noch am selben Tag beendet werden müssen, damit der mit den Arbeiten verfolgte Zweck noch erreicht werden kann.

## Überstundenvergütung

Überstunden sind **grundsätzlich zu vergüten,** soweit sie vom Arbeitgeber ausdrücklich angeordnet wurden oder der Arbeitnehmer sie in Kenntnis und mit Billigung des Arbeitgebers geleistet hat. Sinnvoll ist es, die Zahlung einer Überstundenvergütung im Arbeitsvertrag zu regeln, jedoch gilt eine entsprechende Vergütung als stillschweigend vereinbart, wenn die zusätzliche Arbeitsleistung des Arbeitnehmers den Umständen nach nur gegen eine Vergütung zu erwarten ist (§ 612 Abs. 1 BGB).

---

**Urteil**

*Bei Fehlen einer (wirksamen) Vergütungsregelung verpflichtet § 612 Abs. 1 BGB den Arbeitgeber, geleistete Mehrarbeit zusätzlich zu vergüten, wenn diese den Umständen nach nur gegen eine Vergütung zu erwarten ist. Eine entsprechende objektive Vergütungserwartung ist regelmäßig gegeben, wenn der Arbeitnehmer kein herausgehobenes Entgelt bezieht.*

BAG, Az. 5 AZR 765/10

---

Grundsätzlich zulässig ist eine Regelung im Arbeitsvertrag, nach der Überstunden des Arbeitnehmers pauschal vergütet werden. Wegen fehlender Transparenz unwirksam ist allerdings eine entsprechende

Vereinbarung, wenn der Arbeitnehmer aus der Festlegung nicht entnehmen kann, in welchem Umfang er Überstunden zu leisten hat. Unwirksamkeit besteht auch dann, wenn ein krasses Missverhältnis zwischen vereinbarter Leistung (Vergütung) und Gegenleistung (Zahl der zu erbringenden Mehrarbeit) vorliegt.

**Unwirksam** ist beispielsweise folgende arbeitsvertragliche Regelung: »Der Arbeitnehmer erhält ein Gehalt von monatlich ____ € brutto. In diesem Gehalt ist eine Pauschale für etwaige Überstunden enthalten.«

**Wirksam** kann folgende Regelung getroffen werden: »Der Arbeitnehmer erhält ein Gehalt von monatlich ____ € brutto. Er erhält zusätzlich pro Monat eine Pauschale von ____ €, die ausgehend vom Gehalt monatlich bis zu ____ Überstunden abgelten soll.«

---

**Achtung:** Einen Überstundenzuschlag, also eine Erhöhung des Stundenlohns für geleistete Überstunden, kann der Arbeitnehmer nur verlangen, wenn ihm ein solcher Anspruch ausdrücklich durch den Arbeitsvertrag eingeräumt ist.

---

Anstelle der Überstundenvergütung in Geld kann arbeitsvertraglich auch vereinbart werden, dass Überstunden durch **Freizeitausgleich** abgegolten werden.

### 3.7.4 Verkürzung der Arbeitszeit

Ist die Arbeitszeit vertraglich festgelegt oder gilt im Arbeitsverhältnis die betriebsübliche Arbeitszeit, so haben in Kleinbetrieben grundsätzlich nur schwerbehinderte und gleichgestellte Arbeitnehmer Anspruch auf Teilzeitbeschäftigung, wenn die kürzere Arbeitszeit wegen Art oder **Schwere der Behinderung** notwendig ist (§ 164 Abs. 5 Satz 3 SGB IX). Dabei bewirkt bereits das Verlangen des schwerbehinderten Menschen unmittelbar eine Verringerung der geschuldeten Arbeitszeit, ohne dass es einer Zustimmung des Arbeitgebers zur Änderung der vertraglichen Pflichten bedarf.

Andere, für Arbeitnehmer gesetzlich begründete Teilzeitansprüche, gelten für Kleinbetriebe nicht.

- Ein **allgemeiner Teilzeitanspruch** nach dem Teilzeit- und Befristungsgesetz steht dem Beschäftigten nur in Betrieben zu, die mehr als 15 Arbeitnehmer beschäftigen. Ein zeitlich befristeter Teilzeitanspruch besteht nur in Betrieben, in denen mehr als 45 Arbeitnehmer beschäftigt sind (§§ 8 Abs. 7, 9a Abs. 1 Satz 3 TzBfG).
- **Anspruch auf Pflegezeit,** also auf vollständige oder teilweise Freistellung des Beschäftigten für längstens sechs Monate für die Pflege eines nahen Angehörigen in häuslicher Umgebung, besteht nur in Betrieben mit mehr als 15 Beschäftigten (§ 3 Abs. 1 PflegeZG).
- **Anspruch auf Familienpflegezeit,** also auf teilweise Freistellung des Beschäftigten für längstens 25 Monate für die Pflege eines nahen Angehörigen in häuslicher Umgebung, besteht nur in Betrieben mit mehr als 25 Beschäftigten (§ 2 Abs. 1 FPfZG).

## 3.7.5 Aushang- und Aufzeichnungspflichten

Der Arbeitgeber ist verpflichtet, einen Abdruck des **Arbeitszeitgesetzes** und der aufgrund dieses Gesetzes erlassenen, für den Betrieb geltenden Rechtsverordnungen an geeigneter Stelle im Betrieb zur Einsichtnahme auszulegen oder auszuhängen (§ 16 Abs. 1 ArbZG). Geeignet sind etwa das Schwarze Brett, Pausenräume oder die Kantine.

Der Arbeitgeber ist ferner verpflichtet, die über die werktägliche Arbeitszeit hinausgehende Arbeitszeit der Arbeitnehmer aufzuzeichnen. Die Nachweise sind **mindestens zwei Jahre** aufzubewahren (§ 16 Abs. 2 ArbZG). Die Aufzeichnungspflicht erstreckt sich auf die gesamte tatsächlich geleistete Arbeitszeit einschließlich Ruhezeit und Ruhepausen, jeweils mit Angaben von Beginn und Ende der Arbeitszeit.

## 3.7.6 Kurzarbeit

Aus betrieblichen Gründen (z.B. Auftragsmangel) kann die Verkürzung der Arbeitszeit der Beschäftigten notwendig werden. Für den Arbeitgeber ist das regelmäßig mit einer Senkung der Lohnkosten verbunden. Dieses Ziel kann unter anderem mit der Einführung von Kurzarbeit, also mit der vorübergehenden Verkürzung der vereinbarten oder betriebsüblichen Arbeitszeit bei entsprechender Kürzung der Vergütung, erreicht werden.

### Einführung

Kurzarbeit kann vom Arbeitgeber nur auf einer entsprechenden Rechtsgrundlage angeordnet werden. In Kleinbetrieben bleibt regelmäßig nur die Möglichkeit, **mit dem Arbeitnehmer** die Kürzung seiner Arbeitszeit zu vereinbaren. Stimmt der Beschäftigte der Reduzierung seiner Arbeitszeit nicht zu, bleibt nur die Möglichkeit einer Änderungskündigung. Der Arbeitgeber kann sich im Arbeitsvertrag nicht wirksam vorbehalten, einseitig Kurzarbeit anzuordnen.

---

**Urteil**

*Soweit der Arbeitnehmer die Verkürzung der Arbeitszeit durch den Arbeitgeber widerspruchslos hinnimmt, ist von einer einseitigen Änderung des Arbeitsvertrages bezüglich der konkreten Kurzarbeitsphase konkludent auszugehen.*

LAG Düsseldorf, Az. 10 Sa 1194/94

---

### Arbeitsrechtliche Folgen

Durch die Einführung von Kurzarbeit im Betrieb wird der Bestand des Arbeitsverhältnisses nicht berührt. Bis auf die Arbeitszeit und die Vergütung der Arbeitsbedingungen ändern sich auch nicht die Arbeitsbedingungen.

Durch die verkürzte Arbeitszeit steht dem Arbeitnehmer nur eine entsprechende **geminderte Vergütung** zu. Bei einer vorübergehenden vollständigen Arbeitseinstellung entfällt der gesamte Vergütungsanspruch. Erkrankt der Arbeitnehmer während der Kurzarbeit, so steht ihm als Lohnfortzahlung nur das geminderte Arbeitsentgelt zu (§ 4 Abs. 3 EFZG).

## Kurzarbeitergeld

Als teilweisen Ausgleich für seinen Verdienstausfall wegen der Verkürzung der Arbeitszeit steht dem Arbeitnehmer unter bestimmten Voraussetzungen Kurzarbeitergeld von der **Agentur für Arbeit** zu. Voraussetzung ist unter anderem, dass der Arbeitsausfall erheblich ist (das ist dann der Fall, wenn er auf wirtschaftlichen Gründen oder einem unabwendbaren Ereignis beruht, er vorübergehend und nicht vermeidbar ist und im jeweiligen Kalendermonat mindestens ein Drittel der in dem Betrieb Beschäftigten von einem Entgeltausfall von jeweils mehr als 10 % ihres monatlichen Bruttoentgelts betroffen ist), und der Arbeitgeber den Arbeitsausfall bei der Arbeitsagentur angezeigt hat (§ 95 SGB III).

Die Höhe des Kurzarbeitergelds hängt vom Nettogehalt ab, das der Arbeitnehmer normalerweise bezogen hätte. Ausgeglichen wird der durch die Kurzarbeit verursachte **Lohnausfall,** das heißt der Unterschiedsbetrag zwischen dem verringerten Lohn, der bei verringerter Arbeitszeit zu zahlen ist, und dem normalen Lohn, der bei nicht verringerter Arbeitszeit zu zahlen wäre. Das Kurzarbeitergeld beträgt 60 % des ausgefallenen Nettoentgelts. Beschäftigte mit mindestens einem Kind erhalten 67 % des ausgefallenen Nettoentgelts (§ 105 SGB III).

Kurzarbeitergeld wird für den Arbeitsausfall für eine Dauer von **längstens zwölf Monaten** von der Agentur für Arbeit geleistet. Die Bezugsdauer gilt einheitlich für alle in einem Betrieb beschäftigten Arbeitnehmer. Sie beginnt mit dem ersten Kalendermonat, für den in einem Betrieb Kurzarbeitergeld vom Arbeitgeber gezahlt wird.

**Achtung:** Um die Belastungen der **Corona-Pandemie** für Arbeitnehmer und Arbeitgeber abzufedern, gelten vorübergehend Sonderregelungen für den Bezug von Kurzarbeitergeld. Durch das Kurzarbeitergeld soll ein vorübergehender Verdienstausfall teilweise ausgeglichen und Entlassungen vermieden werden. Zeitlich befristet werden ein erhöhtes Kurzarbeitergeld gewährt und die Bezugsdauer erhöht.

## 3.8 Datenschutz

Verarbeitet ein Betrieb ganz oder teilweise automatisiert **personenbezogene Daten** seiner Mitarbeiter oder erfolgt eine nichtautomatisierte Verarbeitung personenbezogener Daten, die in einem Dateisystem gespeichert sind oder gespeichert werden sollen, müssen seit dem 25.5.2018 die datenschutzrechtlichen Regelungen der **Datenschutz-Grundverordnung** (DSGVO) beachtet werden. Gesetzliche Regelungen über den Datenschutz enthält auch das **Bundesdatenschutzgesetz** (BDSG).

**Achtung:** Personenbezogene Daten dürfen nur erhoben, gespeichert und verarbeitet werden, wenn eine Rechtsgrundlage vorhanden ist. Als Rechtsgrundlage kommen insbesondere gesetzliche Grundlagen und der Arbeitsvertrag zwischen dem Arbeitgeber und dem Arbeitnehmer in Betracht. Verantwortlich für die Einhaltung des Datenschutzes ist bei Kleinbetrieben regelmäßig der Betriebsinhaber. Dieser muss sicherstellen, dass im Betrieb rechtmäßig mit personenbezogenen Daten umgegangen wird.

### 3.8.1 Verarbeitung personenbezogener Daten

Unter der »Datenverarbeitung« im datenschutzrechtlichen Sinne ist jeder mit oder ohne Hilfe automatisierter Verfahren ausgeführte Vorgang im Zusammenhang mit personenbezogenen Daten zu verstehen. Als personenbezogene Daten sind sämtliche **Informationen** anzusehen, die die betroffene **Person identifizieren oder identifizierbar machen.**

Verarbeitet werden Daten, wenn sie erhoben, erfasst, gespeichert, verknüpft, verwendet, offengelegt, verändert, übermittelt, gelöscht oder vernichtet werden.

Das Datenschutzrecht gilt auch für Kleinbetriebe. Auch dort wird eine Vielzahl personenbezogener Daten der Mitarbeiter verarbeitet. Bei diesen Daten handelt es sich nicht nur um Name, Anschrift, Geburtsdatum, Familienstand, Beruf, E-Mail-Adresse, Telefonnummer und Bankverbindung des Mitarbeiters, Bewerbungsunterlagen, arbeitsvertragliche Vereinbarungen, dienstliche Beurteilungen, Krankheitstage und sonstige Fehlzeiten, sondern unter anderem auch um sozialversicherungsrechtliche Daten des Arbeitnehmers, Zeiterfassungsdaten, Gehaltsdaten und steuerliche Daten.

### 3.8.2 Informationspflichten des Arbeitgebers

Gesetzlich (Art. 13 DSGVO) bestehen für den Betrieb gegenüber den Arbeitnehmern umfassende Informationspflichten, wenn vom Beschäftigten personenbezogene Daten erhoben werden. Die DSGVO verlangt, dass die Informationen dem Betroffenen in **präziser, transparenter, verständlicher** und leicht zugänglicher Form sowie in klarer und einfacher Sprache mitgeteilt werden. Werden die personenbezogenen Daten beim Beschäftigten erhoben, so sollte diesem auch mitgeteilt werden, ob er verpflichtet ist, die personenbezogenen Daten bereitzustellen, und welche Folgen eine Zurückhaltung der Daten nach sich ziehen würde.

Die Übermittlung der Informationen kann schriftlich oder in anderer Form, auch elektronisch (z.B. per E-Mail), stattfinden, soweit damit alle Anforderungen (insbesondere die leichte Zugänglichkeit) erfüllt sind. Ihrer Informationspflicht können Sie als Arbeitgeber – zumindest teilweise – auch im Arbeitsvertrag nachkommen.

Welche Informationen der Betrieb mitteilen muss, ist gesetzlich festgelegt. Letztlich hängt der Umfang der Informationspflicht davon ab, wie die Datenverarbeitung im Betrieb konkret abläuft, insbesondere welche personenbezogenen Daten zu welchen Zwecken abgefragt werden. In Betracht kommen insbesondere folgende Informationen:

- **Kontaktdaten der Verantwortlichen:** Im Rahmen der Information müssen zwingend die Kontaktdaten des Verantwortlichen im Betrieb sowie gegebenenfalls seines Stellvertreters angegeben werden.
- **Quellen der Daten:** Wenn die personenbezogenen Daten auch aus anderen Quellen als direkt vom Mitarbeiter erhoben werden, müssen die Quellen in der Datenschutzinformation beschrieben werden.
- **Zwecke und Rechtsgrundlagen der Verarbeitung:** Dem Beschäftigten muss mitgeteilt werden, zu welchem Zweck oder zu welchen Zwecken die erhobenen personenbezogenen Daten verarbeitet werden sollen. Die Zwecke müssen eindeutig, vollständig und hinreichend sein. Mit der Mitteilung werden die Zwecke für die Datenverarbeitung verbindlich festgelegt. Der Beschäftigte muss zusätzlich darüber informiert werden, auf welcher Rechtsgrundlage die Datenverarbeitung erfolgt.
- **Empfänger der Daten:** In allen Fällen, in denen personenbezogene Daten übermittelt werden sollen, sind die Beschäftigten grundsätzlich über die konkreten Empfänger zu informieren.
- **Dauer der Speicherung:** Es muss konkret angegeben werden, für wie lange personenbezogene Daten gespeichert werden. Nur

ausnahmsweise, wenn die Angabe einer konkreten Zeitspanne dem Verantwortlichen nicht möglich ist, reichen Kriterien für die Festlegung der endgültigen Dauer der Speicherung aus.

- **Rechte des Betroffenen:** Der Beschäftigte ist über seine Rechte auf Auskunft, Berichtigung, Löschung, Einschränkung der Verarbeitung, Widerspruch gegen die Verarbeitung sowie Datenübertragbarkeit zu informieren. Soweit die Verarbeitung auf einer Einwilligung des Beschäftigten beruht, ist auch darauf gesondert hinzuweisen. Die entsprechende Informationspflicht ist nur erfüllt, wenn gleichzeitig darüber aufgeklärt wird, dass die Einwilligung jederzeit widerrufen werden kann und die Datenverarbeitung bis zum Zeitpunkt des Widerrufs rechtmäßig bleibt. Der Beschäftigte muss darüber aufgeklärt werden, dass er sich bei einer Aufsichtsbehörde beschweren kann, wenn er der Ansicht ist, dass die Verarbeitung seiner personenbezogenen Daten rechtswidrig erfolgt.
- **Verpflichtung zur Bereitstellung personenbezogener Daten:** Der Beschäftigte muss darüber informiert werden, ob die Bereitstellung seiner personenbezogenen Daten gesetzlich oder vertraglich vorgeschrieben, für einen Vertragsschluss erforderlich ist oder eine sonstige Verpflichtung besteht und welche Folgen eine Nichtbereitstellung hätte.

## 3.8.3 Zulässigkeit der Datenverarbeitung

Personenbezogene Daten des Beschäftigten dürfen verarbeitet werden, wenn dieser in die Datenverarbeitung im Arbeitsverhältnis **eingewilligt** hat oder wenn es zur Durchführung oder Beendigung des Beschäftigungsverhältnisses erforderlich ist.

### Zulässigkeit der Datenverarbeitung kraft Gesetzes

Die Verarbeitung personenbezogener Daten ist zulässig, wenn sie für die Erfüllung eines Vertrags, dessen Vertragspartei der Betroffene ist, oder zur Durchführung vorvertraglicher Maßnahmen erforderlich ist, die auf Anfrage der betroffenen Personen erfolgen (Art. 6 Abs. 1b DSGVO). Durch das **Bundesdatenschutzgesetz** wird diese Vorschrift für Beschäftigungsverhältnisse konkretisiert. Danach dürfen personenbezogenen Daten von Arbeitnehmern für Zwecke des Beschäftigungsverhältnisses verarbeitet werden, wenn dies für die Entscheidung über die Begründung eines Beschäftigungsverhältnisses (vgl. dazu 1.5) oder nach Begründung des Beschäftigungsverhältnisses für dessen Durchführung oder Beendigung erforderlich ist (§ 26 Abs. 1 Satz 1 BDSG). Kraft Gesetzes (Art. 6 Abs. 1c DSGVO) ist die Verarbeitung personenbezogener Daten des Beschäftigten auch dann zulässig, wenn sie zur Erfüllung einer rechtlichen Verpflichtung, der der Betrieb unterliegt, erforderlich ist; darunter fallen alle personenbezogene Daten des Beschäftigten, zu deren Verarbeitung der Arbeitgeber aus **sozialversicherungs- und steuerrechtlichen Gründen** verpflichtet ist.

Zur **Aufdeckung von Straftaten** dürfen personenbezogene Daten von Beschäftigten nur dann verarbeitet werden, wenn zu dokumentierende tatsächliche Anhaltspunkte den Verdacht begründen, dass die betroffene Person im Beschäftigungsverhältnis eine Straftat begangen hat, die Verarbeitung zur Aufdeckung erforderlich ist und das schutzwürdige Interesse der oder des Beschäftigten an dem Ausschluss der Verarbeitung nicht überwiegt, insbesondere Art und Ausmaß im Hinblick auf den Anlass nicht unverhältnismäßig sind (§ 26 Abs. 1 Satz 2 BDSG).

### Einwilligung des Beschäftigten

Unabhängig davon, dass der Arbeitgeber in bestimmten Fällen bereits kraft Gesetzes personenbezogene Daten des Beschäftigten verarbeiten darf, ist die Datenverarbeitung auch dann zulässig, wenn der Arbeitnehmer seine Einwilligung hierzu wirksam erteilt hat (§ 26 Abs. 2 BDSG).

**Achtung:** Die Einwilligung kann nur für einen näher bestimmten Fall bzw. Zweck gegeben werden. Eine »allgemeingültige« Einwilligung als Freifahrtschein für jegliche Nutzung der Daten ist nicht zulässig.

Nur für Datenverarbeitungen, die über die gesetzlich erlaubten Verarbeitungen hinausgehen, ist eine Einwilligung erforderlich. Dies sind Fälle, in denen die Verarbeitung der personenbezogenen Daten weder zur Durchführung des Arbeitsverhältnisses noch aufgrund berechtigter Interessen des Arbeitgebers erforderlich ist. Der **ausdrücklichen Einwilligung** der Betroffenen bedarf der Betrieb beispielsweise für die Anfertigung und Veröffentlichung von Fotos des Beschäftigten, die Veröffentlichung von Geburtsdaten oder Jubiläen der Arbeitnehmer oder die Veröffentlichung von privaten Mobilnummern der Beschäftigten zur betriebsinternen Kommunikation.

Die Einwilligung des Beschäftigten in die Verarbeitung seiner personenbezogenen Daten hat **schriftlich oder elektronisch** zu erfolgen, soweit nicht wegen besonderer Umstände eine andere Form angemessen ist. Als Arbeitgeber müssen Sie den Beschäftigten über den Zweck der Datenverarbeitung und über sein **Widerrufsrecht** in Textform aufklären.

### 3.8.4 Auftragsverarbeitung

Nicht selten bedienen sich Kleinbetriebe bei der Wahrnehmung von Aufgaben (z.B. bei der Lohnbuchhaltung) **externer Dienstleister.** Diese werden im Auftrag und nach Weisung des Unternehmens tätig. Wenn Dienstleister mit personenbezogenen Daten umgehen bzw. Einblick in diese haben, spricht man von einer Auftragsverarbeitung. Eine solche ist auch dann gegeben, wenn das Unternehmen seine personenbezogenen Daten nicht in einer eigenen EDV-Anlage speichert, sondern hierfür einen Datenbankserver nutzt, den ein Dienstleistungsunternehmen zu diesem Zweck zur Verfügung stellt.

**Achtung:** Sie dürfen nur Auftragsverarbeiter einsetzen, die eine hinreichende Garantie für eine datenschutzkonforme Datenverarbeitung gewährleisten. Die Auftragsverarbeitung darf nur auf der Grundlage eines Vertrags erfolgen, der inhaltlich den **Anforderungen der DSGVO** genügen muss.

## 3.9 Urlaubsanspruch des Arbeitnehmers

Jeder Arbeitnehmer hat in jedem Kalenderjahr Anspruch auf bezahlten Erholungsurlaub. Die Dauer des jährlichen Erholungsurlaubs ist in die vom Arbeitgeber anzufertigende Niederschrift über die **wesentlichen Vertragsbedingungen** aufzunehmen (§ 2 Abs. 1 Nr. 8 NachwG). Die üblichen Arbeitsverträge beschränken sich regelmäßig darauf, die Urlaubsdauer festzulegen. Gesetzliche Regelungen über den Erholungsurlaub enthält insbesondere das **Bundesurlaubsgesetz** (BUrlG).

**Achtung:** Bei den Bestimmungen des Bundesurlaubsgesetzes handelt es sich um urlaubsrechtliche Mindestpositionen des Arbeitnehmers, die nicht zu dessen Nachteil abgeändert werden dürfen (§ 13 Abs. 1 Satz 3 BUrlG). Im Arbeitsvertrag können Sie jedoch einvernehmlich für den Arbeitnehmer günstigere Vereinbarungen treffen. Diese können die Dauer des Urlaubs, aber auch andere urlaubsrechtliche Fragen betreffen.

### 3.9.1 Anspruch auf Urlaub

Voraussetzung für den Anspruch auf Erholungsurlaub ist, dass ein Arbeitsverhältnis besteht und der Arbeitnehmer eine bestimmte **Wartezeit erfüllt** hat.

## Bestehen eines Arbeitsverhältnisses

Die Entstehung des gesetzlichen Urlaubsanspruchs erfordert nur den rechtlichen Bestand des Arbeitsverhältnisses. Es kommt also nicht darauf an, ob der Arbeitnehmer während der gesetzlichen Arbeitszeit tatsächlich gearbeitet hat. Eine Krankheit des Arbeitnehmers verlängert somit die Wartezeit nicht. Das gilt sogar dann, wenn der Arbeitnehmer während der gesamten Wartezeit krank war und für den Arbeitgeber überhaupt keine Arbeitsleistung erbracht hat.

## Wartezeit

Der volle Urlaubsanspruch wird erstmalig nach einer Wartezeit von **sechs Monaten** erworben (§ 4 BUrlG). Das Arbeitsverhältnis muss also sechs Monate bestanden haben. Die Wartezeit beginnt mit dem rechtlichen Bestand des Arbeitsverhältnisses, also regelmäßig mit dem ersten Tage der Arbeitsaufnahme. Die Wartezeit endet mit Ablauf desjenigen Tages, welcher dem Tag vorangeht, der durch seine Zahl dem Anfangstag der Frist entspricht (§ 188 Abs. 2 BGB).

Nimmt der Arbeitnehmer am 1.3. die Arbeit auf, endet die Wartezeit am 31.8.

---

**Achtung:** Die Wartezeit darf im Rahmen des Beschäftigungsverhältnisses rechtlich nicht unterbrochen werden. »Wartezeitschädlich« sind insbesondere die Fälle, in denen das Arbeitsverhältnis durch eine Kündigung oder durch Zeitablauf im Rahmen einer Befristung des Arbeitsvertrags unterbrochen wird. Keine rechtliche Unterbrechung stellt der nahtlose Übergang eines Berufsausbildungsverhältnisses in ein Arbeitsverhältnis dar. In diesem Fall muss die Wartezeit also nicht erneut durchlaufen werden.

---

Durch eine arbeitsvertragliche Regelung kann von den Vorschriften über die Erfüllung der sechsmonatigen Wartezeit nicht zulasten des Arbeitnehmers abgewichen werden. **Nicht zulässig** ist es also beispielsweise, eine längere Wartezeit arbeitsvertraglich zu vereinbaren oder im Arbeitsvertrag festzulegen, dass Zeiten, in denen der Arbeitnehmer (z.B. wegen Krankheit) nicht gearbeitet hat, zu einer Verlängerung der Wartezeit führten. Zulässig ist es allerdings, die gesetzliche Wartezeit zu verkürzen.

## 3.9.2 Dauer des Urlaubs

Der Umfang des Urlaubsanspruchs des Arbeitnehmers richtet sich in erster Linie nach dem Arbeitsvertrag. Darin können Arbeitgeber und Arbeitnehmer die Dauer des Urlaubs im Rahmen der **gesetzlichen Regelungen** frei bestimmen. Wird im Arbeitsvertrag die Dauer des dem Arbeitnehmer zustehenden Erholungsurlaubs nicht festgelegt, steht diesem der gesetzliche Mindesturlaub zu.

### Gesetzlicher Mindesturlaub

Der gesetzliche Mindesturlaub beträgt **24 Werktage.** Werktage sind alle Tage, die keine Sonntage oder gesetzlichen Feiertage sind (§ 3 BUrlG). Gesetzlich wird demnach von einer Sechstagearbeitswoche ausgegangen. Der Samstag gilt also wie jeder andere Wochentag als vollwertiger Urlaubstag. Der gesetzliche Mindesturlaub von 24 Werktagen entspricht daher in Wochen umgerechnet einem Urlaub von vier Wochen.

---

**Achtung:** Der gesetzliche Mindesturlaub bemisst sich nach Tagen. Der Arbeitnehmer hat also Anspruch auf Befreiung von seiner Arbeitspflicht auf Basis von Tagen und nicht Stunden. Mit einer Freistellung für beispielsweise einen halben Tag können Sie als Arbeitgeber somit nicht den geschuldeten Erholungsurlaub erfüllen.

---

## Arbeitsrechtliche Verbesserungen

Der gesetzliche Mindesturlaubsanspruch kann durch den Arbeitsvertrag zum Nachteil des Arbeitnehmers nicht abgeändert werden. Es können zwar mehr, aber nicht weniger Urlaubstage als der gesetzliche Mindesturlaub vereinbart werden. Im Arbeitsvertrag kann auch festgelegt werden, dass die Dauer des Erholungsurlaubs mit den Beschäftigungsjahren steigt.

Der mit dem Arbeitnehmer vereinbarte, über die Mindesturlaubsdauer nach dem Bundesurlaubsgesetz hinausgehende vereinbarte Erholungsurlaub kann auch mit einem Widerrufsvorbehalt versehen werden. Allerdings müssen die Voraussetzungen und der Umfang der vorbehaltenen Änderungen konkretisiert sein. So kann im Arbeitsvertrag festgelegt werden, dass es sich bei dem über 24 Werktage hinausgehenden Urlaub um eine freiwillige Leistung des Arbeitgebers handelt, auf die auch bei wiederholter Gewährung kein Rechtsanspruch besteht.

## Erholungsurlaub für Jugendliche

Jugendlichen Arbeitnehmern (bis zur Vollendung des 18. Lebensjahrs) steht ein gegenüber erwachsenen Arbeitnehmern deutlich **längerer Mindesturlaubsanspruch** zu (vgl. dazu 3.18.1).

## Erholungsurlaub für Schwerbehinderte

**Schwerbehinderte Arbeitnehmer** haben Anspruch auf zusätzlichen Urlaub. Als solche gelten Personen, deren körperliche, geistige oder seelische Behinderung einen Grad von mindestens 50 beträgt. Liegt der Grad der Behinderung unter 50, besteht kein Anspruch auf Zusatzurlaub, und zwar auch dann nicht, wenn der Grad der Behinderung zwischen 30 und 50 liegt und der behinderte Arbeitnehmer einem schwerbehinderten Menschen gleichgestellt ist.

- Schwerbehinderte Menschen haben Anspruch auf einen bezahlten zusätzlichen Urlaub von **fünf Arbeitstagen** im Urlaubsjahr.

Verteilt sich die regelmäßige Arbeitszeit des schwerbehinderten Arbeitnehmers auf mehr oder weniger als fünf Arbeitstage in der Kalenderwoche, erhöht oder vermindert sich der Zusatzurlaub entsprechend (§ 208 Abs. 1 SGB IX).

- Besteht die Schwerbehinderteneigenschaft nicht während des gesamten Kalenderjahres, so hat der schwerbehinderte Arbeitnehmer für jeden vollen Monat der im Beschäftigungsverhältnis vorliegenden Schwerbehinderteneigenschaft einen Anspruch auf ein Zwölftel des Zusatzurlaubs. Bruchteile von Urlaubstagen, die mindestens einen halben Tag ergeben, sind auf volle Urlaubstage aufzurunden. Der so ermittelte Zusatzurlaub ist dem Erholungsurlaub hinzuzurechnen (§ 208 Abs. 2 SGB IX).
- Wird die Eigenschaft als schwerbehinderter Mensch rückwirkend festgestellt, muss auch der Zusatzurlaub grundsätzlich im laufenden Kalenderjahr genommen werden. Wenn dringende betriebliche oder in der Person des Arbeitnehmers liegende Gründe dies rechtfertigen, darf er in das darauffolgende Jahr übertragen werden. In diesem Fall muss dann der Urlaub in den ersten drei Kalendermonaten des folgenden Kalenderjahrs genommen werden (§§ 208 Abs. 3 SGB IX, 7 Abs. 3 BUrlG).

### 3.9.3 Teilurlaub

Den vollen Urlaubsanspruch erwirbt der Arbeitnehmer erstmalig nach sechsmonatigem Bestehen des Arbeitsverhältnisses (§ 4 BUrlG). Hat er die **sechsmonatige Wartezeit** erfüllt und scheidet er nach dem 30.6. eines Kalenderjahres aus, so steht ihm der volle Jahresurlaub zu.

#### Voraussetzungen

Anspruch auf je 1/12 des Jahresurlaubs für jeden vollen Monat (nicht Kalendermonat) des Bestehens des Arbeitsverhältnisses hat der Arbeitnehmer (§ 5 Abs. 1 BUrlG)

- für Zeiten eines Kalenderjahres, für die er wegen Nichterfüllung der Wartezeit in diesem Kalenderjahr keinen vollen Urlaubsanspruch erwirbt (in Betracht kommen alle Fälle, in denen das Arbeitsverhältnis erst nach dem 30.6. Tag eines Jahres begonnen wird);
- wenn der Arbeitnehmer vor erfüllter Wartezeit aus dem Arbeitsverhältnis ausscheidet (erfasst werden Arbeitsverhältnisse, die unter sechs Monaten befristet sind, oder unbefristete Arbeitsverhältnisse, die in den ersten sechs Monaten durch Kündigung oder einvernehmlich beendet werden);
- wenn der Arbeitnehmer nach erfüllter Wartezeit in der ersten Hälfte eines Kalenderjahres aus dem Arbeitsverhältnis ausscheidet (Voraussetzung für die Kürzung ist also ein Ausscheiden des Arbeitnehmers bis einschließlich 30.6.).

#### Berechnung

Maßgeblich für die Berechnung des Teilurlaubs und des Umfangs des gekürzten Vollurlaubs ist nicht der Kalendermonat, sondern der **Beschäftigungsmonat.** Für jeden so ermittelten vollen Beschäftigungsmonat erhält der Arbeitnehmer ein Zwölftel des Jahresurlaubs als Teilurlaub. Der Jahresurlaub ist also durch zwölf zu teilen und mit der Anzahl der vollen Beschäftigungsmonate zu multiplizieren. Bruchteile von Urlaubstagen, die mindestens einen halben Tag ergeben, sind auf volle Urlaubstage aufzurunden (§ 5 Abs. 2 BUrlG).

Beginnt das Arbeitsverhältnis am 15.2. und endet es am 15.6., sind der Berechnung des Teilurlaubs vier volle (Beschäftigungs-) Monate – und nicht drei volle Kalendermonate – zugrunde zu legen.

## 3.9.4 Ausschluss von Doppelurlaub

Beginnt das Arbeitsverhältnis in der ersten Jahreshälfte des Kalenderjahres, erwirbt der Mitarbeiter – nach Ablauf der sechsmonatigen Wartezeit – in diesem Jahr nicht nur einen anteiligen, sondern den vollen gesetzlichen Urlaubsanspruch. Beim Arbeitsantritt nach dem 30.6. entsteht lediglich ein Teilanspruch in Höhe von 1/12 des gesetzlichen Jahresurlaubes für jeden vollen Monat des Bestehens des Arbeitsverhältnisses. Allerdings ist der Urlaubsanspruch beim neuen Arbeitgeber um die Urlaubstage zu kürzen, die dem Arbeitnehmer für das laufende Kalenderjahr bereits von seinem früheren Arbeitgeber gewährt wurden. Der Arbeitgeber ist deshalb verpflichtet, bei Beendigung des Arbeitsverhältnisses dem Arbeitnehmer eine **Bescheinigung** über den im laufenden Jahr gewährten oder abgegoltenen Urlaub auszuhändigen (§ 6 BUrlG).

---

**Urteil**

*Wechselt ein Arbeitnehmer seine Arbeitsstelle, so muss er vom vorherigen Arbeitgeber eine Bescheinigung vorlegen, aus der hervorgeht, wie viel Urlaub im betreffenden Kalenderjahr er bereits erhalten hatte. Geschieht das nicht, so besteht kein Urlaubsanspruch für den Rest des Jahres. Bringt er die Bescheinigung bei, so hat er gegebenenfalls einen Resturlaubsanspruch nach den im neuen Arbeitsverhältnis geltenden Urlaubsregeln.*

BAG, Az. 9 AZR 295/13

---

Als Arbeitgeber sollten Sie sich bei Beginn des Arbeitsverhältnisses vom Arbeitnehmer eine **Urlaubsbescheinigung** seines früheren Arbeitgebers vorlegen lassen. Vor allem in Fällen, in denen der Mitarbeiter am Ende der ersten Jahreshälfte eingestellt wird, kann der (ungekürzt entstehende) Urlaubsanspruch in den meisten Fällen deutlich reduziert werden, da der vorherige Arbeitgeber in der Regel einen erheblichen Teil des Anspruchs bereits in natura gewährt oder abgegolten hat. Weil Sie der Urlaubsbescheinigung nicht »hinterherlaufen« müssen, ist es sinnvoll, neu eingestellte Arbeitnehmer bereits zu Beginn des Arbeitsverhältnisses (oder spätestens bei Eingang des ersten Urlaubsantrages) darauf hinzuweisen, dass sie erst nach Vorlage einer Urlaubsbescheinigung des Vor-Arbeitgebers Anspruch auf Urlaub haben und die bereits gewährten oder abgegoltenen Tage vom Jahresurlaub abgezogen werden.

## 3.9.5 Gewährung des Urlaubs

Nicht selten prallen bei der zeitlichen Lage des Urlaubs die verschiedenen Interessen von Arbeitgeber und Arbeitnehmer aufeinander. Kraft Gesetzes hat der Arbeitgeber zwar das Recht, die zeitliche Lage des Urlaubs festzulegen, er muss dabei allerdings folgenden gesetzlichen Rahmen beachten:

- Bei der zeitlichen Festlegung des Urlaubs hat der Arbeitgeber die Urlaubswünsche des Arbeitnehmers zu berücksichtigen, es sei denn, dass ihrer Berücksichtigung **dringende betriebliche Belange oder Urlaubswünsche** anderer Arbeitnehmer, die unter sozialen Gesichtspunkten den Vorrang verdienen, entgegenstehen. Der Urlaub ist zu gewähren, wenn der Arbeitnehmer dies im Anschluss an eine Maßnahme der medizinischen Vorsorge oder Rehabilitation verlangt (§ 7 Abs. 1 BUrlG).
- Der Urlaub ist **zusammenhängend** zu gewähren, es sei denn, dass dringende betriebliche oder in der Person des Arbeitnehmers liegende Gründe eine Teilung des Urlaubs erforderlich machen. Kann der Urlaub aus diesen Gründen nicht zusammenhängend gewährt werden, und hat der Arbeitnehmer Anspruch auf Urlaub von mehr als zwölf Werktagen, so muss einer der Urlaubsteile mindestens zwölf aufeinanderfolgende Werktage umfassen (§ 7 Abs. 2 BUrlG).

### Urlaubswunsch des Arbeitnehmers

Den Urlaubswunsch des Arbeitnehmers muss der Arbeitgeber nicht berücksichtigen, wenn diesem dringende betriebliche Belange entgegenstehen. In diesem Fall haben die Interessen des Arbeitgebers

Vorrang vor denen des Arbeitnehmers. Von dringenden betrieblichen Belangen ist aber nicht bereits dann auszugehen, wenn es durch den Urlaubswunsch des Arbeitnehmers zu **Störungen im Betriebsablauf** kommen kann, weil diese regelmäßig auftreten, wenn ein Arbeitnehmer fehlt.

Als dringende betriebliche Belange können dem Urlaubswunsch des Arbeitnehmers beispielsweise Saisonzeiten, arbeitsintensive Zeiten im Einzelhandel wie z.B. Vorweihnachtszeit, Betriebsferien, krankheitsbedingte Ausfälle anderer Arbeitnehmer oder Vertretungsmöglichkeiten entgegenstehen.

Allerdings reichen dringende betriebliche Belange nicht immer aus, den Urlaubswunsch des Arbeitnehmers abzulehnen. Der Arbeitgeber ist vielmehr gehalten, organisatorische Maßnahmen zu treffen, um dem Urlaubswunsch möglichst zu entsprechen. So liegt ein dringender betrieblicher Grund beispielsweise nicht vor, wenn der Arbeitgeber sich auf einen Vertretungsfall beruft, der jährlich wiederkehrt und bereits mehrfach dem Urlaubswunsch des Arbeitnehmers entgegengehalten wurde.

---

**Achtung:** Der Arbeitnehmer darf seinen Urlaubsanspruch gegenüber dem Arbeitgeber nicht selbst erfüllen, indem er sich selbst beurlaubt. Das gilt auch dann, wenn das Ende des Übertragungszeitraums bevorsteht. Mit einer **Selbstbeurlaubung** verletzt der Arbeitnehmer den Arbeitsvertrag, was die Kündigung des Arbeitsverhältnisses durch den Arbeitgeber rechtfertigen kann.

---

## Urlaubswünsche anderer Arbeitnehmer

Dem Urlaubswunsch eines Arbeitnehmers können berechtigte Urlaubswünsche anderer Arbeitnehmer entgegenstehen. In diesem Fall muss der Arbeitgeber eine Auswahlentscheidung treffen, die er nach **sozialen Gesichtspunkten** vornehmen muss.

Zu den zu berücksichtigenden Umständen gehören unter anderem Ferienzeiten schulpflichtiger Kinder, Urlaubsmöglichkeiten des Ehegatten, besondere Erholungsbedürftigkeit zu bestimmten Zeiten (z.B. nach längerer Krankheit), Alter des Arbeitnehmers, Urlaubsregelung in den vergangenen Jahren.

Neben sozialen Gesichtspunkten können auch **betriebliche Belange** von Bedeutung sein und eine zeitgleiche Beurlaubung ausschließen.

## Urlaub nach Reha

Der Arbeitgeber muss dem Beschäftigten Urlaub gewähren, wenn dieser den Urlaub im Anschluss an eine **medizinische Vorsorge** oder Rehabilitation verlangt (§ 7 Abs. 1 Satz 2 BUrlG). In diesem Fall müssen dann Urlaubswünsche anderer Arbeitnehmer zurücktreten, ebenso kann der Arbeitgeber dem Beschäftigten keine dringenden betrieblichen Gründe entgegenhalten.

## Unteilbarkeit des Urlaubsanspruchs

Dem Arbeitnehmer muss Erholungsurlaub **zusammenhängend gewährt** werden, es sei denn, dass dringende betriebliche oder in der Person des Arbeitnehmers liegende Gründe eine Teilung des Urlaubs erforderlich machen (§ 7 Abs. 2 Satz 1 BUrlG). In der Person des Beschäftigten liegende Gründe sind Belange aus dessen Privatsphäre wie etwa Erkrankungen, Todesfälle oder Hochzeiten naher Angehöriger. Kann der Urlaub aus dringenden betrieblichen oder in der Person des Beschäftigten liegenden Gründen nicht zusammenhängend gewährt werden, und hat der Arbeitnehmer Anspruch auf Urlaub von mehr als zwölf Werktagen, so muss einer der Urlaubsteile mindestens zwölf aufeinanderfolgende Werktage umfassen (§ 7 Abs. 2 Satz 2 BUrlG).

### Betriebsferien

Unter Betriebsferien ist die **komplette Schließung** des Betriebs für einen bestimmten Zeitraum und gleichzeitiger Anordnung, dass die Beschäftigten während dieser Zeit Urlaub zu nehmen haben, zu verstehen. Grundsätzlich ist der Arbeitnehmer berechtigt, seinen Urlaub nach seinen zeitlichen Wünschen zu planen. Betriebsferien darf der Arbeitgeber anordnen, wenn dies aus **dringenden betrieblichen Gründen** erforderlich ist. Vor allem aus betriebsorganisatorischen Gründen können Betriebsferien zulässig sein, wenn eine abweichende Urlaubsgewährung zugunsten des Arbeitnehmers den Betriebsablauf erheblich beeinträchtigen würde.

---

**Achtung:** Bei der Anordnung von Betriebsferien müssen Sie als Arbeitgeber auch die berechtigten Interessen Ihrer Beschäftigten berücksichtigen. Insbesondere dürfen Sie Betriebsferien nicht in Jahreszeiten anordnen, in denen üblicherweise kein Urlaub genommen wird bzw. in denen keine Schulferien sind.

---

## 3.9.6 Krankheit im Urlaub

Erkrankt der Arbeitnehmer während des Urlaubs, werden die durch ärztliches Zeugnis nachgewiesenen Tage der Arbeitsunfähigkeit auf den Jahresurlaub nicht angerechnet (§ 9 BUrlG). Dadurch soll verhindert werden, dass der Arbeitnehmer seinen Urlaubsanspruch durch die krankheitsbedingte Arbeitsunfähigkeit verliert.

### Erkrankung und Arbeitsunfähigkeit

Der Arbeitnehmer behält seinen Urlaubsanspruch, wenn er erkrankt und arbeitsunfähig ist. Nicht jede Krankheit führt zur Arbeitsunfähigkeit. Arbeitsunfähigkeit liegt nur dann vor, wenn der Arbeitnehmer allein wegen der Erkrankung seine vertraglich geschuldete Tätigkeit nicht ausüben kann oder ausüben sollte, weil andernfalls die Heilung nach ärztlicher Prognose verhindert oder verzögert wird.

### Nachweis der Arbeitsunfähigkeit

Voraussetzung für die **Nachgewährung des Urlaubs** ist, dass der Arbeitnehmer dem Arbeitgeber die Krankheit durch ein ärztliches Zeugnis nachweist und eine **Arbeitsunfähigkeitsbescheinigung** vorlegt. Ohne Attest kann der Arbeitnehmer keine Nachgewährung des krankheitshalber ausgefallenen Urlaubs verlangen.

Das ärztliche Zeugnis muss die Dauer und die Lage der Arbeitsunfähigkeit erkennen lassen. Für die Anerkennung eines Attests eines ausländischen Arztes ist erforderlich, dass erkennbar ist, dass zwischen einer bloßen Erkrankung und einer Erkrankung mit der Folge der Arbeitsunfähigkeit unterschieden wurde.

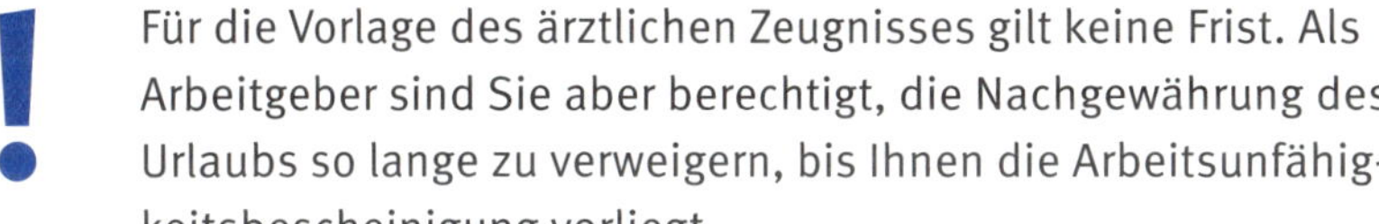

Für die Vorlage des ärztlichen Zeugnisses gilt keine Frist. Als Arbeitgeber sind Sie aber berechtigt, die Nachgewährung des Urlaubs so lange zu verweigern, bis Ihnen die Arbeitsunfähigkeitsbescheinigung vorliegt.

### Nachgewährung des Urlaubs

Für die Zeit der nachgewiesenen Arbeitsunfähigkeit bleibt der Urlaubsanspruch des Arbeitnehmers bestehen. Der Arbeitnehmer kann also den Urlaub nach seiner Genesung erneut verlangen.

Den krankheitshalber ausgefallenen Urlaub muss der Arbeitnehmer beim Arbeitgeber neu beantragen. Der ausgefallene Urlaub darf also ohne Ihre Zustimmung nicht einfach an den zuvor gebilligten Urlaubszeitraum angehängt werden. Andernfalls handelt es sich um eine rechtswidrige Selbstbeurlaubung, die eine Kündigung des Arbeitsverhältnisses rechtfertigen kann.

## 3.9.7 Übertragung von Urlaubsansprüchen

Jeder Arbeitnehmer hat in jedem Kalenderjahr Anspruch auf bezahlten Erholungsurlaub. Der gesetzliche Mindesturlaub beträgt

24 Werktage. Der Urlaub **muss im laufenden Kalenderjahr gewährt** und genommen werden. Eine Übertragung des Urlaubs auf das nächste Kalenderjahr ist kraft Gesetzes nur statthaft, wenn dringende betriebliche oder in der Person des Arbeitnehmers liegende Gründe dies rechtfertigen. Im Fall der Übertragung muss der Urlaub in den **ersten drei Monaten des folgenden Jahres** gewährt und genommen werden (§ 7 Abs. 3 BUrlG).

## Übertragung nur bei betrieblichen und persönlichen Gründen möglich

Grundsätzlich **verfällt** der Urlaubsanspruch des Beschäftigten **ersatzlos,** wenn er nicht bis zum Jahresende genommen wurde. Eine Übertragung des Urlaubs ins nächste Jahr ist nur möglich, wenn der Urlaub aus dringenden betrieblichen oder persönlichen Gründen nicht genommen werden kann.

- **Dringende betriebliche Gründe** liegen z.B. vor, wenn die Auftragslage zum Jahresende die Anwesenheit des Arbeitnehmers erfordert, eine besonders arbeitsintensive Zeit bevorsteht (z.B. Messe, Weihnachtsgeschäft) oder bereits anderen Arbeitnehmern Urlaub gewährt worden ist. Nicht ausreichend ist es, wenn der Verbleib des Arbeitnehmers lediglich wünschenswert ist.
- Ein **persönlicher Grund** ist insbesondere bei Erkrankung des Arbeitnehmers und damit verbundener Arbeitsunfähigkeit zum Jahresende gegeben. Das Gleiche gilt auch, wenn der Arbeitnehmer so spät im Laufe des Kalenderjahres gesund geworden ist, dass er nur noch einen Teil des Urlaubs bis zum Jahresende nehmen kann. Auch eine besonders schwere Erkrankung eines nahen Angehörigen kann die Übertragung des Urlaubs ins nächste Kalenderjahr rechtfertigen. Der bloße Wunsch des Arbeitnehmers, den Urlaub im nächsten Jahr zu nehmen, genügt hingegen nicht.

## Aufforderung zum Urlaubsantritt

Zwar ist der Arbeitgeber nicht verpflichtet, dem Arbeitnehmer von sich aus Urlaub zu gewähren, um die Voraussetzungen für einen automatischen **Verfall von Urlaubsansprüchen** zum Jahresende oder spätestens zum 31.3. des Folgejahres zu schaffen, allerdings verfällt der Urlaub in der Regel nur dann, wenn der Arbeitgeber den Arbeitnehmer zuvor konkret aufgefordert hat, den Urlaub zu nehmen, und ihn klar und rechtzeitig darauf hingewiesen hat, dass der Urlaub anderenfalls mit Ablauf des Urlaubsjahres oder Übertragungszeitraums erlischt.

---

**Urteil**

*Der Anspruch eines Arbeitnehmers auf bezahlten Jahresurlaub erlischt in der Regel nur dann am Ende des Kalenderjahres, wenn der Arbeitgeber ihn zuvor über seinen konkreten Urlaubsanspruch und die Verfallfristen belehrt und der Arbeitnehmer den Urlaub dennoch aus freien Stücken nicht genommen hat.*

BAG, Az. 9 AZR 541/15

---

Die Information der Mitarbeiter muss die im Betrieb geltenden Urlaubsgrundsätze beachten, wenn diese vom Gesetz abweichende Regelungen enthalten. So gilt beispielsweise in vielen Betrieben, dass Urlaubsansprüche uneingeschränkt auf das Folgejahr übertragen werden können und dann zum 31.3. verfallen. In diesem Fall muss das Datum im Rundschreiben entsprechend angepasst werden. Weil der Betrieb gegebenenfalls nachweisen muss, dass die Beschäftigten rechtzeitig aufgefordert wurden, den Resturlaub zu nehmen, sollte die Aufforderung in jedem Fall in Textform (z.B. schriftlich oder per E-Mail) erfolgen und in geeigneter Weise archiviert werden.

Jeder Arbeitnehmer muss »konkret aufgefordert« werden, den Urlaub zu nehmen. Ob indes eine individuelle Aufforderung an jeden einzelnen Arbeitnehmer erfolgen muss oder auch eine einheitliche Aufforderung – etwa durch Rundmail oder einen Hinweis auf dem »Schwarzen Brett« – erfolgen kann, ist gerichtlich noch nicht geklärt. Wollen Sie sichergehen, sollten Sie **jeden Arbeitnehmer einzeln** unter Mitteilung des jeweiligen Resturlaubsanspruches auffordern, den Urlaub zu nehmen.

Der Hinweis auf den drohenden Verfall des Urlaubsanspruches muss »rechtzeitig« erfolgen. Was dies konkret bedeutet, hat das Bundesarbeitsgericht noch nicht erläutert. Sinnvoll ist es, den Beschäftigten spätestens **zum Beginn des zweiten Kalenderhalbjahres** eine entsprechende Aufforderung zukommen zu lassen. Somit besteht für den Arbeitnehmer auch bei einem hohen Resturlaubsanspruch noch Gelegenheit, diesen rechtzeitig anzutreten.

Arbeitnehmer müssen »klar« auf die Möglichkeit und den Zeitpunkt des Verfalls ihrer Urlaubsansprüche (regelmäßig handelt es sich um den 31.12. des Kalenderjahres oder den 31.3. des Folgejahrs) hingewiesen werden. Sinnvoll ist auch ein **Hinweis auf die Folgen,** wenn der Urlaubsanspruch verfällt.

## 3.9.8 Urlaubsentgelt

Jeder Arbeitnehmer hat in jedem Kalenderjahr Anspruch auf bezahlten Erholungsurlaub. Das Urlaubsentgelt, also die **Weiterzahlung des Lohns** oder des Gehalts, steht dem Arbeitnehmer kraft Gesetzes zu (§ 11 BUrlG).

---

**Achtung:** Das **Urlaubsentgelt** ist vom Urlaubsgeld zu unterscheiden. Das Urlaubsentgelt ist das **arbeitsvertraglich geschuldete** Entgelt, das vom Arbeitgeber während des Urlaubs des Arbeitnehmers weiterzuzahlen ist und auf das der Arbeitnehmer einen gesetzlichen Anspruch hat. Dagegen handelt es sich beim Urlaubsgeld um eine zusätzlich zur Vergütung gezahlte Leistung des Arbeitgebers anlässlich des Urlaubs. Auf das **Urlaubsgeld besteht kein gesetzlicher Anspruch.**

---

Das Urlaubsentgelt wird nach zwei Faktoren berechnet: dem für die Ausfallzeit zugrunde liegenden Arbeitsverdienst (Geldfaktor) und den vom Arbeitgeber zu vergütenden Zeiteinheiten (Zeitfaktor).

## Maßgebliches Arbeitsentgelt

Maßgebliches Arbeitsentgelt ist der **gesamte Arbeitsverdienst** des Arbeitnehmers im Bezugszeitraum. Es muss also ermittelt werden, was der Arbeitgeber dem Arbeitnehmer als Gegenleistung für dessen Arbeitsleistung gewährt. Zum für die Berechnung des Urlaubsentgelts maßgebenden Arbeitsverdienst zählen auch

- Zulagen und Zuschläge (z.B. Nacht- und Feiertagszuschläge, Erschwernis- und Schmutzzulagen),
- Bereitschaftsvergütung,
- Provisionen,
- Ausgleichszahlungen für Betriebsarbeit.

---

**Achtung: Nicht zu berücksichtigen** sind Gratifikationen, Trinkgelder, Aufwandsentschädigungen und die Umsatzbeteiligungen. Auch eine Überstundenvergütung ist nicht in die Berechnung des Durchschnittsverdienstes der letzten 13 Wochen einzubeziehen.

---

## Maßgebender Bezugszeitraum

Die Höhe des dem Arbeitnehmer zustehenden Urlaubsentgelts bestimmt sich nach dem durchschnittlichen Verdienst, den der Arbeitnehmer in den letzten 13 Wochen vor Beginn des Urlaubs erhalten hat. Bestand das Arbeitsverhältnis noch keine 13 Wochen vor dem Urlaubsantritt, so ist die bisherige Dauer des Arbeitsverhältnisses zugrunde zu legen.

### Berechnung und Auszahlung des Urlaubsentgelts

Aus dem Arbeitsverdienst im Bezugszeitraum wird der **Durchschnittsverdienst** gebildet, indem die Summe des Gesamtverdienstes in den letzten 13 Wochen vor Beginn des Urlaubs durch die Anzahl der Tage mit Arbeitsverpflichtung geteilt wird. Dabei werden auch bezahlte Krankheitstage, Feiertage und Urlaubstage mitgerechnet. Der Arbeitgeber muss das Urlaubsentgelt dem Arbeitnehmer vor Antritt des Urlaubs auszahlen.

## 3.9.9 Erwerbstätigkeit des Arbeitnehmers im Urlaub

Der dem Arbeitnehmer zustehende Urlaub dient seiner körperlichen und geistigen Erholung. Der Arbeitgeber hat Anspruch darauf, dass der freigestellte Arbeitnehmer diese Zeit zu diesem Zweck nutzt und nicht seine Leistungsfähigkeit beeinträchtigt. Deshalb darf der Arbeitnehmer während des Urlaubs **keine** dem Urlaubszweck widersprechende **Erwerbstätigkeit** leisten (§ 8 BUrlG).

### Zweckwidrige Tätigkeit

Dem Arbeitnehmer ist während seines Urlaubs nicht jede Tätigkeit verboten. Er darf lediglich keiner Beschäftigung nachgehen, die eine Erwerbstätigkeit darstellt. Als Erwerbstätigkeit ist nur eine gegen ein Entgelt ausgeübte Tätigkeit anzusehen, also eine Tätigkeit, die in der Regel gegen Geldzahlung verrichtet wird. Andere Tätigkeiten fallen nicht unter das gesetzliche Verbot. **Zulässig** sind also folgende Tätigkeiten:

- Arbeiten im eigenen Haushalt oder in der eigenen Landwirtschaft,
- Gefälligkeitsarbeiten für Verwandte und Freunde (auch wenn hierfür Kost und Logis oder kleinere Aufmerksamkeiten gegeben werden),
- Pflegeleistungen in der Familie,
- Familienhilfe im Betrieb des Ehegatten,

- Tätigkeiten zur Aus- und Fortbildung (auch wenn dafür ein Entgelt gezahlt wird),
- Tätigkeiten aufgrund öffentlich-rechtlicher Verpflichtungen (z.B. als Gemeinderat),
- kirchliche Tätigkeit oder Tätigkeit im Verein (z.B. Betreuung Jugendlicher in Ferienfreizeit).

**Untersagt** ist nicht jede Erwerbstätigkeit, sondern nur eine Tätigkeit, die nicht dem Urlaubszweck entspricht. Das ist der Fall, wenn die Tätigkeit der Regeneration des Arbeitnehmers während des Erholungsurlaubs widerspricht. Ob dies der Fall ist, muss jeweils im Einzelfall ermittelt werden. Nicht zwangsläufig zweckwidrig muss eine nur gelegentliche (stundenweise an wenigen Tagen ausgeübte) Tätigkeit sein, wohl aber eine Beschäftigung über die volle tägliche Arbeitszeit. Auch ein »Aktivurlaub« (z.B. Urlaub auf dem Bauernhof und Mitarbeit im landwirtschaftlichen Betrieb) ist nicht zweckwidrig.

## Rechtsfolgen bei Zuwiderhandlung

Die Verletzung der Pflicht, während des Urlaubs eine dem Urlaubszweck widersprechende Tätigkeit zu unterlassen, kann nach vorheriger Abmahnung die **ordentliche oder außerordentliche** (fristlose) **Kündigung** durch den Arbeitgeber rechtfertigen.

---

**Achtung:** Durch die unzulässige Erwerbstätigkeit wird der Urlaubsanspruch des Arbeitnehmers nicht berührt. Auch der Anspruch des Arbeitnehmers auf das Urlaubsentgelt entfällt nicht. Sie können also nicht die Rückzahlung des Urlaubsentgelts verlangen. Und Sie können auch nicht den vom Arbeitnehmer anderweitig erzielten Verdienst auf das Urlaubsentgelt anrechnen.

---

### 3.9.10 Finanzielle Abgeltung des Urlaubs

Unter der Urlaubsabgeltung ist der finanzielle Ersatz von zustehendem, jedoch nicht gewährtem Erholungsurlaub des Arbeitnehmers zu verstehen. Die finanzielle Abgeltung des Urlaubs ist nur im gesetzlich vorgegebenen Rahmen zulässig. Danach kommt sie nur in Betracht, wenn der dem Arbeitnehmer zustehende Urlaub **wegen der Beendigung des Arbeitsverhältnisses** ganz oder teilweise nicht mehr gewährt werden kann (§ 7 Abs. 4 BUrlG).

---

**Achtung:** Nicht vereinbar mit dem Gesetz ist es, den nicht genommenen Urlaub während des bestehenden Arbeitsverhältnisses dem Arbeitnehmer »abzukaufen« und zu vergüten. Eine entsprechende Vereinbarung ist unwirksam. Zahlen Sie als Arbeitgeber gleichwohl einen Geldbetrag, statt den Arbeitnehmer freizustellen, wird der Urlaubsanspruch nicht erfüllt. Der Arbeitnehmer kann also weiterhin Freistellung verlangen.

---

Die Urlaubsabgeltung darf nicht mit dem Urlaubsentgelt und dem Urlaubsgeld verwechselt werden. Unter dem Urlaubsentgelt ist die Fortzahlung der Bezüge während des Urlaubs des Arbeitnehmers zu verstehen (vgl. dazu 3.9.8). Das Urlaubsgeld ist eine betriebliche Sonderzuwendung (Gratifikation) des Arbeitgebers, die dieser an den Beschäftigten aufgrund des Arbeitsvertrags über das Urlaubsentgelt hinaus zahlt.

#### Voraussetzungen für den Abgeltungsanspruch

Nur wenn vom Arbeitnehmer wegen der **Beendigung des Arbeitsverhältnisses** der Urlaub nicht genommen werden konnte, besteht Anspruch auf finanzielle Abgeltung. Die Gründe für die Beendigung des Arbeitsverhältnisses spielen keine Rolle. In Betracht kommen Kündigung, Aufhebungsvertrag und Zeitablauf beim befristeten Arbeitsverhältnis.

---

**Achtung:** Abzugelten ist nur der zum Zeitpunkt der Beendigung des Arbeitsverhältnisses noch bestehende Urlaub. Ist der Anspruch verfallen, z.B. weil vom Beschäftigten ein Resturlaubsanspruch bis zum 31.3. des Folgejahres nicht genommen wurde oder aus anderen Gründen untergegangen ist, besteht kein Anspruch auf Urlaubsabgeltung.

---

Der Anspruch auf Abgeltung ist als Ersatz für den Urlaubsanspruch grundsätzlich bis zum Ablauf des Urlaubsjahres bzw. des Übertragungszeitraums befristet. Der Abgeltungsanspruch muss also vom Arbeitnehmer bei der Beendigung des Arbeitsverhältnisses bis zum Ende des Kalenderjahrs bzw. des Übertragungszeitraums verlangt und erfüllt werden; andernfalls erlischt der Anspruch. Der Arbeitgeber kann auch ohne Antrag des Beschäftigten die Inanspruchnahme des Urlaubs vorschreiben, wenn diesem noch ausreichend Zeit bleibt, vor der Beendigung des Arbeitsverhältnisses den ihm zustehenden Urlaub anzutreten.

Das Arbeitsverhältnis wird zwischen dem Arbeitgeber und dem Arbeitnehmer kurzfristig zum 31.12. durch Aufhebungsvertrag beendet. Der Arbeitnehmer hat noch zehn Tage Urlaubsanspruch, welche er auch in Anspruch nehmen will. Der Arbeitgeber verlangt jedoch, dass er aus betrieblichen Gründen bis Ende Dezember weiterarbeitet. Diese verbliebenen zehn Urlaubstage sind vom Arbeitgeber finanziell abzugelten.

## Sonderfall: Arbeitsunfähigkeit

Urlaubsansprüche entstehen für den Arbeitnehmer auch, wenn er wegen einer Krankheit arbeitsunfähig ist. Diese verfallen erst 15 Monate nach Ablauf des Urlaubsjahrs. Endet also das Arbeitsverhältnis mit einem erkrankten Mitarbeiter, bevor dieser wieder arbeitsfähig ist, hat dieser für die aus den vergangenen 15 Monaten verbliebenen Urlaubstage einen Abgeltungsanspruch. Voraussetzung ist allerdings, dass die Krankheit ursächlich dafür ist, dass der Urlaub nicht genommen werden konnte.

### Vergütung des Arbeitnehmers

Der Abgeltungsbetrag für jeden abzugeltenden Urlaubstag bemisst sich nach dem durchschnittlichen Arbeitsverdienst, das der Arbeitnehmer in den letzten 13 Wochen vor dem Beginn des Urlaubs erhalten hat. Zum für die Berechnung maßgebenden Arbeitsverdienst zählen auch Zulagen und Zuschläge (z.B. Nacht- und Feiertagszuschläge, Erschwernis- und Schmutzzulagen), Bereitschaftsvergütung und Provisionen. Für die Berechnung gelten die gleichen Grundsätze wie für die Berechnung des Urlaubsentgelts (vgl. dazu 3.9.8).

### Ausschlussfrist

Von den zwingenden gesetzlichen Regelungen des **Bundesurlaubsgesetzes** darf nicht zum Nachteil des Arbeitnehmers abgewichen werden. Unwirksam ist deshalb eine arbeitsvertragliche Regelung, nach der der Arbeitnehmer auf Abgeltungsansprüche komplett verzichtet. Zulässig ist aber eine Vereinbarung, dass der Abgeltungsanspruch entfällt, wenn er vom Arbeitnehmer nicht innerhalb einer bestimmten Frist geltend gemacht wird. Schließlich handelt es sich bei der Urlaubsabgeltung um eine reine Geldforderung, sodass nicht der gesetzlich geschützte Urlaub selbst betroffen ist.

## 3.9.11 Unbezahlter Urlaub

Unter unbezahltem Urlaub ist die vom Arbeitnehmer mit dem Arbeitgeber vereinbarte **Freistellung von der Arbeit ohne Fortzahlung der Bezüge** zu verstehen. Arbeitnehmer haben grundsätzlich **keinen Anspruch** auf Freistellung und auf unbezahlten Urlaub. Die Freistellung bei unbezahltem Urlaub muss deshalb immer einvernehmlich erfolgen. Nur in Ausnahmefällen muss der Arbeitgeber unbezahlten Urlaub gewähren, so etwa aufgrund seiner Fürsorgepflicht, wenn der Mitarbeiter in eine Notsituation gerät (z.B. wenn ein Familienmitglied erkrankt). Auch durch den Arbeitsvertrag kann ein Anspruch des Arbeitnehmers auf unbezahlten Urlaub begründet werden.

Während des unbezahlten Urlaubs ruht das Arbeitsverhältnis. Der Arbeitnehmer ist nicht zur Arbeitsleistung, als Arbeitgeber sind Sie nicht zur Zahlung der Vergütung verpflichtet. Erkrankt der Arbeitnehmer vor oder während eines auf seinen Wunsch vereinbarten unbezahlten Sonderurlaubs, hat er – wenn im Arbeitsvertrag nichts anderes vereinbart ist – keinen Anspruch auf Lohnfortzahlung im Krankheitsfall.

Der **Versicherungsschutz** in der Sozialversicherung, und damit auch in der gesetzlichen Krankenversicherung, bleibt bis zu einem Monat nach Antritt des unbezahlten Urlaubs bestehen. Dabei wird nicht vorausgesetzt, dass die Dauer der Arbeitsunterbrechung von vornherein befristet ist. Die Versicherungspflicht wird deshalb auch für einen Monat erhalten, wenn die Dauer der Arbeitsunterbrechung nicht absehbar ist oder die Unterbrechung von vornherein auf einen Zeitraum von mehr als einem Monat befristet ist.

## 3.10 Entgeltfortzahlung im Krankheitsfall

Jeder Arbeitnehmer hat grundsätzlich Anspruch auf Fortzahlung des Arbeitsentgelts für die Dauer von **sechs Wochen,** wenn er wegen einer auf Krankheit beruhenden Arbeitsunfähigkeit an seiner Arbeitsleistung verhindert ist und die Arbeitsunfähigkeit nicht auf seinem Verschulden beruht. Gesetzliche Grundlage für die Entgeltfortzahlung im Krankheitsfall ist das **Entgeltfortzahlungsgesetz** (EFZG). Dauert die Arbeitsunfähigkeit länger als sechs Wochen, tritt regelmäßig die Krankenkasse mit Krankengeld ein.

### 3.10.1 Voraussetzungen

Wird der Arbeitnehmer durch Arbeitsunfähigkeit wegen einer Krankheit an seiner Arbeitsleistung verhindert, ohne dass ihn ein Verschulden trifft, so hat er Anspruch auf Entgeltfortzahlung bis zur Dauer von sechs Wochen. Der Anspruch entsteht allerdings erst nach vierwöchiger Dauer des Arbeitsverhältnisses (§ 3 Abs. 1 Satz 1, Abs. 3 EFZG).

---

**Achtung:** Anspruch auf Entgeltfortzahlung haben alle Arbeitnehmer, auch geringfügig Beschäftigte. Keinen Anspruch haben Personen, die nicht in einem Arbeitsverhältnis stehen, so beispielsweise freie Mitarbeiter.

---

## Krankheit und Arbeitsunfähigkeit

Der Arbeitnehmer muss wegen Krankheit an seiner Arbeitsleistung gehindert sein. Eine Krankheit in diesem Sinne ist jede körperliche oder geistige Beeinträchtigung, die eine Heilbehandlung erforderlich macht. Art und Ursache der Krankheit sind nicht von Bedeutung. Deshalb besteht auch dann Anspruch auf Entgeltfortzahlung, wenn die Krankheit Folge eines Unfalls im privaten Bereich (z.B. beim Sport) ist oder eine Verletzung durch eine Dritte Person erfolgte.

- **Trunk- und Drogensucht** gelten grundsätzlich als Krankheit.
- Die normal verlaufende Schwangerschaft ist keine Krankheit, allerdings können **schwangerschaftsbedingte Leiden** zu einer Krankheit führen. Anspruch auf Entgeltfortzahlung besteht auch, wenn aufgrund von Komplikationen während der Schwangerschaft die Beschäftigte an der Arbeitsleistung verhindert ist.
- Geht vom Arbeitnehmer aufgrund seiner Erkrankung **Ansteckungsgefahr** aus, liegt Arbeitsunfähigkeit selbst dann vor, wenn er seine Arbeitsleistung erbringen könnte.
- Anspruch auf Entgeltfortzahlung besteht auch, wenn die Arbeitsverhinderung auf eine **Organ-, Gewebe- oder Blutspende** zurückzuführen ist (§ 3a EFZG), ebenso auf eine nicht rechtswidrige Sterilisation oder einen nicht rechtswidrigen Abbruch der Schwangerschaft (§ 3 Abs. 2 Satz 1 EFZG).

---

**Achtung:** Kein Anspruch auf Entgeltfortzahlung besteht, wenn die Arbeitsverhinderung auf das Nachlassen der Kräfte des Beschäftigten zurückzuführen ist, ebenso auf Schönheitsoperationen (es sei denn, dass diese medizinisch indiziert sind).

Auch wenn der Beschäftigte wegen einer Tätowierung oder einem Piercing Arbeitszeit versäumt, hat er keinen Entgeltfortzahlungsanspruch, ebenso, wenn er eine Tätowierung oder ein Piercing entfernen lässt.

---

Anspruch auf Entgeltfortzahlung besteht nur dann, wenn die Krankheit des Beschäftigten dessen Arbeitsunfähigkeit zur Folge hat. Das ist der Fall, wenn der Arbeitnehmer seine arbeitsvertraglich geschuldete Tätigkeit wegen der Krankheit ganz oder teilweise nicht mehr ausüben kann oder nicht mehr ausüben sollte.

Entgeltfortzahlung wegen Krankheit kann nur beansprucht werden, wenn die **krankheitsbedingte Arbeitsunfähigkeit** die alleinige Ursache für die Arbeitsverhinderung ist. Ist ein Arbeitnehmer bereits aus anderen Gründen an der Erbringung seiner Arbeit gehindert, z.B. während der Elternzeit, besteht auch kein Anspruch auf Entgeltfortzahlung.

Keine krankheitsbedingte Arbeitsunfähigkeit liegt vor, wenn der Arbeitnehmer zwar seine volle Arbeitsleistung erbringen kann, lediglich aber wegen seiner Erkrankung daran gehindert ist, die gesamte Bandbreite der arbeitsvertraglich geschuldeten Arbeitsleistung zu erbringen. In diesem Fall muss der Arbeitgeber bei der Ausübung seines Weisungsrechts vielmehr berücksichtigen, dass der Arbeitnehmer aufgrund seiner Gesundheit nicht in der Lage ist, die an sich geschuldete Tätigkeit nicht (mehr) vollumfänglich zu erbringen.

Kann der Beschäftigte aus gesundheitlichen Gründen nicht in der Nachtschicht eingesetzt werden, ist er aber im Übrigen voll einsatzfähig, so liegt keine Arbeitsunfähigkeit vor.

Haben Sie als Arbeitgeber Zweifel an der tatsächlichen Arbeitsunfähigkeit Ihres Beschäftigten (z.B. weil dieser häufig und besonders oft nur für kurze Dauer arbeitsunfähig ist oder der Beginn der Arbeitsunfähigkeit regelmäßig auf einen Arbeitstag am Beginn oder am Ende der Woche fällt), können Sie verlangen, dass die Krankenkasse eine **gutachtliche Stellungnahme des Medizinischen Dienstes** der Krankenversicherung einholt. Dazu sind die Krankenkassen grundsätzlich verpflichtet, es sei denn, dass sich die medizinischen Voraussetzungen für die Arbeitsunfähigkeit eindeutig aus den der Krankenkasse vorliegenden ärztlichen Unterlagen ergeben. Wurde die Arbeitsunfähigkeit vom Beschäftigten vorgetäuscht, kann das Arbeitsverhältnis (unter Umständen sogar fristlos) gekündigt werden.

## Kein Verschulden des Arbeitnehmers

Einen Entgeltfortzahlungsanspruch hat der Arbeitnehmer nur, wenn die krankheitsbedingte Arbeitsunfähigkeit nicht auf seinem Verschulden beruht. Die **Arbeitsunfähigkeit ist dann verschuldet,** wenn der Arbeitnehmer in erheblichem Maße gegen das von einem verständigen Menschen in seinem eigenen Interesse zu erwartende Verhalten verstößt. Schuldhaft handelt der Arbeitnehmer auch dann, wenn er seine Genesung durch unverständliches, ungewöhnlich leichtfertiges oder mutwilliges Verhalten verzögert. Im Streitfall muss der Arbeitgeber darlegen und beweisen, dass die Arbeitsunfähigkeit des Beschäftigten auf einem schuldhaften Verhalten beruht.

---

**Achtung:** Selbst verschuldete Arbeitsunfähigkeit liegt nur dann vor, wenn ein vorwerfbares Verhalten gegeben ist. Seinen Entgeltfortzahlungsanspruch behält der Arbeitnehmer also auch dann, wenn seine Arbeitsunfähigkeit auf einem unachtsamen Verhalten beruht.

---

**Selbst verschuldete Arbeitsunfähigkeit** liegt vor bei Verletzungen durch einen Verkehrsunfall wegen Trunkenheit oder sonst grob fahrlässigem Verhalten im Straßenverkehr, bei einem Arbeitsunfall, wenn der Arbeitnehmer sich in grober Art und Weise über die geltenden Unfallverhütungsvorschriften hinweggesetzt hat, bei Verletzungen bei einer Schlägerei, wenn der Arbeitnehmer diese begonnen oder provoziert hat.

Sportunfälle sind nur dann selbst verschuldet, wenn der Arbeitnehmer in einer Weise Sport betreibt, die seine Kräfte und Fähigkeiten deutlich übersteigt oder wenn die Sportart selbst besonders gefährlich ist. Nicht als gefährliche Sportarten werden von den Arbeitsgerichten Fußball, Motorradrennen, Drachenfliegen, Boxen oder Skifahren eingestuft.

## Wartezeit

Der Anspruch auf Entgeltfortzahlung entsteht erst nach vierwöchiger ununterbrochener Dauer des Arbeitsverhältnisses (§ 3 Abs. 3 EFZG). Maßgebend ist ausschließlich der rechtliche Bestand des Arbeitsverhältnisses für den Zeitraum von vier Wochen. Keine Bedeutung hat, ob der Arbeitnehmer seine Arbeitsleistung erbracht hat.

---

**Achtung:** Die Wartezeit verkürzt nicht die Dauer des Anspruchs auf Entgeltfortzahlung. Die vor dem Ablauf von vier Wochen liegende Zeit der Arbeitsunfähigkeit ist nicht auf die Dauer des Anspruchs anzurechnen.

---

**Urteil**

*Erkrankt ein Arbeitnehmer während der Wartezeit des § 3 Abs. 3 EFZG und dauert die Arbeitsunfähigkeit über den Ablauf der Wartezeit hinaus an, so entsteht der Anspruch auf Entgeltfortzahlung nach § 3 Abs. 1 EFZG für die Dauer von sechs Wochen. In die Wartezeit fallende Krankheitstage sind nicht anzurechnen. Das gilt auch dann, wenn das Arbeitsverhältnis durch eine aus Anlass der Arbeitsunfähigkeit ausgesprochene Kündigung noch innerhalb der Wartezeit beendet worden ist.*

BAG, Az. 5 AZR 476/98

---

### 3.10.2 Anmelde- und Nachweispflichten des Arbeitnehmers

Der gesetzliche Anspruch auf Entgeltfortzahlung besteht nur dann, wenn der Arbeitnehmer dem Arbeitgeber seine Arbeitsunfähigkeit frist- und ordnungsgemäß angezeigt und nachgewiesen hat (§ 5 EFZG).

#### Benachrichtigungspflicht

Der kranke und arbeitsunfähige Arbeitnehmer ist verpflichtet, seinem Arbeitgeber die Arbeitsunfähigkeit und deren voraussichtliche Dauer **unverzüglich mitzuteilen.** Nur ausnahmsweise ist eine Krankmeldung entbehrlich, wenn der Arbeitgeber ohnehin die Arbeitsunfähigkeit kennt, z.B. bei einem Betriebsunfall. Die Art der Erkrankung muss nicht mitgeteilt werden. Unverzüglich bedeutet ohne schuldhaftes Zögern. Maßgebend für die Einhaltung dieser kurzen Frist ist nicht die Absendung, sondern der **Zugang der Mitteilung an den Arbeitgeber.** Deshalb ist die Mitteilung der Arbeitsunfähigkeit per Post nicht als unverzügliche Benachrichtigung anzusehen.

---

**Achtung:** Im Regelfall muss der Arbeitnehmer am **ersten Tag der Arbeitsverhinderung** – nach Möglichkeit vor Beginn der betrieblichen Arbeitszeit die Arbeitsunfähigkeit melden.

---

Für die Anzeige ist gesetzlich **keine Form** vorgeschrieben. Sie kann mündlich, telefonisch, per E-Mail oder schriftlich erfolgen. Die Anzeige kann auch durch einen Familienangehörigen oder einen Arbeitskollegen vorgenommen werden.

Der Arbeitnehmer muss die Arbeitsunfähigkeit dem Arbeitgeber oder einer sonst autorisierten Person mitteilen. In Kleinbetrieben muss die Arbeitsverhinderung regelmäßig direkt dem Arbeitgeber angezeigt werden, in Betracht kommt aber auch der direkte Vorgesetzte, nicht aber ein Arbeitskollege.

**Achtung:** Verletzt der Arbeitnehmer seine Anzeigepflicht, so kann im Wiederholungsfall nach vorhergehender Abmahnung eine ordentliche Kündigung, in Ausnahmefällen sogar eine fristlose Kündigung gerechtfertigt sein.

## Arbeitsunfähigkeitsbescheinigung

Dauert die Arbeitsunfähigkeit länger als drei Kalendertage, hat der Arbeitnehmer eine **ärztliche Bescheinigung** über das Bestehen der Arbeitsunfähigkeit sowie deren voraussichtliche Dauer spätestens an dem darauffolgenden Arbeitstag vorzulegen (§ 5 Abs. 1 Satz 2 EFZG). Die Bescheinigung muss **im Original vorgelegt** werden. Eine Kopie, ein Fax oder eine E-Mail genügen nicht. Ist der Arbeitnehmer Mitglied in der gesetzlichen Krankenversicherung, so hat er auch der Krankenkasse eine entsprechende Bescheinigung vorzulegen (§ 5 Abs. 1 Satz 5 EFZG).

Als Arbeitgeber sind Sie berechtigt, die Vorlage der ärztlichen Bescheinigung früher zu verlangen (§ 5 Abs. 1 Satz 3 EFZG). Sie müssen nicht begründen, warum Sie schon so früh auf einen Krankenschein bestehen. Sie müssen sich also nicht rechtfertigen, warum Sie sofort auf der Vorlage einer Arbeitsunfähigkeitsbescheinigung bestehen. Insbesondere ist es nicht erforderlich, dass gegen den Arbeitnehmer ein begründeter Verdacht besteht, er habe in der Vergangenheit eine Erkrankung nur vorgetäuscht.

Dauert die Arbeitsunfähigkeit länger als in der Bescheinigung angegeben, ist der Arbeitnehmer verpflichtet, eine neue ärztliche Bescheinigung vorzulegen (§ 5 Abs. 1 Satz 4 EFZG). Die **Folgebescheinigung** muss dem Arbeitgeber unverzüglich vorgelegt werden, wenn die Arbeitsunfähigkeit länger dauert als in der vorgelegten Arbeitsunfähigkeitsbescheinigung ausgewiesen.

Verletzt der Arbeitnehmer seine Pflicht, rechtzeitig ein Attest über seine Arbeitsunfähigkeit vorzulegen, können Sie die Fortzahlung der Vergütung so lange verweigern, bis der Arbeitnehmer seiner Verpflichtung nachkommt. Die vergeblich angemahnte Verletzung der Pflicht, die Arbeitsunfähigkeit nachzuweisen, kann Sie zur ordentlichen Kündigung des Arbeitsverhältnisses berechtigen, und zwar selbst dann, wenn es nicht zu Störungen der Betriebsorganisation gekommen ist.

### 3.10.3 Höhe und Dauer der Entgeltfortzahlung

Die Höhe des dem Arbeitnehmer im Falle einer krankheitsbedingten Arbeitsunfähigkeit zustehenden Arbeitsentgelts richtet sich nach der Vergütung, die der Arbeitnehmer normalerweise ohne die Arbeitsunfähigkeit erhalten hätte. Entgeltfortzahlungsanspruch besteht grundsätzlich für **sechs Wochen.**

#### Fortzuzahlendes Arbeitsentgelt

Für die Dauer der Entgeltfortzahlung hat der Arbeitnehmer in der Regel Anspruch auf das Arbeitsentgelt, welches ihm bei der für ihn maßgebenden regelmäßigen Arbeitszeit zusteht (§ 4 Abs. 1 EFZG). Die Höhe des Entgeltfortzahlungsanspruchs richtet sich also nach der Vergütung, die der Arbeitnehmer normalerweise erhalten hätte.

- Hat der Beschäftigte Anspruch auf eine feste **Monatsvergütung,** so ist diese vom Arbeitgeber auch im Krankheitsfall grundsätzlich weiterzuzahlen. Werden mit dem Festlohn bestimmte Überstunden oder bestimmte Überstundenzuschläge abgegolten, ist das vereinbarte Bruttoentgelt um diese Zuschläge zu kürzen (§ 4 Abs. 1a EFZG).
- Erhält der Arbeitnehmer keine feste Monats-, sondern eine **Stundenvergütung,** so ist der vereinbarte Stundensatz mit den während der Arbeitsunfähigkeit ausgefallenen Stunden zu multiplizieren. Schwankt die Arbeitszeit, so ist bei der Berechnung des Entgeltfortzahlungsanspruchs der Durchschnitt der letzten zwölf Monate zugrunde zu legen.

- Bei der Berechnung der Entgeltfortzahlung sind auch **Zulagen** für Nacht-, Sonntags- oder Feiertagsarbeit, für Gefahren oder Erschwernisse, wenn diese Zulagen ansonsten angefallen wären, für vermögenswirksame Leistungen, mutmaßliche Provisionen (z.B. Umsatz- und Abschlussprovisionen) und allgemeine Lohnerhöhungen zu berücksichtigen.

**Sondervergütungen** bzw. Gratifikationen (z.B. Weihnachtsgeld) sind Bestandteil des während der Arbeitsunfähigkeit fortzuzahlenden Arbeitsentgelts. Allerdings kann im Arbeitsvertrag vereinbart werden, dass Sondervergütungen, die der Arbeitgeber zum laufenden Arbeitsentgelt erbringt, für Zeiten der Arbeitsunfähigkeit wegen Krankheit gekürzt werden können. Die Kürzung darf aber für jeden Tag der krankheitsbedingten Arbeitsunfähigkeit ein Viertel des Arbeitsentgelts, das im Jahresdurchschnitt auf einen Arbeitstag fällt, nicht überschreiten (§ 4a Satz 2 EFZG).

## Dauer der Entgeltfortzahlung

Der Arbeitnehmer hat im Falle seiner Arbeitsunfähigkeit einen gesetzlichen Anspruch auf Fortzahlung seiner Vergütung bis zur Dauer von sechs Wochen oder 42 Kalendertagen (§ 3 Abs. 1 Satz 1 EFZG). Die Frist beginnt mit dem Eintritt der krankheitsbedingten Arbeitsunfähigkeit. Dieser gesetzliche Anspruch besteht allerdings nur dann, wenn der Arbeitnehmer dem Arbeitgeber seine Arbeitsunfähigkeit frist- und ordnungsgemäß angezeigt und nachgewiesen hat.

---

**Achtung:** Hat der Arbeitnehmer bei Beginn der Arbeitsunfähigkeit noch nicht die vierwöchige Wartezeit erfüllt, beginnt die Sechswochenfrist nicht mit dem Eintritt der Arbeitsunfähigkeit, sondern erst mit der Erfüllung dieser Wartezeit.

---

### Verschiedene Erkrankungen, Fortsetzungserkrankungen

Beruht die Arbeitsunfähigkeit auf verschiedenen Erkrankungen, entsteht grundsätzlich **für jede Erkrankung** der sechswöchige Entgeltfortzahlungsanspruch. Beruht aber die Arbeitsunfähigkeit zwar auf verschiedenen Erkrankungen, überschneiden sich diese aber zeitlich, besteht der Entgeltfortzahlungsanspruch nur für insgesamt sechs Wochen.

Arbeitnehmer A ist wegen eines Verkehrsunfalls fünf Wochen arbeitsunfähig krank. In der fünften Woche zieht er sich eine schwere Grippe zu und wird für weitere drei Wochen krankgeschrieben. In diesem Fall besteht der Entgeltfortzahlungsanspruch nur für insgesamt sechs Wochen.

Wegen derselben Krankheit (z.B. wiederkehrende Magenkrämpfe aufgrund eines Magengeschwürs) ist der Arbeitgeber grundsätzlich **nur einmal** für die Dauer von sechs Wochen zur Entgeltfortzahlung verpflichtet. Nur in folgenden Fällen verliert der Arbeitnehmer wegen der erneuten Arbeitsunfähigkeit den Anspruch auf Fortzahlung des Arbeitsentgelts für einen weiteren Zeitraum von sechs Wochen nicht (§ 3 Abs. 1 Satz 2 EFZG): wenn

- er vor der erneuten Arbeitsunfähigkeit mindestens sechs Monate nicht wegen derselben Krankheit arbeitsunfähig war oder
- seit Beginn der ersten Arbeitsunfähigkeit wegen derselben Krankheit eine Frist von zwölf Monaten abgelaufen ist.

## 3.10.4 Ausgleich der Aufwendungen bei Kleinbetrieben

Insbesondere für kleinere Betriebe stellen Entgeltfortzahlungen im Krankheitsfall eine erhebliche wirtschaftliche Belastung dar. Arbeitgeber mit in der Regel nicht mehr als 30 Arbeitnehmern haben deshalb **gegen die gesetzlichen Krankenkassen** einen Anspruch auf Erstattung von 80 % des an Arbeitnehmer und zur Berufsausbildung Beschäftigte fortgezahlten Arbeitsentgelts. Gesetzliche Grundlage ist das Aufwendungsausgleichsgesetz.

### 3.10.5 Arbeitsbefreiung zur Pflege eines erkrankten Kindes

Ein Arbeitnehmer hat Anspruch auf **bezahlte Freistellung,** wenn er »durch einen in seiner Person liegenden Grund ohne sein Verschulden für unerhebliche Zeit an der Arbeit verhindert ist« (§ 616 BGB). Darunter fällt grundsätzlich auch die Pflege eines kranken Kindes, wenn keine andere Betreuungsmöglichkeit besteht. Der Arbeitgeber muss den Arbeitnehmer dann für kurze Zeit bezahlen und von der Arbeit freistellen, damit das kranke Kind betreut oder nach einer anderen Betreuungsperson gesucht werden kann. Bei der Pflege von Kleinkindern können vom Arbeitnehmer im Regelfall im Jahr **zehn Tage** Freistellung bei Fortzahlung der Vergütung verlangt werden.

---

**Achtung:** Im Arbeitsvertrag können nähere Festlegungen über die Freistellung und Fortzahlung der Vergütung im Fall der persönlichen Arbeitsverhinderung, auch im Fall erkrankter Kinder, getroffen werden. So können bestimmte Höchstgrenzen an Tagen geregelt sein, für die der Arbeitgeber die Vergütung fortzahlen muss. Diese Regelungen gehen dann der gesetzlichen Regelung vor. Andererseits kann der Vergütungsanspruch nach § 616 BGB aber auch im Arbeitsvertrag ganz ausgeschlossen werden.

---

Wie bei einer eigenen Erkrankung muss der Arbeitnehmer auch im Falle der Betreuung eines erkrankten Kindes dem Arbeitgeber unverzüglich mitteilen, dass und voraussichtlich wie lange er ausfällt. Der Arbeitgeber kann die Vorlage einer **ärztlichen Bescheinigung** verlangen. Versäumt es der Arbeitnehmer, dem Arbeitgeber die Arbeitsverhinderung anzuzeigen bzw. nachzuweisen, kann dies zu einer Abmahnung und im Wiederholungsfalle auch zu einer Kündigung des Arbeitsverhältnisses führen.

Ist der gesetzliche Anspruch auf bezahlte Freistellung zur Pflege des erkrankten Kindes arbeits- oder tarifvertraglich ausgeschlossen oder bereits ausgeschöpft, hat der Arbeitnehmer Anspruch auf **unbe-**

**zahlte Freistellung,** wenn er gesetzlich krankenversichert ist (§ 45 SGB V). Die Krankenkasse zahlt dann für eine bestimmte Zeit als Lohnersatz ein sogenanntes Kinderkrankengeld. Dieser Anspruch kann weder durch den Arbeitsvertrag noch durch einen Tarifvertrag ausgeschlossen werden. Voraussetzungen für die Gewährung von **Kinderkrankengeld** bei unbezahlter Freistellung von der Arbeit sind, dass

- das Kind jünger als zwölf Jahre alt ist,
- die Betreuung aus ärztlicher Sicht erforderlich ist,
- über die Krankheit ein ärztliches Zeugnis vorgelegt wird und
- im Haushalt keine andere Person lebt, die das Kind betreuen kann.

Liegen diese Voraussetzungen vor, kann sich der Arbeitnehmer für jedes Kind unbezahlt bis zu zehn Arbeitstage im Jahr, als Alleinerziehende 20 Arbeitstage im Jahr freistellen lassen. Bei mehreren Kindern kann allerdings für höchstens 25 Arbeitstage, als Alleinerziehende für höchstens 50 Arbeitstage im Jahr unbezahlte Freistellung verlangt werden.

### 3.10.6 Arbeitsbefreiung zur Pflege eines nahen Angehörigen

Beschäftigte haben bei einer **akut aufgetretenen Pflegesituation** den (einmaligen) Anspruch, bis zu zehn Tage der Arbeit fernzubleiben, wenn dies erforderlich ist, um eine bedarfsgerechte Pflege für einen nahen Angehörigen zu organisieren oder eine pflegerische Versorgung in dieser Zeit sicherzustellen (§ 2 Abs. 1 PflegeZG). Eine akute Pflegesituation, die der Pflegekasse nachgewiesen werden muss, liegt dann vor, wenn sie plötzlich, also unvermittelt und unerwartet auftritt. Nahe Angehörige sind unter anderem Großeltern, Eltern, Schwiegereltern, Ehegatten, Lebenspartner, Geschwister, Ehegatten der Geschwister und Geschwister der Ehegatten, Kinder, Adoptiv- oder Pflegekinder, Schwiegerkinder und Enkelkinder.

Der Beschäftigte muss dem Arbeitgeber seine Verhinderung an der Arbeitsleistung und deren voraussichtliche Dauer unverzüglich, das heißt ohne schuldhaftes Zögern, mitteilen. Auf Verlangen des Arbeitgebers muss der Beschäftigte eine ärztliche Bescheinigung über die Pflegebedürftigkeit des nahen Angehörigen und die Notwendigkeit der pflegerischen Versorgung vorlegen (§ 2 Abs. 2 PflegeZG).

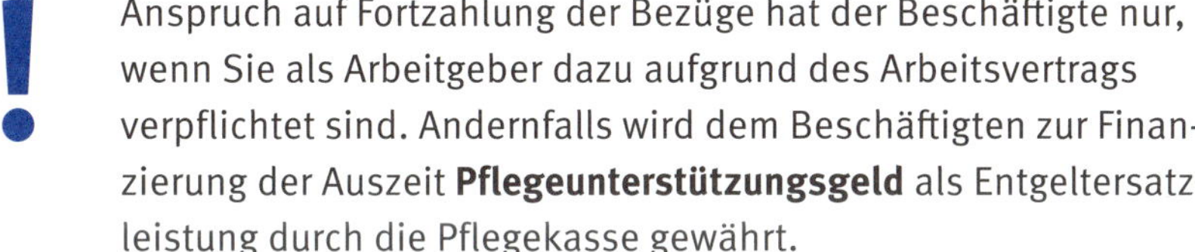

Anspruch auf Fortzahlung der Bezüge hat der Beschäftigte nur, wenn Sie als Arbeitgeber dazu aufgrund des Arbeitsvertrags verpflichtet sind. Andernfalls wird dem Beschäftigten zur Finanzierung der Auszeit **Pflegeunterstützungsgeld** als Entgeltersatzleistung durch die Pflegekasse gewährt.

## 3.11 Verschwiegenheitspflicht des Arbeitnehmers

Der Arbeitnehmer darf während eines bestehenden Arbeitsverhältnisses **Betriebs- und Geschäftsgeheimnisse** nicht offenbaren. Besondere Verschwiegenheitspflichten gelten für Arbeitnehmer, die in der Datenverarbeitung beschäftigt sind, und bei Diensterfindungen.

### 3.11.1 Arbeitsrechtliche Grundlage

Die Verschwiegenheitspflicht beginnt grundsätzlich mit dem **Beginn des Arbeitsverhältnisses.** Sie besteht für den Arbeitnehmer während der Dauer des Arbeitsverhältnisses auch ohne ausdrückliche arbeitsvertragliche Vereinbarung, weil sie sich bereits aus der allgemeinen Treuepflicht des Arbeitnehmers zu seinem Arbeitgeber ergibt. Unabhängig davon kann im Arbeitsvertrag nochmals ausdrücklich auf die bestehende Verschwiegenheitspflicht hingewiesen werden.

Die Verschwiegenheitspflicht des Arbeitnehmers besteht grundsätzlich nicht nur gegenüber Betriebsfremden, sondern auch gegenüber Kollegen, die mit den geheimen Sachverhalten nicht vertraut sind.

### 3.11.2 Umfang der Verschwiegenheitspflicht

Der Arbeitnehmer ist verpflichtet, Betriebs- oder Geschäftsgeheimnisse nicht zu offenbaren. Betriebs- und Geschäftsgeheimnisse sind Tatsachen, die

- im Zusammenhang mit einem Geschäftsbetrieb stehen,
- nur einem eng begrenzten Personenkreis bekannt sind,
- nicht offenkundig sind,
- nach dem bekundeten oder erkennbaren Willen des Betriebsinhabers geheim gehalten werden sollen und
- an deren Geheimhaltung der Unternehmer ein berechtigtes wirtschaftliches Interesse hat.

Zu den Betriebs- und Geschäftsgeheimnissen gehören Kundendaten, Absatzmärkte, Produktionsverfahren, Kreditwürdigkeit, technisches Know-how, Marketingkonzepte, Strategiepapiere, Kalkulationen, Lieferanten.

Die Verschwiegenheitspflicht besteht nur, wenn der Arbeitgeber an der Verschwiegenheit ein **berechtigtes Interesse** hat. Offenkundige Tatsachen unterliegen nicht der Verschwiegenheitspflicht. Das ist der Fall, wenn die Tatsache von jedermann ohne größere Schwierigkeiten in Erfahrung gebracht werden kann (z.B. bei Veröffentlichung in einer Fachzeitschrift oder auf der Internetseite des Betriebs).

**Betriebsgeheimnisse** beziehen sich auf den technischen Betriebsablauf, insbesondere Herstellung und Herstellungsverfahren (z.B. Produktionsverfahren, technisches Know-how). Geschäftsgeheimnisse betreffen den allgemeinen Geschäftsverkehr des Unternehmens (z.B. Absatzmärkte, Kundenlisten, Bilanzen). Soweit solche Umstände allerdings allgemein bekannt sind, werden sie nicht von der Verschwiegenheitspflicht erfasst. Daran ändert sich auch dann nichts, wenn der Arbeitgeber diese Umstände als Betriebs- oder Geschäftsgeheimnis bezeichnet.

Die Verschwiegenheitspflicht des Arbeitnehmers kann durch eine ausdrückliche Regelung im Arbeitsvertrag auch erweitert werden, indem bestimmte Informationen des Arbeitgebers ausdrücklich als vertraulich bezeichnet werden. Voraussetzung ist allerdings, dass die vertragliche Erweiterung der Pflicht zur Verschwiegenheit durch betriebliche Interessen gerechtfertigt ist.

Bestimmte Arbeitnehmer unterliegen einer besonderen Verschwiegenheitspflicht:

- Im Rahmen der Datenverarbeitung gilt nach Datenschutzrecht das sogenannte **Datengeheimnis.** Danach ist es bei der Datenverarbeitung beschäftigten Arbeitnehmern untersagt, personenbezogene Daten unbefugt zu verarbeiten. Sie sind bei der Aufnahme ihrer Tätigkeit auf das Datengeheimnis zu verpflichten. Das Datengeheimnis besteht auch nach Beendigung des Arbeitsverhältnisses (§ 53 BDSG).
- Eine **Diensterfindung,** also eine Erfindung, die während der Dauer des Arbeitsverhältnisses gemacht wurde, und die aus der Tätigkeit im Betrieb aufgrund von Erfahrungen oder Arbeiten des Betriebs entstanden ist, muss der Arbeitnehmer so lange geheim halten, bis sie frei wird (§ 8 ArbnErfG). Das ist der Fall, wenn der Arbeitgeber die Erfindung nicht in Anspruch nimmt oder wenn er erklärt, dass er diese nicht verwerten will oder kann.

### 3.11.3 Folgen der Verletzung der Verschwiegenheitspflicht

Auf die Verletzung der Verschwiegenheitspflicht kann der Arbeitgeber mit einer **Unterlassungsklage** reagieren. Daneben kommen unter Umständen arbeitsrechtliche und strafrechtliche Konsequenzen in Betracht.

- Die Verletzung der Verschwiegenheitspflicht kann den Arbeitnehmer den Arbeitsplatz kosten. Der Arbeitgeber kann zur ordentlichen fristgemäßen, bei einer schwerwiegenden Verletzung auch zu einer außerordentlichen **Kündigung** des Arbeitsverhältnisses berechtigt sein. Unter Umständen kann die Kündigung ohne vorherige Abmahnung ausgesprochen werden.

- Das Geschäftsgeheimnisgesetz dient dem Schutz von Geschäftsgeheimnissen vor unerlaubter Offenbarung, Nutzung und Offenlegung. Danach kann der Inhaber des Geschäftsgeheimnisses den Rechtsverletzer auf Beseitigung der Beeinträchtigung und bei Wiederholungsgefahr auf Unterlassung in Anspruch nehmen. Der **Unterlassungsanspruch** besteht auch dann, wenn eine Rechtsverletzung erstmalig droht. Ein Rechtsverletzer, der vorsätzlich oder fahrlässig handelt, ist dem Inhaber des Geschäftsgeheimnisses zum Ersatz des daraus entstehenden Schadens verpflichtet. Bei der Bemessung des **Schadensersatzes** kann auch der Gewinn, den der Rechtsverletzer durch die Verletzung des Rechts erzielt hat, berücksichtigt werden. Die Verletzung von Geschäftsgeheimnissen kann mit einer **Freiheitsstrafe** geahndet werden. Der Versuch ist bereits strafbar.

---

**Urteil**

*Einem Arbeitnehmer, der eine ausdrücklich arbeitsvertraglich vereinbarte Verschwiegenheitspflicht in mehrfacher Hinsicht wiederholt und nachhaltig verletzt, kann fristlos gekündigt werden. Ob der Verstoß auch subjektiv vorwerfbar sei, ist für die Zulässigkeit der Kündigung nicht ausschlaggebend.*

LAG Mainz, Az. 6 Sa 278/11

---

### 3.11.4 Verschwiegenheitspflicht nach Beendigung des Arbeitsverhältnisses

Nach Beendigung des Arbeitsverhältnisses unterliegt der Arbeitnehmer nicht mehr der allgemeinen Treuepflicht gegenüber seinem Arbeitgeber. Grundsätzlich endet damit auch seine Verschwiegenheitspflicht. Der Arbeitnehmer darf also auf seine im bisherigen Arbeitsverhältnis rechtmäßig erworbenen Kenntnisse einschließlich von Betriebs- und Geschäftsgeheimnissen (Kenntnis von Kundenlisten und Absatzmärkten) zurückgreifen.

Grundsätzlich ist es möglich, den Arbeitnehmer durch eine entsprechende Regelung im Arbeitsvertrag zur Verschwiegenheit über die Beendigung des Arbeitsverhältnisses hinaus zu verpflichten. An die Wirksamkeit einer solchen **nachvertraglichen Verschwiegenheitspflicht** werden jedoch strenge Anforderungen gestellt. Schließlich darf der Arbeitnehmer nicht unzumutbar in seinem beruflichen Fortkommen behindert werden. Bezieht sich die im Arbeitsvertrag vereinbarte nachvertragliche Verschwiegenheitspflicht pauschal auf alle Geschäftsvorgänge, wird dem Arbeitnehmer damit jede berufliche Verwertung seiner in diesem Geschäftsbereich erworbenen Kenntnisse verwehrt. Eine im Arbeitsvertrag vereinbarte nachvertragliche Verschwiegenheitspflicht des Arbeitnehmers ist deshalb unzulässig, wenn sich die Klausel nicht auf ein oder mehrere konkret festgelegte Betriebs- und Geschäftsgeheimnisse bezieht, sondern pauschal auf alle.

## 3.12 Nebentätigkeit des Arbeitsnehmers

Unter einer Nebentätigkeit ist jede Tätigkeit zu verstehen, in der der Arbeitnehmer **außerhalb seines Hauptarbeitsverhältnisses** seine Arbeitskraft zur Verfügung stellt. Keine Bedeutung hat dabei, ob dies im Rahmen eines Werk-, Dienst- oder weiteren Arbeitsvertrags oder im Rahmen eines Ehrenamts erfolgt.

---

**Achtung:** Auch bei einer Nebentätigkeit haben die Vertragsparteien dieselben Rechte und Pflichten wie in einem normalen Arbeitsverhältnis. So hat beispielsweise der Arbeitnehmer Anspruch auf Entgeltfortzahlung im Krankheitsfall und auf Erholungsurlaub.

---

### 3.12.1 Zulässigkeit

Grundsätzlich darf der Arbeitnehmer Nebentätigkeiten ausüben. Schließlich stellt er dem Arbeitgeber mit dem Abschluss des Arbeitsvertrags nicht seine gesamte Arbeitskraft, sondern diese nur für eine bestimmte Zeitspanne zur Verfügung. Das heißt, dass der Arbeitnehmer in seiner Freizeit grundsätzlich machen kann, was er möchte. Ist die Nebentätigkeit beruflicher Natur, kann er sich auf das **Grundrecht der freien Berufswahl** berufen. Nicht berufliche Tätigkeiten darf er auf der Grundlage des Grundrechts der **freien Entfaltung der Persönlichkeit** ausüben.

Dem grundsätzlichen Recht des Arbeitnehmers, Nebentätigkeiten auszuüben, stehen die Interessen des Arbeitgebers an der ordnungsgemäßen Erfüllung der arbeitsvertraglichen Pflichten des Arbeitnehmers und gesetzliche Regelungen gegenüber. Das Recht des Arbeitnehmers, Nebentätigkeiten wahrzunehmen, besteht also nicht schrankenlos. Es bestehen **gesetzliche Grenzen** und im Arbeitsvertrag können nähere Festlegungen über die Zulässigkeit einer Nebentätigkeit getroffen werden.

---

**Achtung:** In jedem Fall ist eine Nebentätigkeit des Arbeitnehmers unzulässig, wenn sie zu einer erheblichen Beeinträchtigung der Arbeitskraft des Arbeitnehmers führt, sie also den Arbeitnehmer daran hindert, seinen Arbeitspflichten aus dem Hauptarbeitsverhältnis nachzukommen (z.B. weil er ständig zu müde ist). Aus der Treuepflicht des Beschäftigten gegenüber dem Arbeitgeber ergibt sich, dass er jede Nebentätigkeit zu unterlassen hat, die zu einer **Vernachlässigung seiner Arbeitspflicht im Hauptarbeitsverhältnis** führt.

---

## Gesetzliche Grenzen

In den gesetzlich bestimmten Fällen ist eine Nebentätigkeit des Arbeitnehmers **unzulässig.**

- Durch die Nebentätigkeit darf der Arbeitnehmer nicht in Konkurrenz zu seinem Arbeitgeber treten. Für kaufmännische Angestellte ist dieses **Wettbewerbsverbot** in § 60 HGB geregelt. Für andere Arbeitnehmer folgt die Pflicht, dem Arbeitgeber im selben Geschäftszweig keine Konkurrenz zu machen, aus dem allgemeinen arbeitsrechtlichen Grund der Rücksichtnahme- und Treuepflicht (vgl. dazu auch 3.13).
- Unter Einbeziehung der Nebentätigkeit darf die vom Arbeitszeitgesetz festgelegte **Höchstarbeitszeit** von acht Stunden bzw. von maximal zehn Stunden bei entsprechendem Zeitausgleich nicht überschritten werden (§ 3 ArbZG).
- Während des **Urlaubs** darf der Arbeitnehmer eine dem Urlaubszweck widersprechende Erwerbstätigkeit nicht ausüben (§ 8 BUrlG). Dieses Verbot gilt grundsätzlich auch für die Nebentätigkeit, wenn der Arbeitnehmer sich bei seiner Hauptbeschäftigung im Erholungsurlaub befindet.
- Eine Nebentätigkeit ist auch dann nicht zulässig, wenn es sich dabei um **Schwarzarbeit** handelt.
- Für die Ausübung einer Teilzeitarbeit von maximal 30 Wochenstunden bei einem anderen Arbeitgeber **während der Elternzeit** benötigt der Beschäftigte die Zustimmung seines Hauptarbeitgebers (§ 15 Abs. 4 BEEG).

## Arbeitsvertragliche Grenzen

**Unzulässig sind Vereinbarungen im Arbeitsvertrag**, die dem Arbeitnehmer schlechthin die Ausübung von Nebentätigkeiten verbieten, und zwar unabhängig davon, ob es durch die Nebentätigkeit zu einer Beeinträchtigung der Arbeitsleistung des Arbeitnehmers kommt (sog. absolute Nebentätigkeitsverbote). Solche Vertragsklauseln benachteiligen den Arbeitnehmer unangemessen und sind deshalb unwirksam (§ 307 Abs. 1 BGB).

Zulässig und wirksam sind Vertragsklauseln über Nebentätigkeiten, wenn sie die **gesetzlichen Grenzen und die berechtigten Interessen des Arbeitgebers** berücksichtigen.

Im Arbeitsvertrag kann folgende Regelung getroffen werden: »Während der Dauer des Arbeitsverhältnisses ist jede entgeltliche oder unentgeltliche Nebenbeschäftigung unzulässig, durch die die Arbeitsleistung des Arbeitnehmers beeinträchtigt werden kann oder die Interessen des Arbeitgebers in sonstiger Weise (z.B. durch Ausübung einer Konkurrenztätigkeit, Ausübung einer dem Urlaubszweck widersprechenden Erwerbstätigkeit) beeinträchtigt werden können.«

## 3.12.2 Erlaubnisvorbehalt

Es ist grundsätzlich zulässig, dass der Arbeitgeber eine Nebentätigkeit des Arbeitnehmers von seiner **schriftlichen Erlaubnis** abhängig macht. Der Erlaubnisvorbehalt gibt dem Arbeitgeber die Möglichkeit, bereits vor der Aufnahme der Nebentätigkeit zu überprüfen, ob betriebliche Interessen beeinträchtigt werden.

Im Arbeitsvertrag kann folgende Regelung getroffen werden: »Nebentätigkeiten des Arbeitnehmers bedürfen der Zustimmung. Diese wird erteilt, wenn die Nebentätigkeit die Wahrnehmung der dienstlichen Aufgaben nicht oder nur unwesentlich behindert und sonstige Interessen des Arbeitgebers nicht beeinträchtigt werden.«

**Urteil**

*Ein Arbeitsvertrag, der vorsieht, dass eine Nebentätigkeit der Zustimmung des Arbeitgebers bedarf, stellt die Aufnahme der beruflichen Nebentätigkeit unter einen Erlaubnisvorbehalt. Grundsätzlich hat dann der Arbeitnehmer einen Anspruch auf Zustimmung zur Aufnahme der Nebentätigkeit, wenn diese die betrieblichen Interessen nicht beeinträchtigt.*

BAG, Az. 9 AZR 464/00

### 3.12.3 Anzeigepflichten

Im Arbeitsvertrag kann auch wirksam vereinbart werden, dass der Arbeitnehmer die Nebentätigkeit anzeigen muss. Der Arbeitgeber kann dann beurteilen, ob der Ausübung der Nebentätigkeit betriebliche Interessen entgegenstehen oder vertragliche Pflichten verletzt werden. Der Arbeitnehmer ist auch verpflichtet, auf entsprechende Aufforderung des Arbeitgebers nähere Angaben über Art und Umfang der Nebentätigkeit zu machen.

### 3.12.4 Folgen einer unzulässigen Nebentätigkeit

Verletzt der Arbeitnehmer durch die Ausübung einer Nebentätigkeit seine arbeitsvertraglichen Pflichten aus dem Hauptarbeitsverhältnis in erheblichem Umfang, kann der Arbeitgeber – regelmäßig nach vorhergehender Abmahnung – das Arbeitsverhältnis kündigen. Leistet der Arbeitnehmer wegen der Nebentätigkeit schlechte Arbeit, kann der Arbeitgeber unter Umständen **Schadensersatzansprüche** geltend machen.

Im Ausnahmefall kann auch eine außerordentliche (fristlose) **Kündigung** gerechtfertigt sein, so beispielsweise, wenn der Arbeitnehmer im Rahmen der Nebentätigkeit das Wettbewerbsverbot verletzt.

## 3.13 Wettbewerbsverbot des Arbeitnehmers

Im bestehenden Arbeitsverhältnis darf der Arbeitnehmer nicht in Konkurrenz und Wettbewerb zu seinem Arbeitgeber treten. Problematisch sind die Fälle, in denen vertraglich ein Wettbewerbsverbot auch für die Zeit nach der Beendigung des Arbeitsverhältnisses vereinbart ist.

### 3.13.1 Wettbewerbsverbot bei bestehendem Arbeitsverhältnis

Für kaufmännische Angestellte ergibt sich ein gesetzliches Wettbewerbsverbot aus § 60 HGB. Danach darf der Handlungsgehilfe ohne Einwilligung des Arbeitgebers weder ein Handelsgewerbe betreiben noch in einem Handelszweig des Arbeitgebers auf eigene oder fremde Rechnung Geschäfte machen. Für andere Arbeitnehmer folgt aus der **vertraglichen Treuepflicht,** dass Sie im Rahmen des Arbeitsverhältnisses auch auf die Interessen des Arbeitgebers Rücksicht nehmen müssen und deshalb nicht im Geschäftszweig des Arbeitgebers Geschäfte machen dürfen.

Zwar wird im Arbeitsvertrag häufig auf das für den Arbeitnehmer bestehende Wettbewerbsverbot ausdrücklich hingewiesen. Es gilt aber auch ohne eine solche Vereinbarung.

#### Konkurrenzverbot

Dem Arbeitnehmer ist im bestehenden Arbeitsverhältnis jede Tätigkeit verboten, die im Geschäftszweig des Arbeitgebers liegt und bei der der Arbeitnehmer als Wettbewerber auftritt. Dabei stellt bereits die Tätigkeit in einem **Konkurrenzunternehmen** oder das Betreiben eines Konkurrenzunternehmens einen Verstoß gegen das Wettbewerbsverbot dar. Ob es tatsächlich zu einer Konkurrenz zum Unternehmen des Arbeitgebers kommt, hat keine Bedeutung. Unerheblich ist also, ob der Arbeitgeber das Konkurrenzgeschäft selbst gemacht hätte oder ob er durch das Konkurrenzgeschäft spürbare wirtschaftliche Nachteile erleidet.

Das Wettbewerbsverbot untersagt allerdings nicht jede anderweitige berufliche oder gewerbliche Betätigung des Arbeitnehmers, sondern ausschließlich eine solche in der Branche seines Arbeitgebers, wobei selbst in dieser Branche solche Tätigkeiten zulässig sind, durch deren Ausübung die Interessen des Arbeitgebers nicht berührt werden. So kann beispielsweise eine in der Betriebskantine beschäftigte Arbeitnehmerin nach Feierabend in der Kantine eines Mitbewerbers arbeiten, ohne das Wettbewerbsverbot zu verletzen.

## Verstoß gegen das Wettbewerbsverbot

Die Verletzung des Wettbewerbsverbots kann Grund für eine **verhaltensbedingte Kündigung** sein. In Betracht kommt unter Umständen auch eine (fristlose) **außerordentliche Kündigung,** weil durch die Konkurrenztätigkeit der Vertrauensbereich berührt wird und es sich damit um ein schwerwiegendes Fehlverhalten des Arbeitnehmers handelt.

Bei einer Konkurrenztätigkeit des Arbeitnehmers kann der Arbeitgeber **Schadensersatz** geltend machen und verlangen, wirtschaftlich so gestellt zu werden, wie er stünde, wenn der Arbeitnehmer die verbotene Tätigkeit nicht ausgeführt hätte. Als Schaden kann entgangener Gewinn geltend gemacht werden, wenn der Arbeitgeber beweisen kann, dass er das Geschäft selbst hätte machen können. Anstelle eines Schadensersatzanspruchs kann der Arbeitgeber das sogenannte Eintrittsrecht geltend machen. Er kann vom Arbeitnehmer verlangen, dass dieser das von ihm abgeschlossene Geschäft als für den Arbeitgeber abgeschlossen akzeptiert. Der Arbeitgeber kann vom Arbeitnehmer das aus der Konkurrenztätigkeit Erlangte herausverlangen. In diesem Fall muss der Arbeitgeber den eingetretenen Schaden nicht beweisen.

## 3.13.2 Wettbewerbsverbot nach Beendigung des Arbeitsverhältnisses

Die Pflicht, Wettbewerb zu unterlassen, gilt nur für die Zeit, in der das Arbeitsverhältnis besteht. Nach Beendigung des Arbeitsverhältnisses ist der Arbeitnehmer also berechtigt, zu seinem bisherigen Arbeitgeber in Konkurrenz zu treten. Arbeitgeber und Arbeitnehmer können jedoch für eine bestimmte Zeit nach Beendigung des Arbeitsverhältnisses ein sogenanntes **nachvertragliches Wettbewerbsverbot** vereinbaren. Darin wird vereinbart, dass der Arbeitnehmer auch nach Beendigung des Arbeitsverhältnisses für eine bestimmte Zeit nicht in einem Unternehmen tätig werden darf, das mit seinem früheren Arbeitgeber konkurriert oder konkurrieren könnte.

### Anforderungen an ein wirksames nachvertragliches Wettbewerbsverbot

Ein nachvertragliches Wettbewerbsverbot ist nur wirksam, wenn folgende Voraussetzungen erfüllt sind (§§ 74 ff. HGB):

- Das Wettbewerbsverbot muss **schriftlich vereinbart** werden. Dem Arbeitnehmer muss eine vom Arbeitgeber unterzeichnete Vertragsfertigung ausgehändigt werden, in der die vereinbarten Regelungen enthalten sind. Andernfalls ist das Verbot unwirksam.
- Das Konkurrenzverbot ist nur verbindlich, wenn sich der Arbeitgeber verpflichtet, für die Dauer des Verbots eine **Entschädigung** zu zahlen (sog. Karenzentschädigung).
- Das Wettbewerbsverbot muss dazu dienen, die **berechtigten geschäftlichen Interessen** des Arbeitgebers zu schützen. Der Arbeitgeber darf also das Verbot nicht nur deshalb einsetzen, um sich vor Nachteilen aus einer späteren Konkurrenztätigkeit zu schützen (z.B. Verhinderung der Abwerbung von Kunden). Ein berechtigtes geschäftliches Interesse liegt dagegen vor, wenn die Befürchtung besteht, dass der Arbeitnehmer Geschäftsgeheimnisse weitergibt. Dient das Wettbewerbsverbot nicht einem berechtigten geschäftlichen Interesse des Arbeitgebers, ist es für den Arbeitnehmer unverbindlich.

- Die Vereinbarung über ein nachvertragliches Wettbewerbsverbot muss den **gegenständlichen und den räumlichen Verbotsumfang** beinhalten. Beim räumlichen Verbotsumfang geht es um die Festlegung, für welches räumliche Gebiet das Wettbewerbsverbot gilt (z.B. Deutschland oder Baden-Württemberg). Daneben muss in der Vereinbarung der gegenständliche Verbotstatbestand beschrieben werden. Dabei ist zwischen dem tätigkeitsbezogenen und dem unternehmensbezogenen Wettbewerbsverbot zu unterscheiden. Beim tätigkeitsbezogenen Wettbewerbsverbot ist dem Arbeitnehmer nur eine Tätigkeit auf den Gebieten untersagt, auf denen er bei seinem früheren Arbeitgeber gearbeitet hat, während beim unternehmensbezogenen Tätigkeitsverbot dem Arbeitnehmer jede Tätigkeit in einem Konkurrenzunternehmen verboten ist.
- Das Wettbewerbsverbot kann **nicht für länger als zwei Jahre** nach Beendigung des Arbeitsverhältnisses vereinbart werden. Überschreitet das Verbot diesen Zeitraum, ist es für die darüber hinausgehende Zeit unverbindlich.

---

**Achtung:** Die Entschädigung muss für jedes Jahr des Verbots mindestens **die Hälfte** der von dem Arbeitnehmer zuletzt bezogenen vertragsmäßigen Leistungen erreichen. Neben dem eigentlichen Entgelt gehören zu den vertragsmäßigen Leistungen alle Vergütungsbestandteile, die der Arbeitnehmer für seine Tätigkeit erhält, also auch Gratifikationen, Provisionen, Tantiemen, Umsatz- und Gewinnbeteiligungen.

---

---

**Urteil**

*Ein nachvertragliches Wettbewerbsverbot ist nichtig, wenn die Vereinbarung keinen Anspruch des Arbeitnehmers auf eine Karenzentschädigung beinhaltet. Weder Arbeitgeber noch Arbeitnehmer können aus einer solchen Vereinbarung Rechte herleiten.*

*Eine in Allgemeinen Geschäftsbedingungen enthaltene salvatorische Klausel führt nicht – auch nicht einseitig zugunsten des Arbeitnehmers – zur Wirksamkeit des Wettbewerbsverbots.*

BAG, Az. 10 AZR 448/15

---

## 3.14 Besonderheiten bei Teilzeitarbeit

Teilzeitarbeit liegt vor, wenn die **regelmäßige Wochenarbeitszeit** des Arbeitnehmers **kürzer** ist als die eines vergleichbaren vollzeitbeschäftigten Arbeitnehmers (vgl. dazu im Einzelnen 2.7.3). Auf das Teilzeitarbeitsverhältnis findet das Arbeitsrecht grundsätzlich in vollem Umfang Anwendung. Gleichwohl bestehen einige teilzeitspezifische Besonderheiten.

### 3.14.1 Verbot der Diskriminierung

Der Teilzeitarbeitsvertrag wird wie jeder andere Arbeitsvertrag geschlossen. Auf das Teilzeitarbeitsverhältnis findet das **Arbeitsrecht in vollem Umfang** Anwendung.

Ein teilzeitbeschäftigter Arbeitnehmer darf wegen der Teilzeitarbeit nicht schlechter behandelt werden als ein vergleichbarer vollzeitbeschäftigter Arbeitnehmer, es sei denn, dass sachliche Gründe eine unterschiedliche Behandlung rechtfertigen (§ 4 Abs. 1 Satz 1 TzBfG). Als Rechtfertigungsgründe, die eine unterschiedliche Behandlung von Teilzeitkräften gestatten, kommen zum Beispiel die Arbeitsleistung, die Berufserfahrung und unterschiedliche Anforderungen an den Arbeitsplatz in Betracht.

Das **gesetzliche Gleichbehandlungsgebot** gilt für alle Arbeitsbedingungen. So gilt zum Beispiel Folgendes:

- Gewährt der Arbeitgeber den Beschäftigten über die bloße Bezahlung der Arbeit hinaus **Sozialleistungen,** so haben die Teilzeitkräfte hierauf grundsätzlich ebenso Anspruch wie die Vollzeitbeschäftigten.

- Alle Arbeitnehmer haben unabhängig von der vereinbarten Arbeitszeit im Krankheitsfall einen gesetzlichen Anspruch auf **Entgeltfortzahlung für sechs Wochen** gegen den Arbeitgeber.
- Alle Arbeitnehmer einschließlich der Teilzeitbeschäftigten haben Anspruch auf Entgeltfortzahlung für die Arbeitszeit, die wegen eines **gesetzlichen Feiertags** ausfällt.
- Weder bei den **Kündigungsfristen** noch beim allgemeinen oder besonderen Kündigungsschutz darf zwischen Vollzeit- und Teilzeitbeschäftigten unterschieden werden.

---

**Achtung:** Weil Teilzeitarbeit insbesondere von Frauen ausgeübt wird, ist neben dem Gleichbehandlungsgrundsatz in § 4 TzBfG auch das Gebot der Gleichberechtigung nach dem **Allgemeinen Gleichbehandlungsgesetz** zu beachten (§§ 1 und 7 AGG). Danach ist eine unterschiedliche Behandlung wegen des Geschlechts unzulässig, es sei denn, dass dies aus biologischen oder funktionalen Gründen geboten ist. Eine Benachteiligung durch den Arbeitgeber ist eine Verletzung vertraglicher Pflichten (§ 7 Abs. 3 AGG).

---

### 3.14.2 Arbeitszeit und Überstunden

Für alle Arbeitsverhältnisse und damit auch für die Teilzeitarbeit gibt das Arbeitszeitgesetz einen weiten Rahmen vor. Die werktägliche Arbeitszeit (einschließlich Samstag) ist auf acht Arbeitsstunden begrenzt. Sie kann aber auf bis zu zehn Stunden verlängert werden, wenn innerhalb von sechs Monaten bzw. 24 Wochen ein **Zeitausgleich** auf im Durchschnitt acht Stunden werktäglich gewährleistet wird (wegen der Einzelheiten vgl. 3.7.1). Als Ausgleich kommen auch arbeitsfreie Werktage in Betracht. Für flexibel beschäftigte Teilzeitkräfte ist der Zeitausgleich deshalb nur ganz selten ein Problem. Auch die sonstigen Schutzbestimmungen des Arbeitszeitgesetzes gelten für Teilzeitkräfte.

Auch Teilzeitkräfte sind nur dann verpflichtet, Überstunden zu leisten, wenn dem Arbeitgeber ausdrücklich im Arbeitsvertrag das Recht eingeräumt wurde, Überstunden anzuordnen. Es gelten in diesem Zusammenhang die für Vollzeitkräfte dargestellten arbeitsrechtlichen Grundsätze auch für Teilzeitkräfte (vgl. dazu 3.7.3).

---

**Achtung:** Die Überstunden müssen sich immer im Verhältnis zu der vereinbarten Arbeitszeit in einem angemessenen Rahmen halten. Bei einer regelmäßigen Arbeitszeit von 20 Stunden dürften wöchentlich nicht mehr als drei bis vier Überstunden zulässig sein.

---

### 3.14.3 Vergütung

Einem teilzeitbeschäftigten Arbeitnehmer ist Arbeitsentgelt mindestens in dem Umfang zu gewähren, der dem Anteil seiner Arbeitszeit an der **Arbeitszeit eines vergleichbaren vollzeitbeschäftigten** Arbeitnehmers entspricht (§ 4 Abs. 1 Satz 2 TzBfG). Eine Teilzeitkraft wird demnach benachteiligt, wenn bei gleicher Anzahl von Stunden die dem Vollzeitbeschäftigten gezahlte Vergütung höher ist als das dem Teilzeitbeschäftigten gezahlte Entgelt.

### 3.14.4 Erholungsurlaub

Teilzeitkräfte haben wie Vollzeitbeschäftigte Anspruch auf bezahlten Jahresurlaub (vgl. dazu 3.9).

Arbeitet eine Teilzeitkraft an allen Arbeitstagen der Woche, gibt es bei der Berechnung der Urlaubsdauer keine Schwierigkeiten: Der Urlaubsanspruch umfasst dann ebenso viele Tage **wie bei den Vollzeitbeschäftigten** im Unternehmen. Anders ist dies bei Teilzeitkräften, die nicht an allen Arbeitstagen der Woche oder des Monats arbeiten. Ihr Urlaubsanspruch in Arbeitstagen wird im gleichen Umfang gekürzt, wie die Zahl ihrer Arbeitstage gegenüber der einer Vollzeitkraft vermindert ist. Der Urlaubsanspruch wird dann so errechnet, dass die Gesamtdauer des Urlaubs (z.B. 30 Arbeitstage = sechs Wochen) durch die betriebsübliche Zahl der Arbeitstage pro Kalenderwoche (z.B. fünf Arbeitstage) geteilt wird. Anschließend multipliziert man sie mit der wöchentlichen Zahl der Arbeitstage der Teilzeitkraft.

Wenn Vollzeitkräfte 30 Urlaubstage haben, erhält der Mitarbeiter, der bei einer Fünftagewoche immer nur an drei Tagen in der Woche arbeitet, 18 Arbeitstage Urlaub (30 : 5 × 3). Das ergibt ebenso wie bei den Vollzeitkräften sechs arbeitsfreie Wochen.

Haben vollzeitbeschäftigte Arbeitnehmer im Betrieb **Anspruch auf Urlaubsgeld** (vgl. dazu 3.6), steht dieser Anspruch auch den Teilzeitkräften entsprechend dem Verhältnis ihrer Arbeitszeit zur Arbeitszeit eines Vollzeitbeschäftigten zu (§ 4 Abs. 1 Satz 2 TzBfG).

### 3.14.5 Nebentätigkeit

Grundsätzlich darf der Teilzeitarbeitnehmer Nebentätigkeiten ausüben. Schließlich stellt er dem Arbeitgeber mit dem Abschluss des Arbeitsvertrags nicht seine gesamte Arbeitskraft, sondern diese nur für eine bestimmte Zeitspanne zur Verfügung. Wegen der Einzelheiten vgl. 3.12.

Teilzeitarbeitnehmer können grundsätzlich **mehrere Arbeitsverhältnisse nebeneinander** eingehen, auch wenn dies im Arbeitsvertrag verboten oder an die Zustimmung des Arbeitgebers gebunden ist. Bei der Ausübung einer weiteren Beschäftigung dürfen allerdings die betrieblichen Belange nicht beeinträchtigt werden. Der Arbeitnehmer darf daher **nicht in Konkurrenz** zum Arbeitgeber treten oder die andere Tätigkeit während der Arbeitszeit ausüben. Zu beachten ist auch, dass für die nach dem Arbeitszeitgesetz zulässigen **Höchstarbeitszeiten** die Arbeitszeiten nebeneinander bestehender Beschäftigungsverhältnisse addiert werden.

Mehrere geringfügig entlohnte Beschäftigungen werden zusammengerechnet, ebenso geringfügige Beschäftigungen. Wird die **Geringfügigkeitsgrenze** von 450,– € überschritten, tritt vom Tag des Überschreitens an neben der **Versicherungspflicht** in der Rentenversicherung auch Versicherungspflicht in den anderen Zweigen der Sozialversicherung und der Arbeitslosenversicherung ein. Nimmt der Arbeitnehmer neben der geringfügigen Beschäftigung eine weitere Beschäftigung auf, kann dies zum Verlust der Versicherungsfreiheit führen. Dies kann für den Arbeitgeber eine **Nachbelastung mit Sozialversicherungsbeiträgen** zur Folge haben. Vgl. dazu 2.7.4 und 2.7.5.

Sinnvoll ist es, in den Arbeitsvertrag mit dem geringfügig beschäftigten Arbeitnehmer eine Klausel aufzunehmen, nach der dieser verpflichtet ist, Ihnen als Arbeitgeber die **Aufnahme oder Beendigung weiterer Beschäftigungen** anzuzeigen. Dann können Sie sich ein vollständiges Bild darüber verschaffen, ob durch die Zusammenrechnung noch Versicherungsfreiheit besteht oder nicht. Zwar besteht eine Anzeigepflicht bereits kraft Gesetzes, sicherheitshalber sollte jedoch der Arbeitnehmer im Arbeitsvertrag nochmals darauf hingewiesen werden.

## 3.15 Mutterschutz

Während der Schwangerschaft, nach der Entbindung und in der Stillzeit wird die Gesundheit der Frau und ihres Kindes am Arbeits- und Ausbildungsplatz insbesondere durch das **Mutterschutzgesetz** (MuSchG) geschützt. Das Gesetz gewährleistet, dass die Arbeitnehmerin ihre Beschäftigung in dieser Zeit ohne Gefährdung ihrer Gesundheit oder der ihres Kindes fortsetzen kann, ferner wird Benachteiligungen während der Schwangerschaft, nach der Entbindung und in der Stillzeit entgegengewirkt. Geschützt werden Frauen, die in einem Beschäftigungsverhältnis stehen, auch wenn sie teilzeitbeschäftigt oder befristet beschäftigt sind, in einem geringfügigen Beschäftigungsverhältnis (Minijob) arbeiten oder in einem Berufsausbildungsverhältnis stehen.

---

**Achtung:** Als Arbeitgeber sind Sie verpflichtet, die Mutterschutzvorgaben einzuhalten und die erforderlichen Schutzmaßnahmen zu treffen. Mit Ausnahme von bestimmten arbeitszeitrechtlichen Bestimmungen (vgl. dazu unten) kann die Mitarbeiterin nicht auf den Mutterschutz verzichten.

---

## 3.15.1 Gesundheitsschutz am Arbeitsplatz

Nach dem Mutterschutzgesetz obliegen dem Arbeitgeber im Zusammenhang mit dem Gesundheitsschutz für werdende und stillende Mütter am Arbeitsplatz eine Reihe von gesetzlichen Pflichten.

### Arbeitszeitlicher Gesundheitsschutz

Arbeitszeitlicher Gesundheitsschutz besteht dahin gehend, dass die werdende oder stillende Arbeitnehmerin zu bestimmten Zeiten nicht beschäftigt werden darf bzw. von der **Arbeit freizustellen** ist.

#### Schutzfristen

Es bestehen gesetzliche Beschäftigungsverbote im Rahmen von Schutzfristen vor und nach der Entbindung (§ 3 MuSchG).

- Der Arbeitgeber darf eine schwangere Frau in den **letzten sechs Wochen vor der Entbindung** nicht beschäftigen, soweit sie sich nicht zur Arbeitsleistung ausdrücklich bereit erklärt. Die Beschäftigte kann die Erklärung jederzeit mit Wirkung für die Zukunft widerrufen.
- Bis zum Ablauf von **acht Wochen nach der Entbindung** darf der Arbeitgeber eine Frau nicht beschäftigen.

#### Verbot von Mehrarbeit, Ruhezeit

Eine schwangere oder stillende Frau, die 18 Jahre oder älter ist, darf nicht mit einer Arbeit beschäftigt werden, die die Frau **über achteinhalb Stunden** täglich oder über 90 Stunden in der Doppelwoche hinaus zu leisten hat. Eine schwangere oder stillende Frau unter 18 Jahren darf der Arbeitgeber nicht mit einer Arbeit beschäftigen, die die Frau über acht Stunden täglich oder über 80 Stunden in der Doppelwoche hinaus zu leisten hat. In die Doppelwoche werden die Sonntage eingerechnet. Der Arbeitgeber darf eine schwangere oder stillende Frau nicht in einem Umfang beschäftigen, der die vertraglich vereinbarte wöchentliche Arbeitszeit im Durchschnitt des Monats übersteigt (§ 4 Abs. 1 MuSchG).

Einer schwangeren oder stillenden Frau muss nach Beendigung der täglichen Arbeitszeit eine **ununterbrochene Ruhezeit von mindestens elf Stunden** gewährt werden (§ 4 Abs. 2 MuSchG).

### Verbot von Nachtarbeit

Eine schwangere oder stillende Frau darf **nicht zwischen 20:00 Uhr und 6:00 Uhr** beschäftigt werden. Sie darf bis 22:00 Uhr beschäftigt werden, wenn sich die Frau dazu ausdrücklich bereit erklärt, nach ärztlichem Zeugnis nichts gegen die Beschäftigung der Frau bis 22:00 Uhr spricht und insbesondere eine unverantwortbare Gefährdung für die schwangere Frau oder ihr Kind durch Alleinarbeit ausgeschlossen ist (§§ 5 Abs. 1, 28 Abs. 1 MuSchG).

### Verbot von Sonn- und Feiertagsarbeit

Eine schwangere oder stillende Frau darf nur dann an Sonn- und Feiertagen beschäftigt werden,

- wenn sich die Frau dazu ausdrücklich bereit erklärt, und eine Ausnahme vom allgemeinen Verbot der Arbeit an Sonn- und Feiertagen nach dem Arbeitszeitgesetz zugelassen ist,
- der Frau in jeder Woche im Anschluss an eine ununterbrochene Nachtruhezeit von mindestens elf Stunden ein Ersatzruhetag gewährt wird und
- insbesondere eine unverantwortbare Gefährdung für die schwangere Frau oder ihr Kind durch Alleinarbeit ausgeschlossen ist (§ 6 Abs. 1 MuSchG).

## Freistellung für Untersuchungen und zum Stillen

Der Arbeitgeber hat eine Frau für die Zeit freizustellen, die zur **Durchführung der Untersuchungen** im Rahmen der Leistungen der gesetzlichen Krankenversicherung bei Schwangerschaft und Mutterschaft erforderlich sind. Entsprechendes gilt zugunsten einer Frau, die nicht in der gesetzlichen Krankenversicherung versichert ist (§ 7 Abs. 1 MuSchG).

Der Arbeitgeber hat eine stillende Frau auf ihr Verlangen **während der ersten zwölf Monate nach der Entbindung** für die zum Stillen erforderliche Zeit freizustellen, mindestens aber zweimal täglich für eine halbe Stunde oder einmal täglich für eine Stunde (§ 7 Abs. 2 MuSchG).

## Betrieblicher Gesundheitsschutz

Der Arbeitgeber muss die werdende oder stillende Mutter so beschäftigen und deren Arbeitsplatz so einrichten, dass sie und ihr Kind vor Gefahren für Leben und Gesundheit ausreichend geschützt sind. Die Arbeitsbedingungen müssen so gestaltet sein, dass Gefährdungen einer schwangeren oder stillenden Frau oder ihres Kindes möglichst vermieden werden und eine unverantwortbare Gefährdung ausgeschlossen wird. Eine **Gefährdung ist unverantwortbar,** wenn die Eintrittswahrscheinlichkeit einer Gesundheitsbeeinträchtigung angesichts der zu erwartenden Schwere des möglichen Gesundheitsschadens nicht hinnehmbar ist (§ 9 Abs. 2 MuSchG).

- Der Arbeitgeber darf eine schwangere oder stillende Frau keine Tätigkeiten ausüben lassen und sie keinen Arbeitsbedingungen aussetzen, bei denen sie in einem Maß **Gefahrstoffen** ausgesetzt ist oder sein kann, dass dies für sie oder für ihr Kind eine unverantwortbare Gefährdung darstellt (§§ 11 Abs. 1, 12 Abs. 1 MuSchG).

- Eine schwangere Frau darf keine Tätigkeiten ausüben und keinen Arbeitsbedingungen ausgesetzt werden, bei denen sie **körperlichen Belastungen** oder mechanischen Einwirkungen in einem Maß ausgesetzt ist oder sein kann, dass dies für sie oder für ihr Kind eine unverantwortbare Gefährdung darstellt (§ 11 Abs. 5 MuSchG).
- Unzulässig ist es, einer schwangeren Frau **Akkordarbeit** oder sonstige Arbeiten zu übertragen, bei denen durch ein gesteigertes Arbeitstempo ein höheres Entgelt erzielt werden kann. Ebenso ist es verboten, eine schwangere Arbeitnehmerin Fließarbeit oder getaktete Arbeit mit vorgeschriebenem Arbeitstempo ausüben zu lassen, wenn die Art der Arbeit oder das Arbeitstempo für die schwangere Frau oder für ihr Kind eine unverantwortbare Gefährdung darstellt (§ 11 Abs. 6 MuSchG).

Verboten ist es, eine schwangere Frau Tätigkeiten ausüben zu lassen, bei denen sie ohne mechanische Hilfsmittel regelmäßig **Lasten von mehr als 5 kg Gewicht** oder gelegentlich Lasten von mehr als 10 kg Gewicht von Hand heben, halten, bewegen oder befördern muss, sie nach Ablauf des 5. Monats der Schwangerschaft überwiegend bewegungsarm ständig stehen muss und wenn diese Tätigkeit täglich vier Stunden überschreitet, oder Unfälle, insbesondere durch Ausgleiten, Fallen oder Stürzen, oder Tätlichkeiten zu befürchten sind, die für sie oder für ihr Kind eine unverantwortbare Gefährdung darstellen.

## Ärztlicher Gesundheitsschutz

Eine schwangere Frau darf nicht beschäftigt werden, soweit nach einem **ärztlichen Zeugnis** ihre Gesundheit oder die ihres Kindes bei Fortdauer der Beschäftigung gefährdet ist. Eine Frau, die nach einem ärztlichen Zeugnis in den ersten Monaten nach der Entbindung nicht voll leistungsfähig ist, darf nicht mit Arbeiten beschäftigt werden, die ihre Leistungsfähigkeit übersteigen (§ 16 MuSchG).

### 3.15.2 Kündigungsschutz

Arbeitnehmerinnen genießen während der Schwangerschaft und bis zum Ablauf von vier Monaten nach der Entbindung einen besonderen Kündigungsschutz. Dieser Schutz ist zwingend. Die Arbeitnehmerin kann nicht im Voraus darauf verzichten. Das **Kündigungsverbot** betrifft die ordentliche, die außerordentliche und die Änderungskündigung. Voraussetzung für den besonderen Kündigungsschutz ist grundsätzlich, dass dem Arbeitgeber zur Zeit der Kündigung die Schwangerschaft oder Entbindung bekannt war (z.B. durch die Vorlage einer ärztlichen Schwangerschaftsbescheinigung) oder sie ihm innerhalb von zwei Wochen nach Zugang der Kündigung mitgeteilt wird. Wird die Zweiwochenfrist unverschuldet versäumt und die Mitteilung unverzüglich nachgeholt, gilt auch in diesem Fall danach das Kündigungsverbot (§ 17 Abs. 1 MuSchG).

In besonderen Fällen kann die für den **Arbeitsschutz zuständige oberste Landesbehörde** vom absoluten Kündigungsschutz eine Ausnahme zulassen. Notwendig ist, dass ein besonderer Grund vorliegt, es also außergewöhnliche Umstände rechtfertigen, dass ausnahmsweise die im Prinzip vorrangigen Interessen der werdenden Mutter hinter denen des Arbeitgebers zurücktreten müssen. In Betracht kommen schwerwiegende verhaltensbedingte Kündigungsgründe wie Vermögensdelikte, die schwerwiegende Beleidigung oder Bedrohung des Arbeitgebers oder betriebsbedingte Kündigungsgründe wie die Verlagerung oder Stilllegung des Betriebs. Die Kündigung bedarf der Schriftform und muss den Kündigungsgrund angeben (§ 17 Abs. 2 MuSchG).

### 3.15.3 Mutterschaftslohn

Mutterschaftslohn ist an die Arbeitnehmerin zu zahlen, wenn sie während ihrer Schwangerschaft nur teilweise oder gar nicht arbeiten kann. Auszugleichen ist der wegen des Beschäftigungsverbots ausfallende Verdienst. Als Mutterschutzlohn wird das durchschnittliche Arbeitsentgelt der letzten drei abgerechneten Kalendermonate vor dem Eintritt der Schwangerschaft gezahlt (§ 18 MuSchG).

Mutterschaftslohn ist vom Arbeitgeber zu zahlen, wenn die Beschäftigte ein Attest über ein ärztliches Beschäftigungsverbot vorlegt oder wenn die Tätigkeit mit schweren körperlichen Arbeiten oder mit Arbeiten mit erhöhter Gesundheitsgefährdung verbunden ist und der Arbeitgeber die Arbeitnehmerin nicht an einen mutterschutzgerechten Arbeitsplatz umsetzen kann.

Der Anspruch auf den Mutterschutzlohn endet an dem Tag, an dem die Schutzfrist beginnt. Er endet auch dann, wenn die Arbeitnehmerin arbeitsunfähig erkrankt; in diesem Fall sind die Vorschriften über Entgeltfortzahlung im Krankheitsfall anzuwenden.

Alle Arbeitgeber müssen eine Umlage an die Krankenkassen zahlen, bei denen Beschäftigte krankenversichert sind. Im Gegenzug **erstattet die zuständige Krankenkasse** die Aufwendungen des Arbeitgebers für den **Mutterschutzlohn auf Antrag.** Das gilt auch bei Minijobberinnen.

## 3.16 Elternzeit

Elternzeit ist eine **unbezahlte Freistellung** für Mütter und Väter von der Arbeit, um ein Kind selbst zu betreuen und zu erziehen. Gegenüber dem Arbeitgeber besteht ein **gesetzlicher Freistellungsanspruch.** Während der Freistellung im Rahmen der Elternzeit besteht kein Lohnanspruch gegenüber dem Arbeitgeber. Als Ausgleich besteht Anspruch auf Elterngeld. Gesetzliche Grundlage ist das **Bundeselterngeld- und Elternzeitgesetz** (BEEG).

### 3.16.1 Anspruchsberechtigte

Anspruch auf Elternzeit hat grundsätzlich jeder, der in einem Arbeitsverhältnis steht, daneben auch die zu ihrer Berufsausbildung Beschäftigten. Weitere Voraussetzungen sind, dass der Anspruchsberechtigte mit seinem Kind oder mit einem Kind, für das die gesetzlichen Anspruchsvoraussetzungen erfüllt sind, oder mit einem Kind, das er in Vollzeitpflege aufgenommen hat, in einem Haushalt lebt und dieses Kind selbst betreut und erzieht (§§ 15 Abs. 1, 20 Abs. 1 BEEG).

- **Verhältnis zum Kind:** Voraussetzung für den Anspruch auf Elternzeit ist, dass der Arbeitnehmer in einem bestimmten familienrechtlichen Verhältnis zu dem zu betreuenden und erziehenden Kind steht. In Betracht kommen insbesondere die leibliche Mutter und der leibliche Vater des Kindes, wenn ihnen die Personensorge zusteht. Steht dem Elternteil die Personensorge nicht zu, ist es erforderlich, dass der sorgeberechtigte Elternteil seine Zustimmung zur Erziehung und Betreuung des Kindes durch den nicht sorgeberechtigten Elternteil erteilt hat. Anspruchsberechtigt sind auch Adoptiv- und Stiefeltern. Großeltern kann Elternzeit zustehen, wenn der betroffene Großelternteil sein Enkelkind selbst betreut und erzieht und entweder ein Elternteil des Kindes minderjährig ist oder sich in einer Ausbildung befindet, die vor Vollendung des 18. Lebensjahrs begonnen wurde und die Arbeitskraft des Elternteils im Allgemeinen voll in Anspruch nimmt (§ 15 Abs. 1 und 1a BEEG).
- **Leben in einem Haushalt:** Anspruch auf Elternzeit besteht nur, wenn der Arbeitnehmer und das Kind in einem Haushalt zusammenleben, also eine häusliche Gemeinschaft bilden.
- **Betreuung und Erziehung des Kindes:** Der Arbeitnehmer muss das Kind selbst betreuen und erziehen. Davon ist bei einer häuslichen Gemeinschaft regelmäßig auszugehen. Dritte Personen können zur Unterstützung herangezogen werden.
- **Keine Teilzeittätigkeit von mehr als 30 Stunden:** Der Arbeitnehmer darf während der Elternzeit nicht mehr als 30 Wochenstunden im Durchschnitt des Monats erwerbstätig sein (§ 15 Abs. 4 Satz 1 BEEG).

---

**Achtung:** Die Elternzeit kann zeitweise oder vollständig von **jedem Elternteil allein oder von beiden Elternteilen gemeinsam** genommen werden. Das gilt nicht für Großeltern; sie haben dann keinen Anspruch auf Elternzeit, wenn einer der Elternteile selbst Elternzeit beansprucht (§ 15 Abs. 3 BEEG).

---

### 3.16.2 Beantragung

Wer Elternzeit beanspruchen will, muss sie **fristgemäß und schriftlich** vom Arbeitgeber verlangen. Die Inanspruchnahme der Elternzeit bedarf nicht der Zustimmung des Arbeitgebers. Für die Beantragung der Elternzeit muss der Arbeitnehmer bestimmte Fristen einhalten (§ 16 Abs. 1 Satz 1 BEEG):

- Für den Zeitraum bis zum vollendeten dritten Lebensjahr des Kindes muss der Antrag **spätestens sieben Wochen vor Beginn** der Elternzeit beantragt werden.
- Für den Zeitraum zwischen dem dritten Geburtstag und dem vollendeten 8. Lebensjahr des Kindes muss der Antrag **spätestens 13 Wochen vor Beginn** der Elternzeit dem Arbeitgeber vorliegen.

Wird die Elternzeit vor dem dritten Geburtstag des Kindes angemeldet, so muss der Arbeitnehmer bei der Anmeldung verbindlich erklären, für welche Zeiträume er innerhalb der nächsten beiden Jahre Elternzeit nehmen will. Der Bindungszeitraum soll es dem Arbeitgeber ermöglichen, Vorkehrungen für die Elternzeit des Beschäftigten zu treffen und zum Beispiel eine Vertretung einzustellen. Der Arbeitnehmer ist **für zwei Jahre an seine Anmeldung gebunden.** Falls der Arbeitgeber damit einverstanden ist, kann die Elternzeit auch in diesen zwei Jahren nachträglich geändert werden. Der Arbeitnehmer hat jedoch keinen Anspruch darauf, dass der Arbeitgeber jeder nachträglichen Änderung zustimmt.

### 3.16.3 Dauer der Elternzeit

Die Elternzeit beginnt frühestens mit der Geburt des Kindes und umfasst pro Kind **maximal drei Jahre.** Sie kann frühestens mit der Geburt des Kindes beginnen, bei der Mutter des Kindes frühestens im Anschluss an den Mutterschutz. Nimmt die Mutter die Elternzeit im Anschluss an die Mutterschutzfrist, wird die Zeit der Mutterschutzfrist auf die Elternzeit angerechnet. Die Elternzeit endet spätestens am Tag vor dem achten Geburtstag des Kindes.

---

**Achtung:** In diesem Zeitraum kann der Arbeitnehmer den Beginn und das Ende seiner Elternzeit wählen. Ab dem dritten Geburtstag des Kindes können jedoch maximal 24 Monate Elternzeit genommen werden.

---

- **Vor dem dritten Geburtstag** des Kindes kann der Arbeitnehmer festlegen, wann seine Elternzeit beginnen und wann sie enden soll. Er kann die gesamte Elternzeit entweder am Stück nehmen oder in zwei oder drei Zeitabschnitte aufteilen. Mit Einverständnis des Arbeitgebers ist es auch möglich, dass die Elternzeit in mehr als drei Zeitabschnitte aufgeteilt wird.
- Ein Anteil von bis zu 24 Monaten der Elternzeit kann aber auch auf die Zeit von Beginn des **4. Lebensjahres bis zur Vollendung des 8. Lebensjahres** übertragen werden. Ende der Elternzeit ist spätestens die Vollendung des 8. Lebensjahres des Kindes.

Die Arbeitnehmerin nimmt Elternzeit in den ersten beiden Lebensjahren ihres Kindes. Ab dem zweiten Geburtstag des Kindes geht sie wieder arbeiten. Ihr verbleiben damit noch zwölf Monate Elternzeit, die sie nehmen kann, wenn das Kind schon drei Jahre, aber noch nicht acht Jahre alt ist.

Die Elternzeit kann von jedem Elternteil allein oder von beiden Elternteilen gemeinsam genommen werden. Beide Elternteile können also auch jeweils drei Jahre in Elternzeit gehen; es muss keine Aufteilung der drei Jahre zwischen den Eltern erfolgen.

## 3.16.4 Verlängerung und Verkürzung der Elternzeit

Grundsätzlich kann der Arbeitnehmer seine Elternzeit nur verlängern oder verkürzen, wenn der Arbeitgeber damit einverstanden ist. In **Ausnahmefällen** hat der Arbeitnehmer jedoch einen Anspruch auf Verlängerung oder Verkürzung der Elternzeit.

## Verlängerung der Elternzeit

Hat der Arbeitnehmer Elternzeit für eine kürzere als die höchstmögliche Zeit verlangt, so kann die Elternzeit **nur mit Zustimmung des Arbeitgebers** verlängert werden (§ 16 Abs. 3 Satz 1 BEEG). Über die Verlängerung muss der Arbeitgeber nach »billigem Ermessen« entscheiden (§ 315 Abs. 3 BGB). Der Arbeitgeber ist also in seiner Entscheidung nicht frei. Insbesondere darf er nicht willkürlich entscheiden. Vielmehr muss er die beiderseitigen Interessen bei seiner Entscheidung über die Verlängerung der Elternzeit berücksichtigen.

Anspruch auf Verlängerung der Elternzeit innerhalb des 2-Jahres-Zeitraums besteht, wenn ein vorgesehener Wechsel in der Anspruchsberechtigung (z.B. Wechsel der Betreuung und Erziehung von der Mutter auf den Vater des Kindes) aus einem wichtigen Grund nicht erfolgen kann (§ 16 Abs. 3 Satz 4 BEEG). Der **wichtige Grund** muss aber so schwerwiegend sein, dass die Pflege und Betreuung des Kindes nicht sichergestellt werden können. Das ist beispielsweise der Fall, wenn der andere Elternteil die Betreuung wegen einer längeren Erkrankung oder wegen der Trennung der Eheleute nicht übernehmen kann. In diesem Fall tritt die Verlängerung der Elternzeit allein schon aufgrund der Erklärung des Arbeitnehmers ein. Eine Mitwirkung des Arbeitgebers ist also nicht erforderlich.

## Vorzeitige Beendigung der Elternzeit

Will der Arbeitnehmer seine Elternzeit vorzeitig beenden, bedarf er hierfür regelmäßig der **Zustimmung des Arbeitgebers.** In folgenden Fällen kann die Elternzeit auch ohne die Zustimmung des Arbeitgebers vorzeitig beendet werden bzw. kann der Arbeitgeber seine Zustimmung nur aus dringenden betrieblichen Gründen verweigern:

- Wird die Mutter während der Elternzeit nochmals schwanger, kann sie die Elternzeit vorzeitig beenden, um in **Mutterschutz** zu gehen (§ 16 Abs. 3 Satz 3 BEEG). Die Zustimmung des Arbeitgebers ist nicht erforderlich.

- Die vorzeitige Beendigung der Elternzeit wegen der **Geburt eines weiteren Kindes** kann – auch vom Vater – beantragt werden. Der Arbeitgeber darf den Antrag nur aus dringenden betrieblichen Gründen ablehnen (§ 16 Abs. 3 Satz 2 BEEG).
- In **besonderen Härtefällen** (z.B. schwere Krankheit, Gefährdung der wirtschaftlichen Existenz) kann ebenfalls die vorzeitige Beendigung der Elternzeit beantragt werden. Auch diesen Antrag kann der Arbeitgeber nur aus dringenden betrieblichen Gründen schriftlich ablehnen (§ 16 Abs. 3 Satz 2 BEEG).
- Stirbt das Kind, für das Elternzeit genommen wurde, so endet die Elternzeit **spätestens drei Wochen nach dem Tod des Kindes.** Das Ende der Elternzeit tritt dann automatisch ein. Der Zustimmung des Arbeitgebers bedarf es nicht (§ 16 Abs. 4 BEEG).

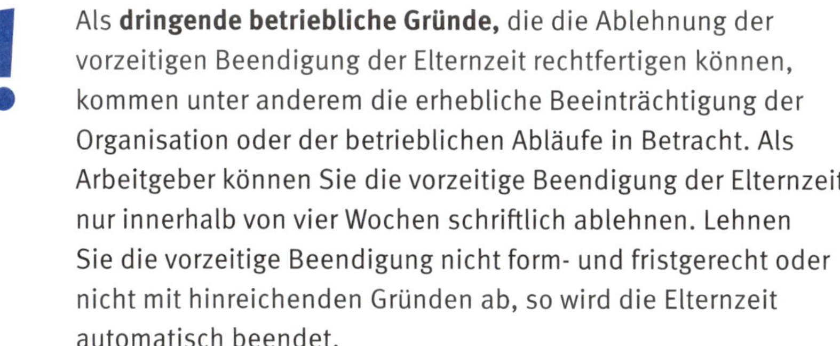

Als **dringende betriebliche Gründe,** die die Ablehnung der vorzeitigen Beendigung der Elternzeit rechtfertigen können, kommen unter anderem die erhebliche Beeinträchtigung der Organisation oder der betrieblichen Abläufe in Betracht. Als Arbeitgeber können Sie die vorzeitige Beendigung der Elternzeit nur innerhalb von vier Wochen schriftlich ablehnen. Lehnen Sie die vorzeitige Beendigung nicht form- und fristgerecht oder nicht mit hinreichenden Gründen ab, so wird die Elternzeit automatisch beendet.

### 3.16.5 Arbeitsrechtliche Auswirkungen

Während der Elternzeit ruhen das Arbeitsverhältnis und damit die Hauptleistungspflichten des Arbeitgebers und des Arbeitsnehmers. Der Arbeitnehmer ist nicht zur Arbeitsleistung, der Arbeitgeber nicht zur Zahlung des Arbeitsentgelts verpflichtet, soweit nicht während der Elternzeit vom Arbeitnehmer Teilzeitarbeit ausgeübt wird. In seinem Bestand wird das Arbeitsverhältnis allerdings nicht berührt. Deshalb bestehen die vertraglichen Nebenpflichten aus dem Arbeitsverhältnis fort, so insbesondere für den Arbeitnehmer die

Verschwiegenheitspflicht und das Wettbewerbsverbot. Endet die Elternzeit, leben die Hauptleistungspflichten der Vertragspartner wieder auf. Der Arbeitgeber ist ab diesem Zeitpunkt zur Beschäftigung des Arbeitnehmers und zur Entgeltzahlung verpflichtet.

Der Arbeitnehmer hat nach Beendigung der Elternzeit Anspruch auf eine **arbeitsvertragsgemäße Beschäftigung,** also nicht auf seinen alten identischen Arbeitsplatz. Er hat lediglich Anspruch darauf, entsprechend den Vereinbarungen im Arbeitsvertrag beschäftigt zu werden. Gemäß Ihrem Weisungsrecht können Sie den Beschäftigten auf allen Arbeitsplätzen einsetzen, auf denen dieser die arbeitsvertragliche Leistung erbringen kann. Er kann also auch auf einem anderen Arbeitsplatz eingesetzt werden.

## 3.16.6 Elternteilzeit

Während der Elternzeit darf der Arbeitnehmer eine Teilzeittätigkeit ausüben. In Betracht kommen eine **Teilzeittätigkeit** beim eigenen Arbeitgeber oder einem fremden Arbeitgeber oder als selbstständige Tätigkeit. Für die Teilzeittätigkeit besteht jedoch eine zeitliche Höchstgrenze. Der Arbeitnehmer darf nicht mehr als 30 Wochenstunden im Durchschnitt des Monats tätig sein (§ 15 Abs. 4 Satz 1 BEEG).

### Teilzeitarbeit bei einem anderen Arbeitgeber

Teilzeitarbeit bei einem anderen Arbeitgeber oder als Selbstständiger während der Elternzeit ist nur mit Zustimmung des Arbeitgebers zulässig. Dieser kann sie nur innerhalb von vier Wochen aus dringenden betrieblichen Gründen schriftlich ablehnen (§ 15 Abs. 4 BEEG). Die Ablehnung kann der Arbeitgeber beispielsweise damit begründen, dass Betriebs- und Geschäftsgeheimnisse gefährdet sind oder er selbst Bedarf an der Arbeitskraft des Arbeitnehmers hat.

### Teilzeitarbeit beim eigenen Arbeitgeber

Teilzeitbeschäftigung ist während der Elternzeit auch beim eigenen Arbeitgeber zulässig, wenn die wöchentliche Arbeitszeit 30 Stunden in der Woche nicht übersteigt. In diesem Fall muss der Arbeitgeber die Verringerung der Arbeitszeit beim Arbeitgeber beantragen. Über den Antrag sollen sich Arbeitgeber und Arbeitnehmer innerhalb von vier Wochen einigen (§ 15 Abs. 5 Sätz 1 und 2 BEEG).

---

**Achtung:** Ein Rechtsanspruch auf Teilzeitarbeit beim eigenen Arbeitgeber besteht bei Kleinbetrieben nicht. Nur in Betrieben, in denen in der Regel mehr als 15 Arbeitnehmer beschäftigt sind, besteht unter bestimmten Voraussetzungen ein Teilzeitanspruch gegenüber dem Arbeitgeber während der Elternzeit (§ 15 Abs. 7 BEEG).

---

Hat der Arbeitnehmer bereits vor seiner Elternzeit Teilzeit von maximal 30 Stunden gearbeitet, kann er diese Teilzeit auch während der Elternzeit durch einseitige Erklärung fortsetzen (§ 15 Abs. 5 Satz 4 BEEG). In diesem Fall muss er bereits im Rahmen seines Verlangens nach Inanspruchnahme der Elternzeit schriftlich erklären, dass er die Teilzeitarbeit unverändert fortsetzen will.

## 3.16.7 Kündigungsschutz

Für Arbeitnehmer in der Elternzeit besteht ein **besonderer Kündigungsschutz** (§ 18 BEEG). Vom Kündigungsverbot erfasst werden ordentliche und außerordentliche Kündigungen. In besonderen Fällen kann ausnahmsweise eine Kündigung für zulässig erklärt werden.

---

**Achtung:** Der besondere Kündigungsschutz gilt auch dann, wenn der Arbeitnehmer während der Elternzeit bei demselben Arbeitgeber Teilzeitarbeit leistet oder, ohne Elternzeit in Anspruch zu nehmen, Teilzeitarbeit leistet und Anspruch auf Elterngeld während des Bezugszeitraums hat.

---

## Beginn und Ende

Kündigungsschutz besteht ab dem Zeitpunkt, von dem an Elternzeit verlangt worden ist (§ 18 Abs. 1 Sätze 1 und 2 BEEG). Er beginnt

- frühestens acht Wochen vor Beginn einer Elternzeit bis zum vollendeten dritten Lebensjahr des Kindes und
- frühestens 14 Wochen vor Beginn einer Elternzeit zwischen dem dritten Geburtstag und dem vollendeten 8. Lebensjahr des Kindes.

Der Kündigungsschutz endet mit der Beendigung der Elternzeit.

## Befreiung vom Verbot

In besonderen Fällen kann die für den **Arbeitsschutz zuständige oberste Landesbehörde** vom absoluten Kündigungsschutz eine Ausnahme zulassen (§ 18 Abs. 1 Satz 3 BEEG). Notwendig ist, dass ein »besonderer Fall« vorliegt, es also **außergewöhnliche Umstände** rechtfertigen, dass ausnahmsweise die im Prinzip vorrangigen Interessen des Arbeitnehmers in der Elternzeit hinter denen des Arbeitgebers zurücktreten müssen. Ein besonderer Fall liegt unter anderem vor, wenn

- der Betrieb, in dem der Arbeitnehmer beschäftigt ist, **stillgelegt** wird und der Arbeitnehmer nicht in einem anderen Betrieb des Unternehmens beschäftigt werden kann,
- durch die Aufrechterhaltung des Arbeitsverhältnisses nach Beendigung der Elternzeit die **Existenz des Betriebs** oder die wirtschaftliche Existenz des Arbeitgebers gefährdet wird,
- besonders **schwere Verstöße** des Arbeitnehmers gegen arbeitsvertragliche Pflichten oder vorsätzliche strafbare Handlungen des Arbeitnehmers vorliegen, die dem Arbeitgeber die Aufrechterhaltung des Arbeitsverhältnisses unzumutbar machen.

Kommt die Behörde zu dem Ergebnis, dass ein solcher besonderer Fall gegeben ist, hat sie im Rahmen ihres pflichtgemäßen Ermessens zu entscheiden, ob das Interesse des Arbeitgebers an einer Kündigung während der Elternzeit so erheblich überwiegt, dass ausnahmsweise die vom Arbeitgeber beabsichtigte Kündigung für zulässig zu erklären ist.

## 3.17 Schwerbehinderung

Arbeitsrechtliche Besonderheiten sind bei der Beschäftigung schwerbehinderter Menschen und diesen gleichgestellten Menschen zu beachten. Zweck der gesetzlichen Regelungen ist die Eingliederung von Schwerbehinderten in das Arbeitsleben, ihr Schutz gegen den ungerechtfertigten Verlust des Arbeitsplatzes und die besondere Ausgestaltung der Pflichten des Arbeitgebers gegenüber schwerbehinderten Arbeitnehmern und ihnen Gleichgestellten im Arbeitsverhältnis. Gesetzliche Grundlage ist das **SGB IX** (Rehabilitation und Teilnahme von Menschen mit Behinderungen).

---

Die besonderen Interessen schwerbehinderter und ihnen gleichgestellter behinderter Beschäftigten im Betrieb werden auch von der **Schwerbehindertenvertretung** wahrgenommen. Allerdings ist die Interessenvertretung nur in Betrieben, in denen nicht nur vorübergehend fünf schwerbehinderte Menschen beschäftigt werden, zu bilden (§ 177 Abs. 1 Satz 1 SGB IX).

---

### 3.17.1 Geschützter Personenkreis

Arbeitsrechtlich besonders geschützt werden schwerbehinderte Menschen und diesen gleichgestellten Menschen.

- Menschen sind behindert, wenn ihre körperliche Funktion, geistige Fähigkeit oder seelische Gesundheit mit hoher Wahrscheinlichkeit länger als sechs Monate von dem für das Lebensalter typischen Zustand abweichen und daher ihre Teilhabe am Leben in der Gesellschaft beeinträchtigt ist. Der **Grad der Behinderung** (GdB) muss für die Anerkennung als schwerbehinderter Mensch zumindest 50 betragen (§ 2 Abs. 1 und 2 SGB IX). Das Vorliegen einer Behinderung und der Grad der Behinderung werden auf Antrag vom Versorgungsamt festgestellt. Über die Schwerbehinderteneigenschaft und den Grad der Behinderung stellt das Versorgungsamt einen Ausweis aus.

- Personen mit einem Grad der Behinderung von weniger als 50, aber wenigstens 30, sollen von der Agentur für Arbeit **schwerbehinderten Menschen gleichgestellt** werden, wenn sie wegen ihrer Behinderung ohne die Gleichstellung einen geeigneten Arbeitsplatz nicht erlangen oder nicht behalten können (§ 2 Abs. 3 SGB IX). Die Gleichstellung bezieht sich nicht auf den Zusatzurlaub, wohl aber auf den Kündigungsschutz.

---

**Achtung:** Die Eigenschaft als schwerbehinderter Mensch besteht, sobald die gesetzlichen Voraussetzungen erfüllt sind. Einer förmlichen Anerkennung bedarf es nicht. Ohne Bedeutung ist die Kenntnis des Arbeitnehmers oder Arbeitgebers von der Schwerbehinderteneigenschaft. Die sich aus der Schwerbehinderteneigenschaft ergebenden Rechte können jedoch nur beansprucht werden, wenn die Schwerbehinderteneigenschaft mitgeteilt wird oder sonst offenkundig ist.

---

### 3.17.2 Beschäftigungspflicht

Die Pflicht, auf zumindest 5 % der Arbeitsplätze schwerbehinderte Menschen zu beschäftigen, besteht **nicht für Kleinbetriebe,** sondern nur für Betriebe mit im Jahresdurchschnitt monatlich mindestens 20 Arbeitsplätzen (§ 154 Abs. 1 SGB IX). Für Kleinbetriebe fällt deshalb auch **keine Ausgleichsabgabe** an, wenn sie die vorgeschriebene Zahl von schwerbehinderten Menschen nicht beschäftigen.

### 3.17.3 Arbeitszeit

Schwerbehinderte Menschen und ihnen Gleichgestellte sind auf ihr Verlangen von Mehrarbeit freizustellen (§ 207 SGB IX). Dabei betrifft Mehrarbeit in diesem Sinne nicht die individuelle oder tarifliche Arbeitszeit, sondern jede über acht Stunden werktäglich hinaus geleistete Arbeit.

Schwerbehinderte Menschen haben einen **Anspruch auf Teilzeitbeschäftigung,** wenn die kürzere Arbeitszeit wegen Art oder Schwere der Behinderung notwendig ist (§ 164 Abs. 5 Satz 2 SGB IX). Dieser Anspruch besteht auch in Kleinbetrieben und hat nicht zur Voraussetzung, dass der schwerbehinderte Arbeitnehmer mindestens sechs Monate im Betrieb beschäftigt ist. Allein das Verlangen des schwerbehinderten Arbeitnehmers bewirkt bereits eine Verringerung der Arbeitszeit. Der Zustimmung des Arbeitgebers bedarf es nicht.

### 3.17.4 Zusatzurlaub

Weil schwerbehinderte Menschen stärker belastet sind und deshalb eine längere Erholungszeit benötigen, haben sie Anspruch auf Zusatzurlaub. Keinen entsprechenden Anspruch haben allerdings Schwerbehinderten gleichgestellte Menschen.

Schwerbehinderte Arbeitnehmer haben Anspruch auf einen bezahlten zusätzlichen Urlaub von **fünf Arbeitstagen** im Urlaubsjahr; verteilt sich die regelmäßige Arbeitszeit des schwerbehinderten Menschen auf mehr oder weniger als fünf Arbeitstage in der Kalenderwoche, erhöht oder vermindert sich der Zusatzurlaub entsprechend (§ 208 Abs. 1 SGB IX). Der Zusatzurlaub tritt zu dem Urlaub hinzu, den der Arbeitnehmer ohne seine Behinderung verlangen kann. Er ist also zusätzlich zu dem vertraglich vereinbarten Urlaub zu gewähren. Allerdings gilt die sechsmonatige Wartezeit, wie sie für alle Arbeitnehmer nach dem Bundesurlaubsgesetz besteht.

Besteht die Schwerbehinderteneigenschaft nicht während des gesamten Kalenderjahres, besteht für jeden Kalendermonat nur ein

Anspruch auf ein Zwölftel des Zusatzurlaubs. Bruchteile von Urlaubstagen, die mindestens einen halben Tag ergeben, sind auf volle Urlaubstage aufzurunden (§ 208 Abs. 2 SGB IX).

### 3.17.5 Kündigungsschutz

Schwerbehinderte Arbeitnehmer genießen grundsätzlich einen besonderen Kündigungsschutz dahin gehend, dass für die Kündigung die Zustimmung des Integrationsamts notwendig ist (§ 168 SGB IX). Der Kündigungsschutz gilt allerdings nicht für schwerbehinderte Arbeitnehmer, deren Arbeitsverhältnis zum Zeitpunkt des Zugangs der Kündigung ohne Unterbrechung noch nicht länger als sechs Monate besteht, ferner nicht für Arbeitnehmer, deren Arbeitsverhältnis durch Kündigung beendet wird, sofern sie das 58. Lebensjahr vollendet und Anspruch auf eine Abfindung, Entschädigung oder ähnliche Leistungen aufgrund eines Sozialplans haben (§ 173 Abs. 1 SGB IX).

#### Zustimmungsverfahren bei der ordentlichen Kündigung

Die ordentliche Kündigung eines Arbeitsverhältnisses eines schwerbehinderten Menschen durch den Arbeitgeber bedarf der vorherigen **Zustimmung des Integrationsamts** (§ 168 SGB IX). Eine ohne vorherige Zustimmung des Integrationsamts erklärte Kündigung ist unwirksam. Sie wird auch nicht durch eine später erteilte Zustimmung geheilt.

Der Arbeitgeber muss die Zustimmung beim Integrationsamt **schriftlich oder elektronisch beantragen.** Das Integrationsamt muss den schwerbehinderten Arbeitnehmer anhören (§ 170 Abs. 2 SGB IX).

Das Integrationsamt trifft seine Entscheidung nach pflichtgemäßem Ermessen, wobei die Interessen des Arbeitgebers und des Arbeitnehmers gegeneinander abzuwägen sind. Die Interessen des schwerbehinderten Arbeitnehmers verlieren umso mehr Gewicht, als der Kündigungsgrund mit der Behinderung in keinem Zusammenhang steht.

Bei einer **betriebsbedingten Kündigung** muss das Integrationsamt die Entscheidung des Arbeitgebers akzeptieren, wegen Umsatz- und Auftragsrückgangs Arbeitsplätze abzubauen. Es hat jedoch zu prüfen, ob eine Weiterbeschäftigung des Schwerbehinderten – gegebenenfalls nach zumutbarer Umschulung oder Fortbildung – möglich erscheint.

Das pflichtgemäße Ermessen des Integrationsamts wird gesetzlich eingeschränkt (§ 172 SGB IX):

- Das Integrationsamt muss die Zustimmung zur Kündigung erteilen, wenn Betriebe **nicht nur vorübergehend eingestellt** oder aufgelöst werden, sofern zwischen dem Tag der Kündigung und dem Tag, bis zu dem die Arbeitsvergütung fortgezahlt wird, mindestens drei Monate liegen.
- Das Integrationsamt soll die Zustimmung erteilen, wenn dem schwerbehinderten Arbeitnehmer ein anderer angemessener und zumutbarer Arbeitsplatz gesichert ist.

---

**Achtung:** Erteilt das Integrationsamt die Zustimmung zur Kündigung, können Sie den schwerbehinderten Beschäftigten nur **innerhalb eines Monats nach Zustellung** kündigen (§ 171 Abs. 3 SGB IX). Geht die Kündigung dem schwerbehinderten Arbeitnehmer nicht innerhalb eines Monats zu, ist sie unwirksam.

---

## Zustimmungsverfahren bei der außerordentlichen Kündigung

Auch für die außerordentliche Kündigung des Arbeitsverhältnisses eines schwerbehinderten Menschen ist die vorherige Zustimmung durch das Integrationsamt erforderlich. Das Kündigungsschutzverfahren richtet sich weitgehend nach den Vorschriften über die ordentliche Kündigung (vgl. oben) mit Ausnahme folgender Besonderheiten (§ 174 SGB IX):

- Der Arbeitgeber kann die Zustimmung zur Kündigung **nur innerhalb von zwei Wochen beantragen.** Die Frist beginnt mit dem Zeitpunkt, an dem der Arbeitgeber von den für die Kündigung maßgebenden Tatsachen Kenntnis erlangt.
- Das Integrationsamt muss **innerhalb von zwei Wochen über den Antrag entscheiden.** Wird innerhalb der Zweiwochenfrist eine Entscheidung nicht getroffen, gilt die Zustimmung als erteilt.
- Das Integrationsamt soll die Zustimmung erteilen, wenn die Kündigung aus einem Grunde erfolgt, der **nicht im Zusammenhang mit der Behinderung** steht. Das Ermessen ist also in diesem Fall eingeschränkt.

## 3.18 Jugendarbeitsschutz

Ein besonderer Arbeitsschutz besteht für Personen, die noch nicht 18 Jahre alt sind. Für Kleinbetriebe praktisch relevant sind insbesondere die Arbeitsschutzbestimmungen für Jugendliche, also für Personen, die 15, aber noch nicht 18 Jahre alt sind. Gesetzliche Regelungen enthält das **Jugendarbeitsschutzgesetz** (JArbSchG).

### 3.18.1 Beschäftigung Jugendlicher

Während Kinderarbeit gesetzlich grundsätzlich verboten ist, sind bei der Beschäftigung von Jugendlichen eine Reihe gesetzlicher Vorgaben zu beachten.

#### Arbeitszeit

Jugendliche dürfen **nicht mehr als acht Stunden täglich** und nicht mehr als 40 Stunden wöchentlich beschäftigt werden. Wenn allerdings an einzelnen Werktagen die Arbeitszeit auf weniger als acht Stunden verkürzt ist, können Jugendliche an den übrigen Werktagen derselben Woche achteinhalb Stunden beschäftigt werden (§ 8 JArbSchG).

## Berufsschule

Jugendliche müssen vom Arbeitgeber für die Teilnahme am Berufsschulunterricht **freigestellt** werden (§ 9 JArbSchG). Der Arbeitgeber darf den Jugendlichen nicht beschäftigen

- vor einem vor neun Uhr beginnenden Unterricht; dies gilt auch für Personen, die über 18 Jahre alt und noch berufsschulpflichtig sind,
- an einem Berufsschultag mit mehr als fünf Unterrichtsstunden von mindestens je 45 Minuten, einmal in der Woche. Das bedeutet, dass bei mehr als einem Berufsschultag in der Woche – auch bei einer Unterrichtszeit von mehr als fünf Unterrichtsstunden – die Möglichkeit besteht, Jugendliche anschließend an den zweiten oder weiteren Berufsschultagen im Ausbildungsbetrieb zu beschäftigen.
- in Berufsschulwochen mit einem planmäßigen Blockunterricht von mindestens 25 Stunden an mindestens fünf Tagen; zusätzliche betriebliche Ausbildungsveranstaltungen bis zu zwei Stunden wöchentlich sind zulässig.

Berufsschultage werden mit der durchschnittlichen täglichen Arbeitszeit, Berufsschulwochen mit der durchschnittlichen wöchentlichen Arbeitszeit angerechnet. Im Übrigen wird die **Unterrichtszeit einschließlich der Pausen angerechnet.** Ein Entgeltausfall darf durch den Besuch der Berufsschule nicht eintreten.

## Pausen, Ruhezeit, Lage der Arbeitszeit

Besondere Schutzvorschriften gelten für Ruhepausen, die Nachtruhe, die tägliche Freizeit und für die Lage der Arbeitszeit.

## Ruhepausen

Jugendlichen müssen im Voraus feststehende Ruhepausen von angemessener Dauer gewährt werden. Die Ruhepausen müssen mindestens betragen

- 30 Minuten bei einer Arbeitszeit von mehr als viereinhalb bis zu sechs Stunden,
- 60 Minuten bei einer Arbeitszeit von mehr als sechs Stunden.

Als Ruhepause gilt nur eine Arbeitsunterbrechung von mindestens 15 Minuten. Die Ruhepausen müssen in angemessener zeitlicher Lage gewährt werden, frühestens eine Stunde nach Beginn und spätestens eine Stunde vor Ende der Arbeitszeit. Länger als viereinhalb Stunden hintereinander dürfen Jugendliche nicht ohne Ruhepause beschäftigt werden (§ 11 JArbSchG).

## Tägliche Freizeit

Nach Beendigung der täglichen Arbeitszeit dürfen Jugendliche nicht vor Ablauf einer ununterbrochenen Freizeit von **mindestens zwölf Stunden** beschäftigt werden (§ 13 JArbSchG). **Unzulässig** ist auch die Festlegung von Arbeitsbereitschaft, Rufbereitschaft oder Bereitschaftsdienst.

## Nachtruhe

Jugendliche dürfen grundsätzlich nur in der Zeit von **6:00 Uhr bis 20:00 Uhr beschäftigt** werden (§ 14 JArbSchG). Ausnahmsweise dürfen Jugendliche in mehrschichtigen Betrieben bis 23:00 Uhr beschäftigt werden. Gesetzliche Ausnahmen bestehen auch im Gaststätten- und Schaustellergewerbe, in der Landwirtschaft und in Bäckereien.

## Fünftagewoche

Jugendliche dürfen nur an fünf Tagen in der Woche beschäftigt werden. Die beiden wöchentlichen Ruhetage sollen nach Möglichkeit aufeinanderfolgen (§ 15 JArbSchG). An Samstagen und Sonntagen dürfen Jugendliche grundsätzlich nicht beschäftigt werden (§§ 16, 17 JArbSchG). Das gilt auch für den 24.12. und 31.12. nach 14:00 Uhr und an gesetzlichen Feiertagen (§ 18 JArbSchG).

## Erholungsurlaub

Der Arbeitgeber hat Jugendlichen für jedes Kalenderjahr einen **bezahlten Erholungsurlaub** zu gewähren. Der Urlaub beträgt jährlich (§ 19 JArbSchG)

- mindestens 30 Werktage, wenn der Jugendliche zu Beginn des Kalenderjahrs noch nicht 16 Jahre alt ist,
- mindestens 27 Werktage, wenn der Jugendliche zu Beginn des Kalenderjahrs noch nicht 17 Jahre alt ist,
- mindestens 25 Werktage, wenn der Jugendliche zu Beginn des Kalenderjahrs noch nicht 18 Jahre alt ist.

Auch in diesem Fall gelten als Werktage alle Kalendertage, die nicht Sonn- oder Feiertage sind. Der Samstag gilt also wie jeder andere Wochentag als vollwertiger Urlaubstag. Unabhängig davon, dass das Jugendarbeitsschutzgesetz (§ 15) für Jugendliche maximal eine Fünftagewoche vorschreibt, werden somit für eine Urlaubswoche sechs Urlaubstage angerechnet.

Der Urlaub soll Berufsschülern in der Zeit der **Berufsschulferien** gegeben werden. Soweit er nicht in den Berufsschulferien gegeben wird, ist für jeden Berufsschultag, an dem die Berufsschule während des Urlaubs besucht wird, ein weiterer Urlaubstag zu gewähren.

### 3.18.2 Beschäftigungsverbote und Beschränkungen für Jugendliche

Jugendliche dürfen **nicht mit gefährlichen Arbeiten beschäftigt** werden. Dazu gehören unter anderem Arbeiten, die ihre physische oder psychische Leistungsfähigkeit übersteigen, die mit Unfallgefahren verbunden sind, von denen anzunehmen ist, dass Jugendliche sie wegen mangelnden Sicherheitsbewusstseins oder mangelnder Erfahrung nicht erkennen oder abwenden können, bei denen ihre Gesundheit durch außergewöhnliche Hitze oder Kälte oder starke Nässe gefährdet wird, oder Arbeiten, bei denen sie schädlichen Einwirkungen von Lärm, Erschütterungen oder Strahlen ausgesetzt sind (§ 22 JArbSchG).

Grundsätzlich unzulässig ist auch die Beschäftigung von Jugendlichen mit **Akkordarbeit** und sonstigen Arbeiten, bei denen durch ein gesteigertes Arbeitstempo ein höheres Entgelt erzielt werden kann (§ 23 JArbSchG).

### 3.18.3 Gesundheitliche Betreuung der Jugendlichen

Für Jugendliche sind **ärztliche Untersuchungen** vorgeschrieben, um zu verhindern, dass sie mit gesundheitsschädigenden oder ihrem Entwicklungsstand nicht entsprechenden Arbeiten beschäftigt werden.

#### Erstuntersuchung

Ein Jugendlicher, der in das Berufsleben eintritt, darf nur beschäftigt werden, wenn er innerhalb der letzten 14 Monate von einem Arzt untersucht worden ist und dem Arbeitgeber eine von diesem **Arzt ausgestellte Bescheinigung** vorliegt. Dieses Gebot gilt nicht für eine nur geringfügige oder eine nicht länger als zwei Monate dauernde Beschäftigung mit leichten Arbeiten, von denen keine gesundheitlichen Nachteile für den Jugendlichen zu befürchten sind (§ 32 JArbSchG).

### Nachuntersuchung

Ein Jahr nach Aufnahme der ersten Beschäftigung muss sich der Arbeitgeber die **Bescheinigung eines Arztes** darüber vorlegen lassen, dass der Jugendliche nachuntersucht worden ist. Die Nachuntersuchung darf nicht länger als drei Monate zurückliegen. Der Arbeitgeber soll den Jugendlichen neun Monate nach Aufnahme der ersten Beschäftigung nachdrücklich auf den Zeitpunkt, bis zu dem der Jugendliche ihm die ärztliche Bescheinigung vorzulegen hat, hinweisen und ihn auffordern, die Nachuntersuchung bis dahin durchführen zu lassen. Der Jugendliche darf nach Ablauf von 14 Monaten nach Aufnahme der ersten Beschäftigung nicht weiterbeschäftigt werden, solange er die Bescheinigung nicht vorgelegt hat (§ 33 JArbSchG).

---

**Achtung:** Legt der Jugendliche die Bescheinigung nicht nach Ablauf eines Jahres vor, müssen Sie ihn als Arbeitgeber innerhalb eines Monats unter Hinweis auf das **Beschäftigungsverbot** schriftlich auffordern, Ihnen die Bescheinigung vorzulegen.

---

Nach Ablauf jedes weiteren Jahres nach der ersten Nachuntersuchung kann sich der Jugendliche erneut nachuntersuchen lassen. Der Arbeitgeber soll ihn auf diese Möglichkeit rechtzeitig hinweisen und darauf hinwirken, dass der Jugendliche ihm die Bescheinigung über die weitere Nachuntersuchung vorlegt (§ 34 JArbSchG).

## 3.19 Pflichtverletzungen des Arbeitnehmers

Auch einem pflichtbewussten und gewissenhaften Arbeitnehmer können gelegentlich Fehler unterlaufen. Entsteht dadurch dem Arbeitgeber ein finanzieller Schaden, stellt sich die Frage, ob und in welchem Umfang der Beschäftigte dafür einstehen muss. Auf ein vertragswidriges Verhalten muss der Arbeitnehmer regelmäßig hingewiesen werden, bevor das Arbeitsverhältnis gekündigt werden kann. Nur in Ausnahmefällen ist eine Abmahnung entbehrlich.

### 3.19.1 Haftung des Arbeitnehmers

Zu unterscheiden ist die Haftung des Arbeitnehmers gegenüber dem Arbeitgeber und gegenüber anderen Arbeitnehmern.

- **Gegenüber dem Arbeitgeber** kommt insbesondere eine Haftung für einen durch ein pflichtwidriges Verhalten entstandenen Schaden und eine Haftung für den Schaden in Betracht, der sich aus einer Fehlmenge bzw. einem Fehlbetrag in einem ihm anvertrauten Warenbestand oder einer von ihm geführten Kasse ergibt (sog. Mankohaftung).
- Davon zu unterscheiden ist die Haftung des Arbeitnehmers für Schäden, die er anderen Beschäftigten im Betrieb zufügt.

#### Haftung für pflichtwidriges Verhalten

Entsteht durch ein **schuldhaft** pflichtwidriges Verhalten des Arbeitnehmers ein Schaden, hat er diesen zu ersetzen (§ 280 Abs. 1 BGB). Voraussetzung ist unter anderem, dass der Arbeitnehmer seine **arbeitsvertraglichen Pflichten verletzt.** Allerdings gilt eine Haftungsbeschränkung für alle Arbeiten, die durch den Betrieb veranlasst sind und aufgrund eines Arbeitsverhältnisses geleistet werden. Betrieblich veranlasst sind alle Arbeiten des Arbeitnehmers, die ihm arbeitsvertraglich übertragen worden sind oder die er im Interesse des Arbeitgebers für den Betrieb ausführt.

##### Umfang der Haftung

Für den Umfang der Haftung des Arbeitnehmers ist der Grad des Verschuldens des Arbeitnehmers maßgebend. Danach gelten folgende Grundsätze:

- **Vorsätzliches Handeln:** Vorsätzlich verursachte Schäden hat der Arbeitnehmer in vollem Umfang zu ersetzen. Von Vorsatz ist dann auszugehen, wenn der Arbeitnehmer nicht nur die Pflichtverletzung, sondern auch den Schaden in seiner konkreten Höhe zumindest als möglich voraussieht und ihn für den Fall seines Eintretens billigend in Kauf nimmt.

- **Grobe Fahrlässigkeit:** Auch bei grober Fahrlässigkeit haftet der Arbeitnehmer in der Regel in vollem Umfang. Grobe Fahrlässigkeit liegt dann vor, wenn ganz naheliegende Sorgfaltsregeln, die in der konkreten Situation jeder befolgt hätte, außer Acht gelassen werden. Der Verstoß gegen die im Verkehr erforderliche Sorgfalt muss sehr krass sein. Man muss also die Hände über dem Kopf zusammenschlagen, wenn man von dem Schadensereignis erfährt. So liegt zum Beispiel grobe Fahrlässigkeit vor, wenn der Arbeitnehmer mit dem Fahrzeug seines Arbeitgebers einen Verkehrsunfall verursacht hat, weil er mit dem Handy telefonierte und deshalb eine rote Ampel übersehen hat. Nur ausnahmsweise kann bei grober Fahrlässigkeit eine Haftungserleichterung in Betracht kommen, so etwa, wenn der Verdienst des Arbeitnehmers in einem deutlichen Missverhältnis zum Schadensrisiko der jeweiligen Tätigkeit steht.
- **Mittlere Fahrlässigkeit:** Bei mittlerer Fahrlässigkeit hat der Arbeitnehmer den Schaden anteilig zu tragen. Mittlere Fahrlässigkeit liegt vor, wenn der Arbeitnehmer die im Verkehr erforderliche Sorgfalt außer Acht gelassen hat und der Schaden bei Anwendung der gebotenen Sorgfalt voraussehbar und vermeidbar gewesen wäre. Das ist zum Beispiel der Fall, wenn ein Lkw-Fahrer beim Abstellen des Lkw vergisst, die Handbremse anzuziehen und es dadurch zu einem Schaden kommt. Bei der Aufteilung des Schadens zwischen dem Arbeitgeber und dem Arbeitnehmer kommt es auf die jeweiligen Umstände des Einzelfalls an. In diesem Zusammenhang können etwa die objektive Gefährlichkeit der vom Arbeitnehmer zu verrichtenden Arbeit, die Vergütung, die Stellung des Arbeitnehmers in der Betriebshierarchie und der bisherige Verlauf des Arbeitsverhältnisses den Arbeitnehmer entlasten.

- **Leichte Fahrlässigkeit:** Ist der Schaden auf leichte Fahrlässigkeit zurückzuführen, haftet der Arbeitnehmer nicht. Bei leichter Fahrlässigkeit trifft den Arbeitnehmer ein ganz geringes Verschulden. Sie kommt zum Beispiel bei extremer Überforderung des Arbeitnehmers in Betracht, also etwa dann, wenn er durch eine Anweisung des Arbeitgebers in eine Situation gebracht wurde, der er nach seiner bisherigen Arbeitserfahrung von vornherein nicht gewachsen war.

---

**Achtung:** Grundsätzlich wird vermutet, dass die Person, die einen Schaden verursacht hat, diesen auch verschuldet hat (§ 280 Abs. 1 Satz 1 BGB). Gegebenenfalls muss also der Schädiger beweisen, dass er den Schaden nicht zu vertreten hat. Im Arbeitsrecht besteht allerdings eine Ausnahme, die sogenannte **Umkehr der Beweislast.** Demnach haftet ein Arbeitnehmer nur, wenn er die Pflichtverletzung zu vertreten hat (§ 619a BGB). Das bedeutet, dass dem Arbeitnehmer die Schuld am Schadensereignis nachgewiesen werden muss. Als Arbeitgeber müssen Sie also beweisen, dass der Arbeitnehmer die Pflichtverletzung und den damit verursachten Schaden verschuldet hat.

---

## Haftungsbeschränkung

Bei den oben dargelegten Grundsätzen der Haftung des Arbeitnehmers bei Schlechtleistung bzw. der Schadensteilung zwischen Arbeitgeber und Arbeitnehmer handelt es sich um **zwingendes Arbeitnehmerschutzrecht.** Eine arbeitsvertragliche Verschärfung der Haftung des Arbeitnehmers ist deshalb nicht möglich. Unzulässig und unwirksam sind deshalb zum Beispiel Haftungsklauseln im Arbeitsvertrag, durch die der Arbeitnehmer für den gesamten Schaden unabhängig vom Grad seines Verschuldens haftet.

Ob **Haftungsklauseln** zulässig sind, die die gesetzlichen Haftungsgrundsätze zwar verändern, im Kern jedoch die Grundsätze der Schadensaufteilung zwischen Arbeitgeber und Arbeitnehmer noch berücksichtigen, muss im Einzelfall geprüft werden. Maßgebend für die Zulässigkeit und Wirksamkeit von Haftungsklauseln ist nämlich nicht, ob diese in einzelnen Punkten von den Grundsätzen des Schadensausgleichs zwischen Arbeitgeber und Arbeitnehmer abweichen, sondern ob im wirtschaftlichen Ergebnis keine verschärfte Haftung für den Arbeitnehmer eintritt.

Zulässig ist in jedem Fall eine für den Arbeitnehmer gegenüber den dargelegten Haftungsgrundsätzen günstigere Haftungsverteilung, wenn von der Inanspruchnahme des ersatzpflichtigen Arbeitnehmers ganz oder teilweise abgesehen oder die Haftung des Arbeitnehmers dahin gehend begrenzt wird, dass zusätzlich Haftungshöchstsummen vereinbart werden.

## Mankohaftung

Die sogenannte Mankohaftung ist eine besondere Form der Schadenshaftung des Arbeitnehmers, wenn diesem ein Bestand an Waren oder Geld zur alleinigen Verwaltung oder Verwahrung anvertraut wurde und sich später eine **Fehlmenge** oder ein Fehlbetrag herausstellt. Die Haftung des Arbeitnehmers kann aufgrund gesetzlicher Vorschriften oder auf der Grundlage einer entsprechenden Vereinbarung beruhen.

### Gesetzliche Haftung

Auch ohne eine gesonderte Vereinbarung muss ein Arbeitnehmer für ein Manko haften (§ 280 Abs. 1 BGB). Es gelten in diesem Fall dann die **allgemeinen Maßstäbe der Arbeitnehmerhaftung.** Ein Arbeitnehmer haftet gegenüber seinem Arbeitgeber für einen Schaden aus einer betrieblich veranlassten Tätigkeit nur bei grober Fahrlässigkeit oder bei Vorsatz in vollem Umfang. Bei leichter Fahrlässigkeit haftet der Arbeitnehmer nicht und bei mittlerer Fahrlässigkeit findet eine Teilung des Schadens statt (wegen der Einzelheiten vgl. oben). Im Falle der Mankohaftung muss der **Arbeitgeber beweisen,** dass der Arbeitnehmer die Pflichtverletzung und den damit verursachten Schaden verschuldet hat.

---

**Achtung:** Unter Umständen kann die Haftung des Arbeitnehmers wegen eines mitwirkenden Verschuldens des Arbeitgebers ganz oder teilweise ausgeschlossen sein. Als Mitverschulden kommen insbesondere Organisationsmängel oder fehlende Überwachung in Betracht (z.B. weil regelmäßige Abrechnungen nicht durchgeführt wurden, Zweitschlüssel vorhanden sind oder die notwendige Kassensicherung unterblieben ist).

---

## Mankoabrede

Strenge Anforderungen werden an eine sogenannte Mankoabrede gestellt. Dabei handelt es sich um eine **vertragliche Vereinbarung,** wonach der Arbeitnehmer für einen Fehlbestand einzustehen hat. Allerdings darf bei einer entsprechenden Vereinbarung von den zwingenden Regeln über die Haftungsverteilung (vgl. oben) durch den Arbeitsvertrag nicht zulasten des Arbeitnehmers abgewichen werden.

- Schlichtweg **unzulässig** sind Mankoabreden, nach denen der Arbeitnehmer für einen eingetreten Waren- oder Kassenfehlbestand ohne Rücksicht auf Verschulden haftet.
- Die Mankoabrede muss sich auf Bereiche beschränken, die der Arbeitnehmer unter Ausschluss anderer Arbeitnehmer kontrollieren kann.
- Eine **verschuldensunabhängige Haftungsregelung** ist nur zulässig, wenn der Arbeitnehmer eine pauschale Ausgleichszahlung dafür erhält, dass er für Fehlbeträge haftet (sog. Mankogeld) und die Haftung des Arbeitnehmers auf die Summe des gezahlten

Mankogeldes begrenzt ist; zudem muss die Chance bestehen, durch Aufmerksamkeit einen Überschuss zu erzielen.

- Schließlich muss die Mankoabrede hinsichtlich des Umfangs der Haftung des Arbeitnehmers **klar und eindeutig gefasst** werden.

## Schädigung eines Arbeitskollegen

Hat ein Arbeitnehmer einen bei demselben Betrieb beschäftigten anderen Arbeitnehmer schuldhaft geschädigt, so ist zu unterscheiden, ob es sich bei dem verursachten Schaden um einen Personen- oder einen Sachschaden handelt.

### Haftung für Personenschäden

Für Personenschäden haftet der Arbeitnehmer nur dann, wenn er den **Schaden vorsätzlich** herbeigeführt hat. Auch bei einem allgemeinen Wegeunfall (auf dem Weg von und zur Arbeitsstelle) haftet der Arbeitnehmer grundsätzlich nicht (§ 105 Abs. 1 SGB VII).

Haftet der Arbeitnehmer nicht, so steht dem verletzten Arbeitskollegen weder ein Schmerzensgeld- noch ein Schadensersatzanspruch zu. In diesem Fall hat der verletzte Beschäftigte Anspruch auf **Leistungen aus der gesetzlichen Unfallversicherung.**

### Haftung für Sachschäden

Für verursachte Sachschäden, die ein Arbeitnehmer einem Kollegen im Rahmen der betrieblichen Tätigkeit zufügt (z.B. für beschädigte Kleidung), ist der Arbeitnehmer seinem geschädigten Arbeitskollegen grundsätzlich zum vollen **Schadensersatz** verpflichtet. Solche Schäden werden von der gesetzlichen Unfallversicherung nicht übernommen. Unter Umständen kann der Arbeitnehmer in einem solchen Fall allerdings von seinem Arbeitgeber Freistellung verlangen, das heißt, er kann verlangen, dass der Arbeitgeber für ihn einspringt und dem geschädigten Arbeitskollegen Schadensersatz leistet.

Der **Freistellungsanspruch** des Arbeitnehmers setzt voraus, dass er den Sachschaden im Rahmen einer betrieblich veranlassten Tätigkeit weder vorsätzlich noch grob fahrlässig herbeigeführt hat. In diesem Fall gilt grundsätzlich Folgendes:

- Wurde bei einer betrieblich veranlassten Tätigkeit durch »leichteste« Fahrlässigkeit ein Sachschaden bei einem Arbeitskollegen verursacht, besteht gegenüber dem Arbeitgeber der Freistellungsanspruch in voller Höhe. Der Arbeitnehmer kann also von seinem Arbeitgeber verlangen, dass er für den Schaden in voller Höhe aufkommt.
- Bei »mittlerer« Fahrlässigkeit kommt ein »anteiliger« Freistellungsanspruch in Betracht.
- Bei vorsätzlicher oder grob fahrlässiger Schädigung besteht in der Regel kein Freistellungsanspruch gegenüber dem Arbeitgeber.

---

**Achtung:** Diese arbeitsrechtliche Haftungsmilderung gilt nur für Fälle **betrieblich veranlasster Tätigkeiten** im Arbeitsverhältnis. Eine betrieblich veranlasste Tätigkeit liegt immer dann vor, wenn dem Arbeitnehmer die Tätigkeit ausdrücklich übertragen wurde oder sie im Interesse des Arbeitgebers für den Betrieb erfolgt.

---

### 3.19.2 Abmahnung des Arbeitnehmers

In Betrieben, in denen das Kündigungsschutzgesetz nicht anwendbar ist, kann grundsätzlich jedem Arbeitnehmer jederzeit unter **Einhaltung einer Kündigungsfrist** oder aus wichtigem Grund gekündigt werden. Unabhängig davon unterliegt auch in Kleinbetrieben das Kündigungsrecht des Arbeitgebers gewissen Grenzen. So darf die Kündigung nicht auf willkürlichen oder sachfremden Motiven beruhen und nicht gegen die guten Sitten verstoßen (wegen der Einzelheiten vgl. 4.2.2). Unter Beachtung dieser Gesichtspunkte kann es auch in Kleinbetrieben sinnvoll sein, den Arbeitnehmer bei einem vertragswidrigen Verhalten zunächst abzumahnen, selbst wenn eine Abmahnung vor der Kündigung des Arbeitsverhältnisses durch den Arbeitgeber gesetzlich nicht vorgegeben ist.

## Anforderungen

Verstößt der Arbeitnehmer gegen Pflichten aus seinem Arbeitsvertrag, kann der Arbeitgeber dieses Verhalten beanstanden. Aber nicht jede Beanstandung ist eine Abmahnung. Einerseits soll eine Abmahnung dem Arbeitnehmer klarmachen, dass er seinen Pflichten nachkommen muss, weil ihm im Wiederholungsfall die **Kündigung droht.** Gleichzeitig soll dem Arbeitnehmer aber auch die Chance gegeben werden, sein Fehlverhalten zu korrigieren und damit eine Kündigung zu vermeiden.

Eine Abmahnung liegt vor, wenn der Arbeitgeber ganz konkret Leistungsmängel oder das Verhalten des Arbeitnehmers beanstandet und damit den Hinweis verbindet, dass der Arbeitnehmer im Wiederholungsfall mit einer Kündigung rechnen muss. Mit der Abmahnung wird also ein **Fehlverhalten des Arbeitnehmers** festgehalten und dieser darauf hingewiesen, dass der Arbeitgeber ein bestimmtes Verhalten als vertragswidrig ansieht. Gleichzeitig wird der Arbeitnehmer vor Konsequenzen bei einem weiteren vertragswidrigen Verhalten gewarnt.

---

**Achtung:** Die Abmahnung ist von der Ermahnung des Arbeitnehmers zu unterscheiden. Mit der Ermahnung wird der Arbeitnehmer lediglich angehalten, seine vertraglichen Pflichten zu erfüllen. Es wird also lediglich gerügt, dass der Arbeitnehmer ein aus der Sicht des Arbeitgebers vertragswidriges Verhalten beenden soll. Der Arbeitgeber will allerdings nicht so weit gehen, eine Kündigung anzudrohen, wenn der Arbeitnehmer sein Verhalten nicht ändert. Im Vergleich zur Abmahnung ist also die Ermahnung ein milderes Mittel.

---

## Anhörung des Arbeitnehmers

Gesetzlich ist der Arbeitgeber nicht verpflichtet, dem Arbeitnehmer vor der Abmahnung **Gelegenheit zur Stellungnahme** zu geben. Hört der Arbeitgeber den Arbeitnehmer allerdings vor der Abmahnung nicht an, darf er die Abmahnung nicht in die Personalakte nehmen. Der Arbeitnehmer kann die Entfernung dieser formell rechtswidrigen Abmahnung aus der Personalakte verlangen. Unabhängig davon darf allerdings der Arbeitgeber den Arbeitsvertrag trotz formell rechtswidriger Abmahnung kündigen, wenn der Arbeitnehmer das abgemahnte vertragswidrige Verhalten wiederholt.

## Form und Inhalt

Für die Abmahnung ist gesetzlich keine Form vorgeschrieben. Sie kann **schriftlich oder mündlich** erfolgen. Allerdings kann im Arbeitsvertrag festgelegt sein, dass eine Abmahnung des Arbeitgebers der Schriftform bedarf.

Wird eine mündliche Abmahnung ausgesprochen, kann dies zu **beträchtlichen Beweisproblemen** führen, wenn der Arbeitnehmer den Erhalt oder den Inhalt der Abmahnung bestreitet. Deshalb sollte eine Abmahnung immer schriftlich ausgesprochen werden.

Eine wirksame Abmahnung setzt voraus, dass

- dem Arbeitnehmer eine **konkrete Pflichtverletzung** vorgeworfen wird,
- klargestellt wird, dass die betreffende Pflicht vom Arbeitnehmer **einzuhalten ist,** und
- darauf hingewiesen wird, dass im Wiederholungsfall das **Arbeitsverhältnis gefährdet** ist.

In der Abmahnung muss das missbilligte Verhalten möglichst **genau beschrieben** werden. Die Leistungsmängel müssen also hinreichend konkretisiert werden. Andernfalls ist die Abmahnung rechtswidrig.

In der Abmahnung müssen das abgemahnte Verhalten als Vertragsverstoß gerügt und die Aufforderung enthalten sein, das vertragswidrige Verhalten zu ändern. Zum Schluss muss zum Ausdruck kommen, dass der Arbeitnehmer im Wiederholungsfall mit einer Kündigung rechnen muss.

---

**Achtung:** Sind diese Voraussetzungen nicht gegeben, liegt keine Abmahnung vor. Als Arbeitgeber müssen Sie also unter anderem das abgemahnte Verhalten konkret beschreiben und z.B. das Datum und die Uhrzeit des Vertragsverstoßes angeben. Pauschale Hinweise wie z.B. auf »häufiges Zuspätkommen« oder »mangelhafte Arbeitsleistungen« sind keine Abmahnungen.

---

## Frist

Für eine Abmahnung muss der Arbeitgeber keine Frist einhalten. Er kann also den Arbeitnehmer auch wegen eines zurückliegenden Verhaltens abmahnen. Allerdings kann der Arbeitgeber sein **Recht auf Abmahnung verwirkt** haben. Das ist insbesondere der Fall, wenn der Arbeitgeber sich über längere Zeit zum Fehlverhalten des Arbeitnehmers nicht geäußert hat und der Arbeitnehmer aus diesem Verhalten schließen kann, dass der Arbeitgeber sein Abmahnungsrecht nicht mehr geltend macht, z.B. weil der Arbeitnehmer zwischenzeitlich wegen seiner sonstigen Leistungen gelobt oder belohnt wurde.

Auch wenn der Arbeitgeber einen Pflichtverstoß bereits durch eine Ermahnung beanstandet hat, kann sein Recht auf Abmahnung verwirkt sein. Denn eine Ermahnung enthält keine Androhung einer Kündigung für den Wiederholungsfall. Hat der Arbeitgeber daher einen Pflichtverstoß zum Anlass für eine Ermahnung genommen und hat sich der Arbeitnehmer daraufhin längere Zeit keinen erneuten Pflichtverstoß derselben Art zuschulden kommen lassen, ist das Recht zur Abmahnung verwirkt.

---

**Achtung:** Als Arbeitgeber müssen Sie ein Fehlverhalten des Arbeitnehmers nicht mehrfach abmahnen. Es genügt eine Abmahnung, um **im Wiederholungsfall eine Kündigung** aussprechen zu können. Allerdings ist eine Kündigung nur zulässig, wenn der Arbeitnehmer nach einer rechtmäßigen Abmahnung dieselbe Art von Pflichtverstoß begangen hat. Eine Abmahnung wegen häufiger unentschuldigter Verspätungen rechtfertigt keine Kündigung, die wegen eines anderen Fehlverhaltens ausgesprochen wird.

---

## Entbehrlichkeit der Abmahnung

Eine Abmahnung ist entbehrlich, wenn davon ausgegangen werden kann, dass mit ihr **keine Veränderung des Fehlverhaltens** des Arbeitnehmers herbeigeführt werden kann. Das ist insbesondere dann der Fall, wenn eine Abmahnung nicht Erfolg versprechend ist, wenn also nicht angenommen werden kann, dass sich der Arbeitnehmer in Zukunft vertragsgemäß verhalten wird. Deshalb bedürfen **besonders schwere Verstöße** gegen den Arbeitsvertrag grundsätzlich keiner Abmahnung, weil der Arbeitnehmer von vornherein damit rechnen kann, dass sein Verhalten vom Arbeitgeber nicht hingenommen wird. Dem Arbeitnehmer muss in diesen Fällen bewusst sein, dass er mit seinem Fehlverhalten seinen Arbeitsplatz aufs Spiel setzt und er mit seinem Verhalten auf keinen Fall mit der Billigung des Arbeitgebers rechnen kann.

Entbehrlich ist eine Abmahnung unter anderem bei **strafbaren Handlungen** wie Diebstahl, Untreue oder Betrug, beim Missbrauch von Kontrolleinrichtungen (Zeiterfassungsgeräten), bei Vortäuschen der Arbeitsunfähigkeit oder beim Verstoß gegen das Wettbewerbsverbot.

### Rechtsschutz des Arbeitnehmers

Durch die Aufnahme der Abmahnung in die Personalakte kann der Arbeitnehmer in seinem beruflichen Fortkommen erheblich beeinträchtigt werden. Er hat mehrere Möglichkeiten, sich gegen eine **unberechtigte Abmahnung** zu wehren.

- Gegen eine Abmahnung steht dem Arbeitnehmer ein gesetzliches **Recht auf Gegendarstellung** zu. Er kann, wenn der Arbeitgeber die Abmahnung in die Personalakte aufgenommen hat, eine Gegendarstellung verfassen und verlangen, dass diese Erklärung zur Personalakte genommen wird.
- Behauptet der Arbeitgeber in der Abmahnung **unrichtige Tatsachen,** die den Arbeitnehmer in seiner Rechtsstellung und seinem beruflichen Fortkommen beeinträchtigen können, kann der Arbeitnehmer die Entfernung der Abmahnung aus der Personalakte verlangen. Das gilt auch dann, wenn die Abmahnung inhaltlich nicht hinreichend bestimmt ist, es sich bei dem vom Arbeitgeber beschriebenen Sachverhalt um eine unerhebliche Pflichtverletzung (»Bagatelle«) handelt oder die Abmahnung statt eines konkret beschriebenen Fehlverhaltens nur pauschale Vorwürfe enthält.
- Den Anspruch auf Entfernung der Abmahnung aus der Personalakte kann der Arbeitnehmer auch gerichtlich durchsetzen und **Abmahnungsschutzklage** erheben.

## 3.20 Haftung des Arbeitgebers

Bei der Haftung des Arbeitgebers ist zu unterscheiden, ob es sich bei dem beim Arbeitnehmer eingetretenen Schaden um einen Personen- oder einen Sach- und Vermögensschaden handelt.

### 3.20.1 Haftung für Personenschäden

Für Personenschäden haftet der Arbeitgeber nur dann, wenn er den Schaden vorsätzlich herbeigeführt hat. Auch bei einem allgemeinen Wegeunfall (auf dem Weg von und zur Arbeitsstelle) haftet der Arbeitgeber grundsätzlich nicht (§ 104 SGB VII). Entsprechendes gilt, wenn der Schaden nicht betrieblich veranlasst wurde, also nur zufällig bei der Erbringung der Arbeitsleistung erfolgt ist.

---

**Urteil**

*Das Werfen eines Wuchtgewichts für Autoreifen in einer Kfz-Werkstatt ist keine betriebliche Tätigkeit. Für die dadurch entstandene Augenverletzung eines Arbeitskollegen haftet der Arbeitnehmer in vollem Umfang.*

Hessisches LAG, Az. 13 Sa 269/13

---

Haftet der Arbeitgeber nicht, so steht dem verletzten Arbeitnehmer weder ein Schmerzensgeld- noch ein Schadensersatzanspruch zu. In diesem Fall hat der verletzte Beschäftigte Anspruch auf Leistungen aus der gesetzlichen Unfallversicherung.

### 3.20.2 Haftung für Sach- und Vermögensschäden

Für Sach- und Vermögensschäden gilt für den Arbeitgeber der Haftungsausschluss wie bei Personenschäden nicht. In diesem Fall haftet der Arbeitgeber gegenüber dem geschädigten Arbeitnehmer, wenn er durch sein Verhalten seine **arbeitsvertraglichen Pflichten** (z.B. Schutz- und Fürsorgepflichten) **schuldhaft,** also vorsätzlich oder fahrlässig verletzt hat (§ 280 Abs. 1 BGB) und dem Arbeitnehmer ein Sach- oder Vermögensschaden entstanden ist.

**Urteil**

*Schutzpflichten des Arbeitgebers im Hinblick auf die von den Arbeitnehmern in den Betrieb mitgebrachten Sachen lassen sich regelmäßig nur dann begründen, wenn es sich um Sachen handelt, die ein Arbeitnehmer zwingend, mindestens aber regelmäßig mit sich führt oder aber unmittelbar oder mittelbar für die Arbeitsleistung benötigt. Nur dann hat der Arbeitgeber mögliche und zumutbare Maßnahmen zu ergreifen. Hinsichtlich anderer, ohne jeden Bezug zum Arbeitsverhältnis und insbesondere ohne Kenntnis und Einverständnis des Arbeitgebers mitgebrachter (Wert-)Gegenstände (z.B. Schmuck) lassen sich Obhuts- und Verwahrungspflichten hingegen nicht begründen.*

LAG Hamm, Az. 18 Sa 1409/15

Für Sach- und Vermögensschäden haftet der Arbeitgeber auch dann, wenn er seine **Verkehrssicherungspflicht verletzt.** In diesem Zusammenhang obliegt es dem Arbeitgeber, diejenigen Sicherheitsvorkehrungen zu treffen, die geeignet sind, um eine Schädigung des Arbeitnehmers abzuwenden. Er genügt seiner Verkehrssicherungspflicht, wenn er diejenigen Vorkehrungen trifft, die nach den konkreten Umständen zur **Beseitigung der Gefahr** erforderlich und zumutbar sind. Erforderlich sind hierbei die Maßnahmen, die ein umsichtiger und verständiger, in vernünftigen Grenzen vorsichtiger Mensch für notwendig und ausreichend hält, um die Gefahr von Dritten abzuwenden.

Stellt der Arbeitgeber seinen Beschäftigten einen Parkplatz zur Verfügung, so muss er für dessen Verkehrssicherheit einstehen. Hierzu gehören die Sicherung, Beleuchtung und Reinigung.

Der Arbeitgeber haftet auch für das **Verschulden seiner Erfüllungsgehilfen** (§ 278 BGB), also für Vorsatz oder Fahrlässigkeit seiner beauftragten Mitarbeiter (z.B. Hausmeister), wenn diese ihre Pflichten verletzen und dem Arbeitnehmer ein Sach- oder Vermögensschaden entsteht.

---

**Achtung:** Keinen Anspruch auf Ersatz von Schäden hat der Arbeitnehmer dann, wenn solche Schäden mit dem Arbeitsverhältnis einhergehen, mit denen also nach Art und Natur des Betriebs oder der Arbeit zu rechnen ist. Gemeint sind damit vor allem Schäden, die unvermeidlich sind oder regelmäßig entstehen. Solche Schäden (z.B. verdreckte oder zerschlissene Arbeitskleidung) sind »arbeitsadäquat« und mit dem Arbeitsentgelt abgegolten. Nur wenn solche Schäden außergewöhnlich, dem Betätigungsbereich des Arbeitgebers zuzurechnen und nicht durch eine besondere Vergütung abgegolten sind, kann der Arbeitnehmer vom Arbeitgeber Ersatz der ihm entstehenden Aufwendungen verlangen. Das ist beispielsweise bei einem Unfallschaden am Fahrzeug des Arbeitnehmers der Fall, wenn dieses mit Billigung des Arbeitgebers in dessen Betätigungsbereich eingesetzt wird, wenn also sonst der Arbeitgeber seinen eigenen Wagen einsetzen und die Gefahr eines Verkehrsunfalls tragen müsste.

---

# 4 Beendigung des Arbeitsverhältnisses

Das Arbeitsverhältnis kann sowohl vom Arbeitgeber als auch vom Arbeitnehmer gekündigt werden. Es wird zwischen der **ordentlichen und der außerordentlichen Kündigung** unterschieden. Eine besondere Art der Kündigung ist die sogenannte Änderungskündigung. In diesem Fall wird das Arbeitsverhältnis vom Arbeitgeber gekündigt und dem Arbeitnehmer gleichzeitig angeboten, es zu anderen Arbeitsbedingungen fortzusetzen.

Durch den Abschluss eines **Aufhebungsvertrags** kann das Arbeitsverhältnis zu jedem Zeitpunkt von den Vertragsparteien einvernehmlich beendet werden. Das befristete Arbeitsverhältnis, also ein Arbeitsvertrag, der nur auf eine bestimmte Zeit abgeschlossen wurde, endet mit Zeitablauf, ohne dass es einer Kündigung bedarf (vgl. dazu 2.7.2). Bei Beendigung des Arbeitsverhältnisses hat der Arbeitnehmer Anspruch auf **Erteilung eines Arbeitszeugnisses** und auf **Herausgabe der Arbeitspapiere.**

---

**Achtung:** Das Arbeitsverhältnis **endet nicht automatisch,** wenn der Arbeitnehmer das **gesetzliche Rentenalter erreicht** hat. Allerdings ist das Erreichen der Regelaltersgrenze ein sachlicher Grund zur wirksamen Befristung des Arbeitsverhältnisses.

---

## 4.1 Allgemeines zur Kündigung

Sowohl die ordentliche als auch die außerordentliche Kündigung des Arbeitsvertrags muss bestimmten **inhaltlichen und formalen Anforderungen** entsprechen. Andernfalls ist sie nicht wirksam und beendet nicht das Arbeitsverhältnis.

### 4.1.1 Kündigungserklärung

Aus der Kündigungserklärung muss **klar und eindeutig** der Wille des Kündigenden hervorgehen, das Arbeitsverhältnis zu beenden. Das Wort »Kündigung« muss zwar nicht ausdrücklich verwendet werden, der Adressat der Kündigung muss aber aus dem Zusammenhang zweifelsfrei erkennen können, dass die Beendigung des Arbeitsverhältnisses gewollt ist. Etwaige Unklarheiten gehen zulasten des Kündigenden.

Eine Kündigung muss auch bestimmt und unmissverständlich erklärt werden. Der Empfänger einer ordentlichen Kündigung muss erkennen können, wann das Arbeitsverhältnis enden soll. Dafür genügt bei einer ordentlichen Kündigung regelmäßig die **Angabe des Kündigungstermins** oder der Kündigungsfrist. Ein Hinweis auf die maßgebliche gesetzliche Regelung reicht aus, wenn der Erklärungsempfänger dadurch unschwer ermitteln kann, zu welchem Termin das Arbeitsverhältnis enden soll.

---

**Urteil**

*Eine Kündigung »zum nächstzulässigen Termin« ist möglich, wenn dem Erklärungsempfänger die Dauer der Kündigungsfrist bekannt oder für ihn bestimmbar ist. Eine solche Kündigung ist typischerweise dahin gehend zu verstehen, dass der Kündigende die Auflösung des Arbeitsverhältnisses zu dem Zeitpunkt erreichen will, der sich bei Anwendung der einschlägigen gesetzlichen, tarifvertraglichen und/oder vertraglichen Regelungen als rechtlich frühestmöglicher Beendigungstermin ergibt. Der vom Erklärenden gewollte Beendigungstermin ist damit objektiv eindeutig bestimmbar. Dies ist jedenfalls dann ausreichend, wenn die rechtlich zutreffende Frist für den Kündigungsadressaten leicht feststellbar ist und nicht umfassende tatsächliche Ermittlungen oder die Beantwortung schwieriger Rechtsfragen erfordert.*

BAG, Az. 6 AZR 782/14

---

### 4.1.2 Form der Kündigung

Die Kündigung bedarf der **Schriftform** (§ 623 BGB). Die Kündigungserklärung muss also vom Aussteller **eigenhändig** durch Namensunterschrift unterzeichnet sein. Unwirksam ist eine Vereinbarung im Arbeitsvertrag, die eine strengere Form als die Schriftform vorschreibt oder besondere Zugangserfordernisse für die Kündigung vorsieht. Nicht zulässig ist also etwa eine Klausel im Arbeitsvertrag, nach der die Kündigung nur durch eingeschriebenen Brief erfolgen kann.

---

**Achtung:** Eine **mündliche Kündigung** oder die Kündigung per SMS, Fax, E-Mail oder Telegramm ist unheilbar **unwirksam.**

---

### 4.1.3 Begründung der Kündigung

Der Kündigungsgrund muss in der Kündigung grundsätzlich nicht angegeben werden. Die Kündigung des Arbeitsverhältnisses ist deshalb auch **ohne Angabe des Kündigungsgrundes wirksam.**

In Ausnahmefällen schreibt das Gesetz allerdings vor, dass der Kündigungsgrund angegeben werden muss.

- Die von der zuständigen Behörde für zulässig erklärte Kündigung gegenüber einer Frau während der **Schwangerschaft** und bis zum Ablauf von vier Monaten nach der Entbindung bedarf nicht nur der **Schriftform,** im Kündigungsschreiben muss auch der **Kündigungsgrund** angegeben werden (§ 17 Abs. 2 Satz 2 MuSchG). Die Angabe des Kündigungsgrundes ist Voraussetzung für die Wirksamkeit der Kündigung.
- Auch die Kündigung von **Auszubildenden** nach der Probezeit kann nur unter Angabe der Kündigungsgründe erfolgen (§ 22 Abs. 3 BBiG). Auch in diesem Fall ist die **Angabe des Kündigungsgrundes** Voraussetzung für die Wirksamkeit der Kündigung.

**Achtung:** Bei einer **außerordentlichen Kündigung** ist der Kündigende verpflichtet, dem Vertragspartner auf Verlangen den **Kündigungsgrund unverzüglich schriftlich** mitzuteilen (§ 626 Abs. 2 Satz 3 BGB). Da der Kündigungsgrund aber erst nach dem Ausspruch der Kündigung und erst nach Aufforderung des Gekündigten zu offenbaren ist, ist die Begründung der Kündigung keine Wirksamkeitsvoraussetzung.

### 4.1.4 Zugang der Kündigung

Die Kündigung ist eine empfangsbedürftige Willenserklärung. Sie wird also erst wirksam, wenn sie dem Empfänger zugeht. Der Gekündigte muss also in die Lage versetzt werden, in zumutbarer Weise von der Kündigungserklärung Kenntnis nehmen zu können. Von Bedeutung ist dabei, ob die Kündigung einem Anwesenden oder einem Abwesenden erklärt werden soll.

#### Zugang unter Anwesenden

Wird die Kündigung einem Anwesenden durch **Übergabe** des Kündigungsschreibens bekannt gegeben, so wird sie **sofort wirksam.** Keine Bedeutung hat, ob und wann der Empfänger das Kündigungsschreiben liest. Die Kündigung gilt auch dann als zugegangen, wenn einem Arbeitnehmer das Kündigungsschreiben ausgehändigt wird und dieser das Schreiben kurze Zeit später zurückgibt.

Sinnvoll ist es, den Arbeitnehmer die **Aushändigung** des Kündigungsschreibens **schriftlich bestätigen** zu lassen oder das Schreiben dem Arbeitnehmer in Anwesenheit von Zeugen auszuhändigen. So kann im Streitfall der Zugang der Kündigung bewiesen werden.

## Zugang unter Abwesenden

Unter Abwesenden ist eine Kündigung zugegangen, wenn sie so in den Machtbereich des Empfängers gelangt, dass dieser unter gewöhnlichen Umständen von ihr Kenntnis nehmen kann. Beim Einwurf in den **Hausbriefkasten** gilt die Kündigung demnach in dem Moment als zugegangen, in dem der Briefkasten geleert wird. Mit einer Leerung ist im Allgemeinen zum Zeitpunkt der üblichen Postzustellung zu rechnen, die allerdings variieren kann.

---

**Urteil**

*Hält sich der Arbeitnehmer während einer Krankheit oder einer sonstigen Arbeitsfreistellung gewöhnlich zu Hause auf, so ist von ihm nach der Verkehrsanschauung nicht zu erwarten, dass er nach den allgemeinen Postzustellungszeiten seinen Wohnungsbriefkasten nochmals überprüft. Wird ein Kündigungsschreiben erst erhebliche Zeit nach der allgemeinen Postzustellung in seinen Wohnungsbriefkasten geworfen (hier: gegen 16:30 Uhr), so geht ihm die Kündigung erst am nächsten Tag zu.*

BAG, Az. 2 AZR 337/82

*Einem Arbeitnehmer kann die Kündigung zugehen und damit wirksam werden, auch wenn er im Urlaub ist, er sie noch nicht gelesen hat und der Arbeitgeber wusste, dass er nicht zuhause ist.*

BAG, Az. 2 AZR 224/11

---

Den Zugang des Kündigungsschreibens hat derjenige zu beweisen, der sich auf den Zugang beruft. Dabei reicht es nicht aus, sich auf die Einlieferung des Briefs bei der Post zu berufen. Nicht sinnvoll ist es deshalb, ein Kündigungsschreiben durch einen einfachen Brief zu versenden, weil in diesem Fall unter Umständen der Zugang beim Adressaten nicht bewiesen werden kann. Aber auch wenn das Kündigungsschreiben per Einschreiben zugestellt wird, kann es Probleme geben.

### Einwurf-Einschreiben

Beim Einwurf-Einschreiben wird die Postsendung von Postbediensteten in den Briefkasten oder das Postfach des Empfängers eingeworfen. Dieser Vorgang wird vom Zusteller mit seiner Unterschrift auf einem Beleg vermerkt. Im Internet kann die Zustellung der Sendung nachverfolgt werden. Der **Beweiswert** des Einwurf-Einschreibens wird von den Gerichten unterschiedlich beurteilt. Einige Gerichte bejahen für den Zugang den sogenannten Anscheinsbeweis, wenn der Briefkasteneinwurf ordnungsgemäß dokumentiert worden ist. Andere Gerichte sind dagegen der Auffassung, dass Einlieferungs- und Auslieferungsbeleg keine ausreichende Grundlage für einen Anscheinsbeweis bezüglich des Zugangs beim Empfänger liefern.

### Übergabe-Einschreiben

Beim Übergabe-Einschreiben wirft der Postbote das Schreiben nicht in den Briefkasten des Empfängers, sondern händigt es diesem oder einem empfangsbereiten Haushaltsmitglied gegen Unterschrift auf dem Auslieferungsschein aus. Ist der Adressat zur Zeit der Briefzustellung nicht zu Hause, hinterlässt der Postbedienstete einen Benachrichtigungsschein im Briefkasten, nicht jedoch das Kündigungsschreiben. Der Zugang der Kündigung erfolgt in diesem Fall erst dann, wenn das **Einschreiben bei der Post abgeholt** wird. Dadurch kann sich die Zustellung des Kündigungsschreibens erheblich verzögern. Holt der Empfänger das Schreiben bei der Post nicht ab, ist die Kündigung nicht zugegangen und nicht wirksam.

### Einschreiben mit Rückschein

Bei einem Einschreiben mit Rückschein händigt der Postbote das Schreiben dem Empfänger (oder einem empfangsbereiten Haushaltsmitglied, sofern nicht die Variante »eigenhändig« gewählt wird) gegen **Unterschrift auf dem Rückschein** aus und sendet den Rückschein an den Absender zurück. Trifft der Postbote niemanden an, hinterlässt er wie beim Übergabeeinschreiben lediglich einen Benachrichtigungsschein im Briefkasten bzw. Postfach. Der Beweiswert dieser Zustellungsart ist deshalb eingeschränkt, weil durch die Unterschrift auf dem Rückschein letztlich nur bewiesen werden kann, dass dem Empfänger zu einem bestimmten Zeitpunkt »irgendetwas« zugegangen ist. Der Rückschein beweist dagegen nicht, dass der Empfänger eine bestimmte Willenserklärung (in diesem Fall eine Kündigung) erhalten hat.

Weil Sie als Arbeitgeber im Streitfall den **Zugang der Kündigung** beweisen müssen, sollten Sie dem Arbeitnehmer die Kündigung möglichst **persönlich aushändigen.** Ist das (z.B. urlaubs- oder krankheitsbedingt) nicht möglich, empfiehlt es sich, die Kündigung durch einen Boten zu übermitteln. Der Bote sollte persönlich Kenntnis vom Inhalt des zu überbringenden Schreibens genommen haben, sodass er im Streitfall nicht nur für die Art und Weise und den Zeitpunkt des Zugangs des Kündigungsschreibens, sondern auch für den Inhalt des Schreibens als Zeuge benannt werden kann. Kann die Übermittlung des Kündigungsschreibens nicht durch einen Boten bewirkt werden (weil der Adressat beispielsweise die Annahme verweigert oder der Briefkasten abmontiert wurde), bleibt Ihnen in der Regel nichts anderes übrig, als einen **Gerichtsvollzieher** mit der Zustellung des Kündigungsschreibens zu beauftragen.

### 4.1.5 Hinweispflicht

Ein Arbeitnehmer, dessen Arbeitsverhältnis endet, ist verpflichtet, sich spätestens drei Monate vor dessen Beendigung persönlich bei der **Agentur für Arbeit arbeitsuchend** zu melden. Liegen zwischen der Kenntnis des Beendigungszeitpunktes und der Beendigung des Arbeitsverhältnisses weniger als drei Monate, hat die Meldung innerhalb von drei Tagen nach Kenntnis des Beendigungszeitpunktes zu erfolgen (§ 38 Abs. 1 Sätze 1 und 2 SGB III). Verstößt der Arbeitnehmer gegen diese Pflicht, muss er mit einer **Sperrzeit beim Arbeitslosengeld** rechnen.

Der Arbeitgeber soll den Arbeitnehmer vor der Beendigung des Arbeitsverhältnisses frühzeitig über die Notwendigkeit eigener Aktivitäten bei der Suche nach einer anderen Beschäftigung sowie über die Verpflichtung zur Meldung bei der Agentur für Arbeit informieren (§ 2 Abs. 2 Nr. 3 SGB III). Der **Hinweis auf die Meldepflicht** bei der Agentur für Arbeit muss so frühzeitig erfolgen, dass der Arbeitnehmer seine Pflicht rechtzeitig erfüllen kann. Im Falle einer Kündigung (auch einer Änderungskündigung) sollte der Hinweis in dem entsprechenden Schreiben enthalten sein. Auch bei einer Kündigung des Arbeitnehmers besteht für den Arbeitgeber eine entsprechende **Informationspflicht.**

---

**Urteil**

*Unterlässt der Arbeitgeber den gebotenen Hinweis an den Arbeitnehmer über dessen Pflicht, sich vor der Beendigung des Arbeitsverhältnisses unverzüglich bei der Agentur für Arbeit arbeitsuchend zu melden und wird dem Arbeitnehmer dann wegen der verspäteten Meldung das Arbeitslosengeld gekürzt, so begründet dies keinen Schadensersatzanspruch des Arbeitnehmers gegen den Arbeitgeber.*

BAG, Az. 8 AZR 571/04

---

## 4.1.6 Rücknahme der Kündigung

Die Kündigung wird in dem Zeitpunkt wirksam, in welchem sie dem Adressaten zugeht (§ 130 Abs. 1 Satz 1 BGB). Mit dem Zugang der Kündigung endet also das Arbeitsverhältnis. Der Kündigende kann das Wirksamwerden der Kündigungserklärung nur durch einen **rechtzeitigen Widerruf** verhindern. Rechtzeitig ist der Widerruf, wenn er dem Empfänger vor oder gleichzeitig mit der Kündigungserklärung zugeht (§ 130 Abs. 1 Satz 2 BGB).

Mit dem Zugang der Kündigung beim Adressaten ist diese wirksam geworden. Deshalb ist es nicht möglich, dass die Kündigung vom Kündigenden einseitig zurückgenommen wird. Eine »Rücknahme« der Kündigung ist allerdings als **Angebot** anzusehen, ein neues Arbeitsverhältnis einzugehen oder das alte Arbeitsverhältnis fortzusetzen. Nimmt der Gekündigte dieses Angebot ausdrücklich oder durch schlüssiges Verhalten (z.B. Wiederaufnahme der Arbeit) an, ist entweder von einem neuen Arbeitsvertrag oder von der einvernehmlichen Fortsetzung des alten Arbeitsvertrags auszugehen.

## 4.2 Ordentliche Kündigung

Unter der ordentlichen Kündigung ist die fristgemäße, also die **unter Einhaltung der gesetzlichen Kündigungsfrist** ausgesprochene Kündigung zu verstehen. Das Recht zur ordentlichen Kündigung des Arbeitsvertrags steht beiden Vertragsparteien zu, für den Arbeitgeber gelten allerdings strengere Voraussetzungen.

Die ordentliche Kündigung kommt nur bei einem Arbeitsverhältnis in Betracht, das auf unbestimmte Zeit eingegangen ist. Bei einem **befristeten Arbeitsverhältnis** ist sie nur zulässig, wenn die Vertragsparteien das Recht zur ordentlichen Kündigung ausdrücklich vereinbart haben.

### 4.2.1 Kündigungsfristen

Wesentlich für die ordentliche Kündigung ist, dass bestimmte Fristen eingehalten werden müssen. Das Gesetz regelt sogenannte Grundkündigungsfristen, die unter bestimmten Voraussetzungen verkürzt oder verlängert werden können.

#### Grundkündigungsfrist

Gesetzlich besteht eine Grundkündigungsfrist. Danach kann das Arbeitsverhältnis mit einer Frist von **vier Wochen,** also 28 Kalendertagen, **zum 15. oder zum Ende eines Monats** gekündigt werden (§ 622 Abs. 1 BGB).

Neben der Grundkündigungsfrist gelten gesetzlich **verlängerte Kündigungsfristen,** die vom Arbeitgeber gegenüber länger beschäftigten Arbeitnehmern einzuhalten sind (§ 622 Abs. 2 BGB). Für eine vom Arbeitgeber ausgesprochene Kündigung beträgt die Kündigungsfrist, wenn das Arbeitsverhältnis in dem Betrieb

- zwei Jahre bestanden hat, einen Monat zum Ende des Kalendermonats,
- fünf Jahre bestanden hat, zwei Monate zum Ende des Kalendermonats,
- acht Jahre bestanden hat, drei Monate zum Ende des Kalendermonats,
- zehn Jahre bestanden hat, vier Monate zum Ende des Kalendermonats,
- zwölf Jahre bestanden hat, fünf Monate zum Ende des Kalendermonats,
- 15 Jahre bestanden hat, sechs Monate zum Ende des Kalendermonats,
- 20 Jahre bestanden hat, sieben Monate zum Ende des Kalendermonats.

---

**Achtung:** Die Beschäftigungsdauer wird ab dem ersten Tag des Arbeitsverhältnisses berechnet. Maßgebend ist der rechtliche Bestand des gekündigten Arbeitsverhältnisses im Betrieb. Unterbrechungen (z. B. wegen längerer Arbeitsunfähigkeit oder wegen Urlaubs) haben auf den Bestand des Arbeitsverhältnisses keine Auswirkungen. Wird das Arbeitsverhältnis rechtlich unterbrochen, werden frühere Beschäftigungszeiten bei demselben Arbeitgeber grundsätzlich nicht berücksichtigt.

---

Bei der Berechnung der Kündigungsfrist gilt allein das **Datum des Zugangs** beim Adressaten, nicht das Datum des Kündigungsschreibens. Beginn und Ende der Kündigungsfrist sind nach den Regelungen der §§ 187 ff. BGB zu berechnen. Der Tag des Zugangs der Kündigung zählt für den Beginn der Frist nicht mit. Der Tag des Zugangs der Kündigung ist also in die Fristberechnung nicht einzubeziehen. Das Fristende, also der Kündigungstermin, ist regelmäßig der Ablauf des 15. bzw. des letzten Tages im Monat. Sonn- und Feiertage schieben die Frist nicht nach hinten. Sie werden wie »normale Tage« mitgezählt.

Ist die Frist nur nach Wochen bestimmt (z.B. beim **Probe- und beim Aushilfsarbeitsverhältnis;** vgl. dazu unten), endet die Kündigungsfrist mit dem Ablauf desjenigen Tages der letzten Woche oder des letzten Monats, welcher durch seine Benennung oder seine Zahl dem Tag entspricht, in den das Ereignis oder der Zeitpunkt fällt.

Gilt für eine Kündigung eine Monatsfrist und geht die Kündigung am 15. eines Monats zu, so endet die Frist am 15. des darauffolgenden Monats zum Tagesende (24:00 Uhr). Kündigt der Arbeitgeber dem Arbeitnehmer während der Probezeit mit einer zweiwöchigen Kündigungsfrist und geht die Kündigung am Donnerstag, den 1.5. dem Arbeitnehmer zu, so endet die zweiwöchige Kündigungsfrist mit dem Ablauf des Donnerstags, den 15.5., dem letzten Tag des Arbeitsverhältnisses.

---

**Achtung:** Die Kündigungsfristen des § 622 BGB sind **Mindestkündigungsfristen.** Dem Arbeitgeber oder Arbeitnehmer steht es frei, mit einer längeren Frist zu kündigen.

---

## Kündigungsfrist in der Probezeit

Bei einem unbefristeten Arbeitsverhältnis mit vorgeschalteter Probezeit (vgl. dazu 2.7.6) kann das Arbeitsverhältnis während der Probezeit mit einer Frist von **zwei Wochen** gekündigt werden (§ 622 Abs. 3 BGB). Diese kurze Kündigungsfrist gilt aber höchstens für die Dauer von sechs Monaten, und zwar sowohl für die Kündigung des Arbeitgebers als auch für die des Arbeitnehmers. Wurde im Arbeitsvertrag eine längere Probezeit als sechs Monate vereinbart, so gilt die kürzere Kündigungsfrist nur für die ersten sechs Monate des Arbeitsverhältnisses.

Das mit einer vorgeschalteten Probezeit abgeschlossene unbefristete Arbeitsverhältnis kann noch am letzten Tag einer höchstens sechsmonatigen Probezeit mit der verkürzten Frist gekündigt werden. Danach gelten die allgemeinen Kündigungsfristen (vgl. dazu oben).

Wurde ein befristetes Probearbeitsverhältnis begründet (vgl. dazu 2.7.6), das mit Ablauf der vereinbarten Zeit endet, ist die ordentliche Kündigung mit zweiwöchiger Frist nur zulässig, wenn die Kündbarkeit ausdrücklich arbeitsvertraglich vereinbart wurde.

### Kündigungsfrist im Aushilfsarbeitsverhältnis

Aushilfsarbeitsverhältnisse können befristet oder unbefristet abgeschlossen werden (vgl. dazu 2.7.7). Bei einem **befristeten Arbeitsvertrag** ist in der Regel die ordentliche Kündigung ausgeschlossen. Für ein unbefristetes Aushilfsarbeitsverhältnis kann für die ersten drei Monate eine kürzere als die gesetzlich vorgeschriebene Kündigungsfrist vereinbart werden (§ 622 Abs. 5 Satz 1 Nr. 1 BGB). Die Kündigungsfrist gilt dann sowohl für den Arbeitgeber als auch für den Arbeitnehmer. Eine Mindestkündigungsfrist ist gesetzlich nicht vorgeschrieben. Es kann auch vereinbart werden, dass das Arbeitsverhältnis (ordentlich) fristlos gekündigt werden kann. Wird das Aushilfsarbeitsverhältnis über drei Monate hinaus fortgesetzt, gilt nicht mehr die einzelvertraglich vereinbarte kürzere Kündigungsfrist, sondern die gesetzliche Grundkündigungsfrist.

---

**Achtung:** Die verkürzte gesetzliche Kündigungsfrist gilt nur dann, wenn aus dem Arbeitsvertrag hervorgeht, dass der Arbeitnehmer zur **vorübergehenden Aushilfe** beschäftigt ist. Zudem darf nur ein vorübergehender Arbeitsbedarf bestehen.

---

Wird ein Aushilfsarbeitsverhältnis ohne ausdrückliche Regelung über die Abkürzung der Kündigungsfrist vereinbart, gilt die gesetzliche Grundkündigungsfrist.

## Kündigungsfrist in Kleinunternehmen

In sogenannten Kleinunternehmen kann abweichend von der Grundkündigungsfrist von vier Wochen zum Monatsende oder zum 15. eines Monats eine Kündigungsfrist **von vier Wochen ohne Bindung** an einen bestimmten Endtermin vereinbart werden (§ 622 Abs. 5 Satz 1 Nr. 2 BGB). Zulässig ist das in Betrieben, die in der Regel nicht mehr als 20 Arbeitnehmer beschäftigen, ausschließlich der zu ihrer Berufsausbildung Beschäftigten. Bei der Feststellung der Zahl der beschäftigten Arbeitnehmer sind teilzeitbeschäftigte Mitarbeiter mit einer regelmäßigen Arbeitszeit von nicht mehr als 20 Stunden mit 0,5 und nicht mehr als 30 Stunden mit 0,75 zu berücksichtigen.

---

**Achtung:** Die besondere gesetzliche Kündigungsfrist für Kleinunternehmen hat lediglich Bedeutung in Bezug auf den Kündigungstermin, der abweichend von der gesetzlichen Grundkündigungsfrist auch außerhalb des 15. oder Ende des Monats liegen kann. Die arbeitsvertraglichen Gestaltungsmöglichkeiten des Arbeitgebers sind also sehr begrenzt.

---

## Arbeitsvertragliche Regelung der Kündigungsfrist

Zulässig ist es, wenn Arbeitgeber und Arbeitnehmer im Arbeitsvertrag **längere Kündigungsfristen** und weiter reichende Kündigungstermine vereinbaren (§ 622 Abs. 5 Satz 3 BGB). Allerdings darf die Frist für den Arbeitnehmer nicht länger sein als für die Kündigung durch den Arbeitgeber (§ 622 Abs. 6 BGB). Zulässig ist eine Vereinbarung, nach der längere Kündigungsfristen sowohl für den Arbeitgeber als auch für den Arbeitnehmer gelten sollen.

Im Arbeitsvertrag kann etwa folgende Regelung getroffen werden: »Das Arbeitsverhältnis kann durch den Arbeitgeber und den Arbeitnehmer mit einer Kündigungsfrist von einem Jahr jeweils zum Ende eines Jahres gekündigt werden.«

Die Kündigungsfristen des Arbeitnehmers und des Arbeitgebers müssen aber nicht gleich sein; gesetzlich ist nur verboten, dass die arbeitsvertraglich vereinbarte Kündigungsfrist für den Arbeitnehmer länger ist als die für den Arbeitgeber.

Für die Kündigung des Arbeitsverhältnisses durch den Arbeitgeber können die gesetzlichen Kündigungsfristen beliebig verlängert werden. Dagegen können für die Kündigung des Arbeitnehmers keine beliebig langen Fristen vereinbart werden. Für einen zeitlichen Ausschluss des Kündigungsrechts des Arbeitnehmers setzt das Gesetz nämlich Grenzen: Ist das Arbeitsverhältnis für längere Zeit als fünf Jahre eingegangen, so kann es vom Arbeitnehmer nach Ablauf von fünf Jahren mit einer Frist von sechs Monaten gekündigt werden (§ 624 BGB).

## Bezugnahme auf tarifliche Kündigungsfristen

Zwar sind der Arbeitgeber und der Arbeitnehmer in Kleinbetrieben regelmäßig nicht tarifgebunden, unabhängig davon kann jedoch im Arbeitsvertrag auf die Geltung eines Tarifvertrags verwiesen werden. Die Bezugnahme kann sich auf den gesamten Tarifvertrag oder nur auf den Regelungsbereich Kündigung erstrecken (vgl. dazu 2.5.1).

Werden im Arbeitsvertrag durch Bezugnahme auf eine tarifliche Regelung des Tarifvertrags Kündigungsfristen vereinbart, so ist zu beachten, dass durch Tarifvertrag von den gesetzlichen Kündigungsfristen (vgl. oben) zugunsten oder zuungunsten des Arbeitnehmers abgewichen werden kann (§ 622 Abs. 4 BGB). Das betrifft die Grundkündigungsfrist, die Kündigungsfrist bei längerer Beschäftigungsdauer und die Kündigungsfrist im Probearbeitsverhältnis. **Zulässig sind Verkürzungen oder Verlängerungen** dieser Kündigungsfristen.

## 4.2.2 Kündigungsschutz des Arbeitnehmers

Es ist zwischen dem allgemeinen Kündigungsschutz, der für alle Arbeitnehmer gilt, und dem besonderen Kündigungsschutz für bestimmte Arbeitnehmergruppen zu unterscheiden.

### Allgemeiner Kündigungsschutz

Der allgemeine Kündigungsschutz für Arbeitnehmer ist im **Kündigungsschutzgesetz** (KSchG) geregelt. Danach ist eine ordentliche Kündigung nur aus personen-, verhaltens- oder betriebsbedingten Gründen zulässig (§ 1 Abs. 2 KSchG). Allerdings gilt dieser gesetzliche Kündigungsschutz nicht für Kleinbetriebe. Das Kündigungsschutzgesetz ist nur dann anwendbar, wenn **mehr als zehn Arbeitnehmer beschäftigt** werden (§ 23 Abs. 1 KSchG). Entscheidend für die Feststellung dieses betrieblichen Schwellenwertes ist also die Anzahl der Arbeitnehmer, die in der Regel im Betrieb beschäftigt werden. Dabei werden Auszubildende nicht mitgezählt. Bei der Feststellung der Zahl der beschäftigten Arbeitnehmer sind teilzeitbeschäftigte Arbeitnehmer mit einer regelmäßigen wöchentlichen Arbeitszeit von nicht mehr als 20 Stunden mit 0,5 und nicht mehr als 30 Stunden mit 0,75 zu berücksichtigen.

Weil das Kündigungsschutzgesetz **auf Kleinbetriebe keine Anwendung** findet, kann der Arbeitgeber ein Arbeitsverhältnis im Kleinbetrieb grundsätzlich jederzeit unter Beachtung der gesetzlichen Kündigungsfristen kündigen. Insbesondere ist für die Kündigung nicht erforderlich, dass ein sachlicher Grund vorliegt. Gleichwohl sind dem Arbeitgeber auch in Kleinbetrieben bei Kündigungen allgemeine Grenzen gesetzt.

---

**Achtung:** Gegen die Kündigung kann sich der Arbeitnehmer mit der **Kündigungsschutzklage** beim Arbeitsgericht wehren. Die Klage muss innerhalb von drei Wochen nach Zugang der Kündigung erhoben werden.

---

## Verbot treuwidriger Kündigungen

Nicht zulässig ist eine treuwidrige Kündigung. Die Kündigung des Arbeitgebers darf also nicht auf **willkürlichen oder sachfremden Motiven** beruhen. Das kann etwa bei Kündigungen, die einen Arbeitnehmer wegen seines Geschlechts, seiner ethnischen Herkunft oder seiner Religion diskriminieren, oder die in ehrverletzender Form vorgenommen werden, der Fall sein. Eine treuwidrige Kündigung liegt auch dann vor, wenn der Arbeitgeber aufgrund einer nicht bestätigten Aussage vom Hörensagen das Arbeitsverhältnis kündigt.

---

**Urteil**

*Wird ein Arbeitnehmer in der Probezeit wegen seiner Homosexualität gekündigt, so stellt dies eine unzulässige Rechtsausübung des Arbeitgebers dar und ist daher unwirksam.*

BAG, Az. 2 AZR 617/93

*Eine Kündigung erfolgt nicht willkürlich, wenn sie auf einem irgendwie einleuchtenden Grund beruht. Ein solcher ist bei einem auf konkreten Umständen beruhenden Vertrauensverlust grundsätzlich auch dann gegeben, wenn die Tatsachen objektiv nicht verifizierbar sind.*

BAG, Az. 2 AZR 107/19

---

## Verbot sittenwidriger Kündigungen

Die Kündigung des Arbeitgebers darf nicht sittenwidrig sein. Das ist etwa der Fall, wenn die Kündigung auf einem verwerflichen Motiv des Kündigenden beruht, wie es bei Rachsucht oder Vergeltung der Fall ist. Sittenwidrig kann aber eine Kündigung des Arbeitgebers auch bereits dann sein, wenn die Kündigung in einem **Zusammenhang mit einfachen Verstößen** gegen gesetzliche Vorschriften steht.

Wollen Sie einen Arbeitnehmer wegen eines vertragswidrigen Verhaltens kündigen, kann es sinnvoll und unter Umständen auch erforderlich sein, ihn zuvor abzumahnen (vgl. dazu 3.19.2), selbst wenn eine **Abmahnung** gesetzlich nicht vorgegeben ist.

## Maßregelungsverbot

Der Arbeitgeber darf einen Arbeitnehmer nicht deshalb benachteiligen, weil er in zulässiger Weise seine Rechte ausübt (§ 612a BGB). Als »Maßnahme« in diesem Sinne kommen auch Kündigungen in Betracht. Eine Kündigung ist deshalb unwirksam, wenn sie sich als unerlaubte Maßregelung – also gewissermaßen als »Racheakt« – für eine zulässige Rechtsausübung durch den Mitarbeiter darstellt.

---

**Urteil**

*Nimmt ein Arbeitnehmer in zulässiger Weise arbeitsvertragliche Rechte wahr, darf der Arbeitgeber dies nicht sanktionieren; dies muss erst recht für Rechte gelten, die dem Arbeitnehmer unabhängig von der vertraglichen Beziehung zum Arbeitgeber zustehen und mit deren Existenz und Bestand in keinerlei Zusammenhang stehen. Macht eine Arbeitnehmerin unter Einschaltung eines Rechtsanwalts einen Urlaubsanspruch geltend, der ihr bereits bei Begründung des Arbeitsverhältnisses mündlich zugesagt worden ist, so erweist sich eine Kündigung als unwirksam, wenn sie darauf gestützt wird, dass eine Kommunikation über einen Rechtsanwalt bereits während der Probezeit die Basis für eine vertrauensvolle Zusammenarbeit entziehe.*

AG Dortmund, Az. 9 Ca 5518/13

---

### »Mindestmaß an sozialer Rücksichtnahme«

Eine Kündigung aus betrieblichen Gründen (z.B. wenn wegen Veränderung von Arbeitsabläufen oder wegen des Auftragsrückgangs ein Arbeitsplatz wegfällt) erfordert vom Arbeitgeber ein Mindestmaß an sozialer Rücksichtnahme. Ohne berechtigtes (betriebliches, persönliches oder sonstiges) Interesse ist demnach die Kündigung eines **erheblich schutzwürdigeren Arbeitnehmers** vor der eines weniger schutzwürdigeren Arbeitnehmers nicht zulässig. Unabhängig davon kommt bei der Abwägung dieser Gründe der unternehmerischen Freiheit des Arbeitgebers gegenüber der sozialen Rücksichtnahme ein erhebliches Gewicht zu.

Unzulässig ist die Kündigung eines 50-jährigen Familienvaters, der schon über 20 Jahre im Betrieb arbeitet, vor der Kündigung eines 30-jährigen Ledigen, wenn kein berechtigtes Interesse des Arbeitnehmers vorliegt (z.B. eine deutlich bessere Ausbildung oder besondere fachliche Qualitäten des jüngeren Beschäftigten).

## Besonderer Kündigungsschutz

Auch in Kleinbetrieben besteht für bestimmte Arbeitnehmergruppen ein besonderer Kündigungsschutz.

### Mutterschutz

Die Kündigung gegenüber einer Frau während der Schwangerschaft und bis zum Ablauf der Schutzfrist nach der Entbindung, mindestens jedoch bis zum Ablauf von vier Monaten nach der Entbindung, ist unzulässig, wenn dem Arbeitgeber zur Zeit der Kündigung die Schwangerschaft oder Entbindung bekannt war oder innerhalb von zwei Wochen nach Zugang der Kündigung mitgeteilt wird. In Ausnahmefällen kann die für den Arbeitsschutz zuständige oberste Landesbehörde die Kündigung für zulässig erklären. Wegen der Einzelheiten vgl. 3.15.2.

### Elternzeit

Der Arbeitgeber darf das Arbeitsverhältnis ab dem Zeitpunkt, von dem an Elternzeit verlangt worden ist, nicht kündigen. Der Kündigungsschutz beginnt frühestens acht Wochen vor Beginn einer Elternzeit bis zum vollendeten dritten Lebensjahr des Kindes und frühestens 14 Wochen vor Beginn einer Elternzeit zwischen dem dritten Geburtstag und dem vollendeten achten Lebensjahr des Kindes. Während der Elternzeit darf der Arbeitgeber das Arbeitsverhältnis nicht kündigen. In besonderen Fällen (z.B. wenn durch die Aufrechterhaltung des Arbeitsverhältnisses nach Beendigung der Elternzeit die Existenz des Betriebs oder die wirtschaftliche Existenz des Arbeitgebers gefährdet ist) kann die Kündigung ausnahmsweise für zulässig erklärt werden. Näheres dazu unter 3.16.7.

### Schwerbehinderung

Die ordentliche und die außerordentliche Kündigung eines schwerbehinderten Arbeitnehmers sind nur möglich, wenn zuvor das **Integrationsamt** zugestimmt hat. Eine ohne Zustimmung dieser Behörde erklärte Kündigung ist unwirksam (vgl. dazu 3.17.5).

### Berufsausbildungsverhältnis

Nach Beendigung der Probezeit kann der Arbeitgeber das Berufsausbildungsverhältnis grundsätzlich nicht mehr kündigen. Ausnahmsweise ist eine Kündigung **aus wichtigem Grund zulässig** (z.B. wegen erheblicher Leistungsmängel des Auszubildenden).

## 4.3 Außerordentliche Kündigung

Ein Arbeitgeber kann das Arbeitsverhältnis ordentlich oder außerordentlich kündigen. Während bei einer ordentlichen Kündigung stets eine Kündigungsfrist eingehalten werden muss, kann eine außerordentliche Kündigung auch **fristlos** ausgesprochen werden. Als letztes Mittel kommt eine außerordentliche Kündigung des Arbeitsverhältnisses durch den Arbeitgeber nur in Betracht, wenn ein »wichtiger Grund« vorliegt. Laut Gesetz ist das der Fall, wenn Tatsachen vorliegen, aufgrund derer dem Arbeitgeber **unter Berücksichtigung aller Umstände des Einzelfalls** und unter Abwägung der Interessen beider Vertragsteile die Fortsetzung des Arbeitsverhältnisses bis zum Ablauf der Kündigungsfrist nicht zugemutet werden kann (§ 626 Abs. 1 BGB). Konkret bedeutet das, dass das Vorliegen eines wichtigen Grundes immer in zwei Schritten zu prüfen ist:

- Zunächst ist zu prüfen, ob ein bestimmter Sachverhalt ohne die besonderen Umstände des **Einzelfalls** an sich geeignet ist, einen wichtigen Kündigungsgrund darzustellen.
- Ist dies der Fall, folgt als zweiter Schritt die Prüfung, ob unter Berücksichtigung der konkreten Umstände des Einzelfalls und der Abwägung der Interessen beider Vertragspartner die konkrete Kündigung gerechtfertigt und verhältnismäßig ist.

Darüber hinaus ist eine außerordentliche Kündigung nur wirksam, wenn die Kündigung **innerhalb von zwei Wochen nach Kenntnis** der für die Kündigung maßgebenden Tatsachen erfolgt (§ 626 Abs. 2 BGB).

### 4.3.1 Vorliegen eines wichtigen Grundes

Nur schwerwiegende Gründe, die das Arbeitsverhältnis belasten, können eine außerordentliche Kündigung rechtfertigen. In Betracht kommen neben **personenbedingten** Gründen (z.B. Verbüßung einer Freiheitsstrafe, Verlust der Fahrerlaubnis bei einem Kraftfahrer) vor allem **verhaltensbedingte** Gründe, also rechtswidriges und schuldhaftes vertragswidriges Verhalten des Arbeitnehmers.

Ob und inwieweit ein bestimmtes Fehlverhalten eine außerordentliche Kündigung rechtfertigt, ist immer eine **Einzelfallentscheidung.** Unabhängig davon wurden von den Gerichten folgende Pflichtverstöße als ausreichend für eine außerordentliche Kündigung angesehen:

- beharrliche Arbeitsverweigerung durch den Arbeitnehmer,
- Betrug, Diebstahl und Veruntreuung zulasten des Arbeitgebers,
- Beleidigung des Arbeitgebers,
- Missachtung des Alkoholverbots mit konkreter Gefährdung anderer Rechtsgüter,
- ausländerfeindliche Äußerungen,
- eigenmächtiger Urlaubsantritt,
- Vortäuschen einer Arbeitsunfähigkeit,
- sexuelle Belästigungen am Arbeitsplatz,
- Spesen- und Arbeitszeitbetrug,
- Verstoß gegen das Wettbewerbsverbot,
- Verletzung der Verschwiegenheitspflicht,
- geschäftsschädigende Äußerungen über den Arbeitgeber,
- private Telefonate am Arbeitsplatz,
- Internet- und E-Mail-Nutzung zu privaten Zwecken,
- Drogenkonsum am Arbeitsplatz,
- Annahme von Schmiergeldern.

---

**Urteil**

*Wiederholte Verspätungen des Arbeitnehmers nach vorheriger Abmahnung rechtfertigen regelmäßig nur eine ordentliche Kündigung aus verhaltensbedingten Gründen.*

BAG, Az. 7 AZR 601/85

*Ist ein Arbeitnehmer während einer ärztlich attestierten Arbeitsunfähigkeit schichtweise einer Nebenbeschäftigung bei einem anderen Arbeitgeber nachgegangen, so kann je nach den Umständen auch eine fristlose Kündigung ohne vorherige Abmahnung gerechtfertigt sein.*

BAG, Az. 2 AZR 154/93

*Der Verdacht einer strafbaren Handlung oder einer sonstigen Verfehlung kann ein wichtiger Grund zur außerordentlichen Kündigung gegenüber dem verdächtigen Arbeitnehmer sein. Eine außerordentliche Kündigung ist nur dann als sogenannte Verdachtskündigung zu rechtfertigen, wenn es gerade der Verdacht ist, der das zur Fortsetzung des Arbeitsverhältnisses notwendige Vertrauen in die Rechtschaffenheit des Arbeitnehmers zerstört oder in anderer Hinsicht eine unerträgliche Belastung des Arbeitsverhältnisses darstellt.*

BAG, Az. 2 AZR 310/63

---

Auch wenn der Arbeitnehmer rechtswidrig und schuldhaft gegen seine arbeitsvertraglichen Pflichten verstoßen hat, kann der Arbeitgeber aus einem wichtigen Grund nur dann eine außerordentliche Kündigung aussprechen, wenn diese **verhältnismäßig** ist. Es darf also kein milderes Mittel geben, um die durch den Pflichtverstoß entstandene Störung des Arbeitsverhältnisses zu beseitigen. Deshalb muss einer außerordentlichen Kündigung regelmäßig eine Abmahnung des Arbeitgebers vorausgehen. Erst wenn der Arbeitnehmer das beanstandete Verhalten wiederholt, ist im Regelfall die außerordentliche Kündigung gerechtfertigt.

Eine Abmahnung ist allerdings entbehrlich, wenn davon ausgegangen werden kann, dass mit ihr keine Veränderung des Fehlverhaltens des Arbeitnehmers herbeigeführt werden kann. Das ist insbesondere dann der Fall, wenn eine **Abmahnung nicht Erfolg versprechend** ist, wenn also nicht angenommen werden kann, dass sich der Arbeitnehmer in Zukunft vertragsgemäß verhalten wird. Deshalb bedürfen besonders schwere Pflichtverletzungen grundsätzlich keiner Abmahnung, weil der Arbeitnehmer von vornherein damit rechnen kann, dass sein Verhalten vom Arbeitgeber nicht hingenommen wird.

Entbehrlich ist eine Abmahnung unter anderem bei **strafbaren Handlungen** wie Diebstahl, Untreue oder Betrug, beim Missbrauch von Kontrolleinrichtungen (Zeiterfassungsgeräten), bei Vortäuschen der Arbeitsunfähigkeit oder beim Verstoß gegen das Wettbewerbsverbot.

### 4.3.2 Interessenabwägung

Liegt ein Sachverhalt vor, der an sich einen wichtigen Grund zur außerordentlichen Kündigung des Arbeitsverhältnisses darstellt, so muss unter Berücksichtigung des **Grundsatzes der Verhältnismäßigkeit** die Abwägung der Interessen beider Parteien ergeben, dass dem Arbeitgeber die Fortsetzung des Arbeitsverhältnisses trotz der eingetretenen Vertrauensstörung bis zum Ablauf der ordentlichen Kündigungsfrist oder bis zur vertragsgemäßen Beendigung eines befristeten Arbeitsverhältnisses nicht zumutbar ist. Berücksichtigt werden müssen dabei insbesondere

- die Dauer der Betriebszugehörigkeit des Arbeitnehmers,
- bestehende Unterhaltspflichten,
- das Gewicht der Pflichtverletzung,
- die wirtschaftlichen Folgen,
- das Maß des durch die Pflichtverletzung bewirkten Vertrauensverlusts,
- eine mögliche Wiederholungsgefahr und
- der Grad des Verschuldens des Arbeitnehmers.

Bei der Interessenabwägung ist auch der Grundsatz der Verhältnismäßigkeit zu beachten. Danach ist die außerordentliche Kündigung des Arbeitsvertrags nicht gerechtfertigt, wenn es mildere Mittel gibt, eine Störung zukünftig zu beseitigen. Als **mildere Mittel** kommen insbesondere die ordentliche Kündigung, die Änderungskündigung, die Versetzung oder die Abmahnung des Arbeitnehmers in Betracht.

---

**Achtung:** Gelegentlich werden in Arbeitsverträgen Verfehlungen aufgezählt, bei denen in jedem Fall ein wichtiger Grund für eine fristlose Kündigung aus wichtigem Grund gegeben sein soll (sog. »absolute Kündigungsgründe«). Solche arbeitsvertraglichen Festlegungen sind **unzulässig und unwirksam.** Sie können die vom Gesetz geforderte Abwägung der Interessen der Vertragsparteien nicht ersetzen. Als Arbeitgeber können Sie sich also bei Ihrer Befugnis zur fristlosen Kündigung nicht allein auf ein arbeitsvertraglich festgelegtes Fehlverhalten des Arbeitnehmers berufen. Im Arbeitsvertrag aufgeführte Kündigungsgründe können allenfalls herangezogen werden, um zu verdeutlichen, worauf Arbeitgeber und Arbeitnehmer besonderen Wert gelegt haben, welche Gründe also den Vertragspartnern für die vorzeitige Beendigung des Arbeitsverhältnisses besonders wichtig erscheinen. Ob eine außerordentliche Kündigung wirksam ist, entscheidet das Gericht allein auf der Grundlage der zwingenden gesetzlichen Regelung des § 626 BGB.

---

### 4.3.3 Einhaltung der Ausschlussfrist

Eine Kündigungsfrist wie bei der ordentlichen Kündigung muss der Arbeitgeber nicht einhalten. Der Arbeitgeber kann die Kündigung aber auch mit einer sogenannten **sozialen Auslauffrist** verbinden; in diesem Fall endet das Arbeitsverhältnis dann erst nach Ablauf dieser Frist.

In jedem Fall jedoch kann eine außerordentliche Kündigung nur innerhalb einer Frist von zwei Wochen ab dem Zeitpunkt erklärt werden, zu dem der Arbeitgeber von den für die Kündigung maßgebenden Tatsachen Kenntnis erlangt hat (§ 626 Abs. 2 BGB). Der Arbeitgeber hat also ab diesem Zeitpunkt nur zwei Wochen Zeit, dem Arbeitnehmer außerordentlich zu kündigen. Für den Beginn der Ausschlussfrist kommt es auf den Zeitpunkt an, zu dem der Arbeitgeber eine sichere und möglichst vollständige positive Kenntnis von den für die Kündigung maßgebenden Tatsachen hat. Solange der Arbeitgeber die für die Aufklärung des Sachverhalts nach pflichtgemäßem Ermessen notwendig erscheinenden Maßnahmen mit der gebotenen Eile durchführt, beginnt die Ausschlussfrist nicht zu laufen.

Versäumen Sie als Arbeitgeber die gesetzliche Ausschlussfrist, ist eine außerordentliche Kündigung des Arbeitsvertrags nicht mehr zulässig. Ihr Recht, eine ordentliche Kündigung unter Einhaltung der Kündigungsfrist auszusprechen, wird durch die versäumte Ausschlussfrist jedoch nicht berührt.

## 4.4 Änderungskündigung

Mit einer Änderungskündigung kann der Arbeitgeber **Inhalte eines Arbeitsverhältnisses ändern,** wenn eine einvernehmliche Regelung mit dem Arbeitnehmer nicht zustande kommt oder wenn die Änderung nicht aufgrund des einseitigen Weisungsrechts des Arbeitgebers möglich ist. Eine Änderungskündigung liegt vor, wenn der Arbeitgeber das Arbeitsverhältnis kündigt und im Zusammenhang mit der Kündigung die Fortsetzung des Arbeitsverhältnisses zu geänderten Arbeitsbedingungen anbietet.

Die Änderungskündigung kann zulässig sein, wenn der Arbeitgeber vertraglich vereinbarte Gratifikationen (z.B. Urlaubsgeld, Weihnachtsgeld) aus wirtschaftlichen Gründen nicht mehr zahlen kann, er dem Arbeitnehmer einen anderen als den vertraglich vereinbarten Arbeitsplatz im Betrieb zuweisen will oder die vertraglich vereinbarte Arbeitszeit eines teilzeitbeschäftigten Arbeitnehmers erhöht werden soll.

### 4.4.1 Zulässigkeit

Die Änderungskündigung bezweckt eine **Änderung einzelner Arbeitsbedingungen** durch den Arbeitgeber. Sie ist eine echte Kündigung, deshalb sind die Formalien und Grundsätze für eine ordentliche Kündigung des Arbeitsverhältnisses einzuhalten. Eine Änderungskündigung ist auf die Änderung einzelner arbeitsvertraglicher Vereinbarungen gerichtet. Sie ist dann nicht zulässig, wenn Arbeitsbedingungen durch den Arbeitgeber aufgrund seines einseitigen Weisungsrechts geändert werden können. Auch bei einer Änderungskündigung finden die arbeitsrechtlichen Grundsätze über den Kündigungsschutz des Arbeitnehmers Anwendung.

#### Vertragsänderung

Eine Änderungskündigung kann vom Arbeitgeber nur ausgesprochen werden, wenn er die angestrebte Änderung der Arbeitsbedingungen nicht durch das ihm zustehende Weisungsrecht erreichen kann. Durch dieses Weisungsrecht ist es dem Arbeitgeber möglich, einseitig die Art und Weise der dem Arbeitnehmer obliegenden Pflichten zu konkretisieren. Das **Weisungsrecht** betrifft Zeit, Ort und Art der Arbeitsleistung (vgl. dazu 3.1).

---

**Urteil**

*Spricht der Arbeitgeber eine Änderungskündigung aus, obwohl er die dadurch verbundene Änderung der Arbeitsbedingungen (hier Zuweisung einer anderen Arbeit) ohne Weiteres durch Ausübung seines Direktionsrechts hätte bewirken können, ist die Änderungskündigung unverhältnismäßig und damit unwirksam.*

BAG, Az. 2 AZR 368/06

---

**Achtung:** Zwar bedürfen Änderungen von Arbeitsbedingungen kraft Ihres Weisungsrechts keiner Kündigung, allerdings dürfen Sie aufgrund dieses Weisungsrechts die arbeitsvertraglichen Pflichten des Arbeitnehmers nur konkretisieren. Wollen Sie dem Arbeitnehmer **geänderte Aufgaben zuweisen,** die nach dem bestehenden Arbeitsvertrag nicht zu seinen Pflichten gehören, ist eine Änderungskündigung erforderlich, wenn der Arbeitnehmer eine einvernehmliche Änderung des Arbeitsvertrags ablehnt.

---

### Formelle und inhaltliche Anforderungen

Bei der Änderungskündigung handelt es sich um eine echte Kündigung. Die Besonderheit besteht lediglich darin, dass dem Arbeitnehmer gleichzeitig angeboten wird, das **Arbeitsverhältnis unter geänderten Arbeitsbedingungen fortzusetzen.** Nimmt der Arbeitnehmer die angebotene Vertragsänderung nicht an, wird das Arbeitsverhältnis beendet. Nimmt er das Angebot des Arbeitgebers an, wird es zu den geänderten Bedingungen weitergeführt.

Wie die Beendigungskündigung muss auch die Änderungskündigung die allgemeinen **gesetzlichen Anforderungen** erfüllen.

- Aus der Kündigungserklärung muss **klar und eindeutig** der Wille des Kündigenden hervorgehen, das Arbeitsverhältnis zu beenden. Eine Kündigung muss auch bestimmt und unmissverständlich erklärt werden. Der Empfänger einer ordentlichen Kündigung muss erkennen können, wann das Arbeitsverhältnis enden soll.
- Gleichzeitig mit der Kündigungserklärung muss dem Arbeitnehmer angeboten werden, nach Ablauf der Kündigungsfrist das Arbeitsverhältnis zu den geänderten Arbeitsbedingungen **fortzusetzen.**
- Die Änderungskündigung bedarf der **Schriftform** (§ 623 BGB). Die Kündigungserklärung muss also vom Aussteller eigenhändig durch Namensunterschrift unterzeichnet sein. Eine mündliche Änderungskündigung oder die Änderungskündigung per SMS, Fax, E-Mail oder Telegramm ist unheilbar unwirksam.
- Der Kündigungsgrund muss in der Änderungskündigung grundsätzlich nicht angegeben werden. Die Kündigung des Arbeitsverhältnisses ist deshalb auch **ohne Angabe des Kündigungsgrundes wirksam.**
- Die Änderungskündigung ist eine **empfangsbedürftige** Willenserklärung. Sie wird also erst wirksam, wenn sie dem Empfänger zugeht. Der Gekündigte muss also in die Lage versetzt werden, in zumutbarer Weise von der Kündigungserklärung Kenntnis nehmen zu können.
- Bei der Änderungskündigung muss die gesetzliche oder arbeitsvertraglich vereinbarte **Kündigungsfrist** eingehalten werden.

## Kündigungsschutz

Auch bei einer Änderungskündigung in Kleinbetrieben besteht für den Arbeitnehmer ein allgemeiner und für besondere Arbeitnehmergruppen ein besonderer Kündigungsschutz.

### Allgemeiner Kündigungsschutz

Zwar findet auf Kleinbetriebe das Kündigungsschutzgesetz keine Anwendung, gleichwohl sind dem Arbeitgeber aber auch in einem Kleinbetrieb bei einer Änderungskündigung **allgemeine Grenzen** gesetzt (wegen der Einzelheiten vgl. 4.2.2):

- **Nicht zulässig** ist eine treuwidrige Änderungskündigung. Die Kündigung des Arbeitgebers darf also nicht auf willkürlichen oder sachfremden Motiven beruhen.
- Die Änderungskündigung des Arbeitgebers darf **nicht sittenwidrig** sein. Das ist etwa der Fall, wenn die Kündigung auf einem verwerflichen Motiv des Arbeitgebers beruht, wie es bei Rachsucht oder Vergeltung der Fall ist.
- Der Arbeitgeber darf einen Arbeitnehmer nicht deshalb benachteiligen, weil er in zulässiger Weise seine Rechte ausübt (§ 612a BGB). Als »Maßnahme« in diesem Sinne kommen auch Kündigungen in Betracht. Eine Änderungskündigung ist deshalb unwirksam, wenn sie sich als unerlaubte Maßregelung – also gewissermaßen als »Racheakt« – für eine zulässige Rechtsausübung durch den Mitarbeiter darstellt.
- Eine Änderungskündigung aus betrieblichen Gründen (z.B. wenn wegen Veränderung von Arbeitsabläufen oder wegen des Auftragsrückgangs ein Arbeitsplatz wegfällt) erfordert vom Arbeitgeber ein Mindestmaß an **sozialer Rücksichtnahme.** Ohne berechtigtes (betriebliches, persönliches oder sonstiges) Interesse ist demnach die Änderungskündigung eines erheblich schutzwürdigeren Arbeitnehmers vor der eines weniger schutzwürdigeren Arbeitnehmers nicht zulässig.

#### Besonderer Kündigungsschutz

Bei kündigungsrechtlich besonders geschützten Arbeitnehmern (z.B. schwerbehinderten Menschen, schwangeren oder stillenden Arbeitnehmerinnen oder Beschäftigten in der Elternzeit) hat der Arbeitgeber außerdem die Vorschriften des besonderen Kündigungsschutzes zu beachten. Wegen der Einzelheiten vgl. 4.2.2.

### 4.4.2 Reaktionsmöglichkeiten des Arbeitnehmers

Der Arbeitnehmer kann das Änderungsangebot des Arbeitgebers **annehmen oder ablehnen.** Nimmt er das Angebot an, kommt ein Arbeitsverhältnis unter den geänderten Arbeitsbedingungen zustande. Lehnt er das Angebot ab, kommt der Änderungsvertrag nicht zustande, das Arbeitsverhältnis endet.

Der Arbeitnehmer hat verschiedene Möglichkeiten, auf eine Änderungskündigung zu reagieren:

- Er kann das Änderungsangebot des Arbeitgebers ohne Vorbehalt annehmen.
- Er kann das Änderungsangebot des Arbeitgebers unter Vorbehalt annehmen.
- Er kann das Änderungsangebot des Arbeitgebers ablehnen und die Kündigung akzeptieren.

#### Annahme des Änderungsangebots ohne Vorbehalt

Nimmt der Arbeitnehmer das Änderungsangebot vorbehaltlos an, dann besteht das Arbeitsverhältnis mit dem geänderten Inhalt fort. Es erfolgte **keine Beendigung** des Arbeitsverhältnisses. Die Vertragsänderung tritt nach Ablauf der Kündigungsfrist in Kraft.

## Annahme des Änderungsangebots unter Vorbehalt

Der Arbeitnehmer kann das Änderungsangebot unter dem Vorbehalt annehmen, dass die Kündigung und die Änderung der Arbeitsbedingungen nicht unwirksam sind (z.B. wegen Treue- oder Sittenwidrigkeit). Der Arbeitnehmer muss den Vorbehalt innerhalb der Kündigungsfrist, spätestens jedoch **innerhalb von drei Wochen nach Zugang** der Kündigung, gegenüber dem Arbeitgeber erklären. Die Erklärung ist an keine Form gebunden. Sie kann auch mündlich oder per Fax erfolgen. Die Annahme des Vertragsangebots kann auch durch schlüssiges Verhalten in der Form erfolgen, dass der Arbeitnehmer zu den veränderten Arbeitsbedingungen weiterarbeitet. Der Arbeitnehmer kann dann eine **Änderungsschutzklage beim Arbeitsgericht** erheben. Dann wird überprüft, ob die Änderung der Arbeitsbedingungen und die Änderungskündigung wirksam sind. Ist die Änderungskündigung wirksam, besteht das Arbeitsverhältnis zu unveränderten Bedingungen fort. Andernfalls besteht es zu den geänderten Arbeitsbedingungen weiter.

In der Regel wird der Arbeitnehmer das Änderungsangebot des Arbeitgebers unter Vorbehalt annehmen, weil das für ihn das geringste Risiko darstellt.

## Ablehnung des Änderungsangebots ohne Vorbehalt

Der Arbeitnehmer kann das Änderungsangebot auch vorbehaltlos ablehnen und beim Arbeitsgericht **Kündigungsschutzklage** erheben. Ist die Änderungskündigung unwirksam, besteht das Arbeitsverhältnis zu unveränderten Bedingungen fort. Verliert der Arbeitnehmer den Prozess, ist das Arbeitsverhältnis beendet.

## 4.5 Einvernehmliche Beendigung durch Aufhebungsvertrag

Durch den Aufhebungsvertrag wird das Arbeitsverhältnis durch Vereinbarung zwischen dem Arbeitgeber und dem Arbeitnehmer einvernehmlich beendet. Von Bedeutung sind in diesem Zusammenhang nicht nur die damit verbundenen arbeits-, sondern vor allem auch die sozial- und steuerrechtlichen Konsequenzen.

### 4.5.1 Vor- und Nachteile des Aufhebungsvertrags

Will sich der Arbeitgeber in einem Kleinbetrieb von einem Mitarbeiter trennen, stellt sich die Frage, ob er das Arbeitsverhältnis kündigen oder einvernehmlich durch den Abschluss eines Aufhebungsvertrags beenden will. Ein Aufhebungsvertrag hat für beide Seiten, Arbeitgeber und Arbeitnehmer, Vor- und Nachteile.

#### Vor- und Nachteile aus Arbeitgebersicht

Für den Arbeitgeber hat die Beendigung des Arbeitsverhältnisses durch einen Aufhebungsvertrag den Vorteil, dass er **an keine Kündigungsfristen gebunden** ist, er **keinen Kündigungsschutzstreit** vor dem Arbeitsgericht befürchten muss, und auch Arbeitsverhältnisse mit Arbeitnehmern beendet werden können, die einen besonderen Kündigungsschutz genießen (z.B. Schwerbehinderte, Arbeitnehmer in der Elternzeit). Von Vorteil ist auch, dass die Beendigung des Arbeitsverhältnisses durch entsprechende vertragliche Regelungen **flexibel gestaltet** werden kann. **Nachteilig** aus der Sicht des Arbeitgebers ist, dass er sich die Vorteile des Aufhebungsvertrags nicht selten mit der Zahlung einer **Abfindung** »erkaufen« muss.

#### Vor- und Nachteile aus Arbeitnehmersicht

Für den Arbeitnehmer hat ein Aufhebungsvertrag den Vorteil, dass er wegen des Wegfalls der Kündigungsfrist **kurzfristige Berufschancen** wahrnehmen kann, wenn der Arbeitgeber zur einvernehmlichen Auflösung des Arbeitsverhältnisses bereit ist. Bei einer an sich möglichen verhaltens- oder personenbedingten Kündigung durch den Arbeitgeber hat der Aufhebungsvertrag für den Arbeitnehmer den Vorteil, dass der **Kündigungsgrund nicht publik** wird. Und wenn die Initiative für den Abschluss des Aufhebungsvertrags vom Arbeitgeber ausgeht, kann der Arbeitnehmer die einvernehmliche Beendigung des Arbeitsverhältnisses gegen eine **Abfindung** und gegen Erteilung eines guten Zeugnisses erreichen. **Nachteilig** für den Arbeitnehmer ist, dass der allgemeine und besondere gesetzliche **Kündigungsschutz entfällt** und (zumindest zeitweilig) der Verlust des Anspruchs auf Arbeitslosengeld droht. Unter Umständen gehen auch Versorgungsanwartschaften verloren.

### 4.5.2 Zustandekommen des Aufhebungsvertrags

Arbeitgeber und Arbeitnehmer können das Arbeitsverhältnis zu jedem Zeitpunkt ohne Rücksicht auf Kündigungsschutzbestimmungen und Kündigungsfristen durch einen Aufhebungsvertrag beenden. Eine solche Vereinbarung hat in der Praxis große Bedeutung. Mit dem Aufhebungsvertrag wird das Arbeitsverhältnis zum vereinbarten Zeitpunkt aufgelöst, entweder mit **sofortiger Wirkung** oder zu einem zukünftigen, im Vertrag genannten Zeitpunkt. Eine rückwirkende Vereinbarung ist nur dann zulässig, wenn das Arbeitsverhältnis bereits außer Vollzug gesetzt war.

### 4.5.3 Form des Aufhebungsvertrags

Der Aufhebungsvertrag bedarf der **Schriftform** (§ 623 BGB), das heißt, dass die Vertragsurkunden schriftlich abgefasst sein müssen und von den Vertragspartnern eigenhändig mit Namensunterschrift zu unterzeichnen sind (§ 126 Abs. 1 BGB). Mit der Notwendigkeit dieser Form soll der Arbeitnehmer vor unüberlegtem und übereiltem Handeln geschützt werden. Die Schriftform ist gewahrt, wenn die Vereinbarung auf derselben von beiden Vertragsparteien unterschriebenen Urkunde getroffen ist (§ 126 Abs. 2 BGB). Unwirksam ist die mündliche Aufhebung des Arbeitsverhältnisses oder der Abschluss des Aufhebungsvertrags per SMS, Fax, E-Mail oder Telegramm.

---

**Achtung:** Ist die Schriftform nicht eingehalten, ist der Aufhebungsvertrag unwirksam (§ 125 BGB). In diesem Fall ist das Arbeitsverhältnis nicht wirksam beendet und besteht somit fort.

---

## 4.5.4 Gesetzliche Schranken bei der Gestaltung des Aufhebungsvertrags

Die Vereinbarung über die einvernehmliche Auflösung des Arbeitsverhältnisses unterliegt inhaltlich gesetzlichen Schranken. So darf insbesondere nicht gegen **gesetzliche Vorschriften** und die **guten Sitten** verstoßen werden. Und als allgemeine Geschäftsbedingungen unterliegen die Festlegungen im Aufhebungsvertrag in einem bestimmten Rahmen der gesetzlichen Inhaltskontrolle.

### Verstoß gegen gesetzliche Vorschriften

Vereinbarungen in einem Aufhebungsvertrag, die gegen ein gesetzliches Verbot verstoßen oder die zwingende gesetzliche Vorschriften umgehen, sind nichtig (§ 134 BGB). Von praktischer Bedeutung ist in diesem Zusammenhang insbesondere die **Umgehung des Kündigungsschutzes.** Zwar können Arbeitgeber und Arbeitnehmer wegen der bestehenden Vertragsfreiheit jederzeit ein Arbeitsverhältnis auch ohne Vorliegen eines Kündigungsgrundes einvernehmlich beenden, unzulässig ist es jedoch, einen Aufhebungsvertrag unter einer Bedingung abzuschließen und dabei Umstände zur Bedingung zu machen, die für sich allein keine Kündigung rechtfertigen würden.

Unwirksam ist ein Aufhebungsvertrag, wenn eine einzelvertragliche Vereinbarung vorsieht, dass das Arbeitsverhältnis eines alkoholgefährdeten Arbeitnehmers beim Genuss von Alkohol oder bei Erreichen bestimmter Fehlzeiten endet.

**Unwirksam** ist der Aufhebungsvertrag auch dann, wenn der **Schutzzweck des § 613a BGB** vereitelt wird. Im Falle des rechtsgeschäftlichen Übergangs des Betriebs oder Betriebsteils auf einen anderen Inhaber tritt dieser nämlich kraft Gesetzes in die Rechte und Pflichten aus den im Zeitpunkt des Übergangs bestehenden Arbeitsverhältnissen ein. Wird jedoch im Rahmen eines Betriebsübergangs mit allen Arbeitnehmern ein Aufhebungsvertrag vom Arbeitgeber zu schlechteren Konditionen geschlossen, um danach geleichzeitig mit dem Erwerber neue Arbeitsverträge zu eben diesen schlechteren Konditionen abzuschließen, so wird damit der Schutz der Arbeitnehmer aus § 613a BGB umgangen und damit gegen ein gesetzliches Verbot verstoßen. Praktische Bedeutung erlangt diese Regelung unter anderem bei Betriebsveräußerungen, wenn anschließend eine Sanierung des Betriebs beabsichtigt ist.

## Verstoß gegen die guten Sitten

Ein Aufhebungsvertrag ist sittenwidrig und damit nichtig, wenn ein **besonders grobes Missverhältnis** zwischen Leistung und Gegenleistung den Schluss auf eine verwerfliche Gesinnung des Begünstigten rechtfertigt (§ 138 BGB). Dieses Erfordernis dürfte beim Aufhebungsvertrag aber nur in seltenen Fällen gegeben sein. So ist ein Aufhebungsvertrag nicht bereits deshalb sittenwidrig, weil der Arbeitgeber dem Arbeitnehmer kein Rücktritts- oder Widerrufsrecht eingeräumt hat (vgl. dazu 4.5.7) oder weil er ohne jede Abfindungsregelung geschlossen wird. Sittenwidrig kann allerdings eine Vereinbarung sein, die die Abfindung einer Versorgungsanwartschaft gegen einen Kapitalbetrag vorsieht, wenn ein grobes Missverhältnis zwischen Leistung und Gegenleistung besteht.

## Inhaltskontrolle allgemeiner Geschäftsbedingungen

Wird der Arbeitsvertrag vom Arbeitgeber vorformuliert und nicht individuell ausgehandelt, so liegen allgemeine Geschäftsbedingungen im Sinne der §§ 305 ff. BGB vor (vgl. dazu 2.4.3). Überraschende

Klauseln sind damit unwirksam (§ 305c Abs. 1 BGB), die Festlegungen müssen klar und verständlich sein und dürfen den Arbeitnehmer nicht unangemessen benachteiligen (§ 307 BGB). Zweifel bei der Auslegung allgemeiner Geschäftsbedingungen gehen **zulasten des Arbeitgebers** (§ 305c Abs. 2 BGB).

Der Vertragsinhalt des Aufhebungsvertrags unterliegt grundsätzlich der gesetzlichen Inhaltskontrolle. Ausgenommen davon sind allerdings die Aufhebung des Arbeitsverhältnisses als solches und die Gegenleistung (Abfindung), die vom Arbeitgeber mit der Beendigung des Arbeitsvertrags gezahlt wird, weil diese im Regelfall frei ausgehandelt sind. Sonstige Festlegungen, wie zum Beispiel die Abgeltung von Urlaubs- und Gratifikationsansprüchen oder Freistellungsvereinbarungen, sind dagegen der gesetzlichen Inhaltskontrolle unterworfen.

---

**Urteil**

*Der Verzicht eines Arbeitnehmers auf die Erhebung einer Kündigungsschutzklage in einem vom Arbeitgeber vorformulierten Aufhebungsvertrag, der zur Vermeidung einer vom Arbeitgeber angedrohten außerordentlichen Kündigung wegen angeblichen Diebstahls geschlossen wird, benachteiligt den Arbeitnehmer unangemessen und ist damit unwirksam, wenn ein verständiger Arbeitgeber die angedrohte Kündigung nicht ernsthaft in Erwägung ziehen durfte.*

BAG, Az. 6 AZR 82/14

---

### 4.5.5 Aufklärungs- und Hinweispflichten des Arbeitgebers

Grundsätzlich muss der Arbeitnehmer bei der vertraglichen Beendigung des Arbeitsverhältnisses selbst seine Interessen wahren und sich über die rechtlichen Folgen eines Aufhebungsvertrags Klarheit verschaffen. Den Arbeitgeber trifft also grundsätzlich **keine Verpflichtung,** den Arbeitnehmer über die rechtlichen Folgen des Vertrags aufzuklären. So ist zum Beispiel der Arbeitgeber regelmäßig nicht verpflichtet, den Arbeitnehmer über die möglichen sozialversicherungsrechtlichen (z.B. die Rechtslage zum Ruhen des Anspruchs auf Arbeitslosengeld bei Zahlung einer Abfindung) und steuerrechtlichen Nachteile aufzuklären. Es ist vielmehr Sache des Arbeitnehmers, sich vor Abschluss des Aufhebungsvertrags selbst fachkundigen Rat einzuholen. Nur ausnahmsweise und insbesondere dann, wenn die Initiative für die Beendigung des Arbeitsverhältnisses vom Arbeitgeber ausgeht, können sich im Einzelfall Beratungspflichten ergeben.

Auf versorgungsrechtliche Nachteile haben Sie als Arbeitgeber hinzuweisen, wenn der Aufhebungsvertrag aufgrund seiner Terminierung zu deutlichen Vermögenseinbußen führt. Eine Hinweispflicht besteht auch dann, wenn bei einer Zusatzversorgung mit hohen Vermögenseinbußen zu rechnen ist und dieses Risiko auf der von Ihnen angebotenen vorzeitigen Beendigung des Arbeitsverhältnisses beruht.

Eine **gesetzliche Hinweispflicht** trifft den Arbeitgeber nach § 2 Abs. 2 Satz 2 Nr. 3 SGB III. Danach soll der Arbeitgeber den Arbeitnehmer vor der Beendigung des Arbeitsverhältnisses frühzeitig über die Notwendigkeit eigener Aktivitäten bei der Suche nach einer anderen Beschäftigung sowie über die Verpflichtung zur unverzüglichen Meldung bei der Agentur für Arbeit informieren. Unterlässt allerdings der Arbeitgeber einen entsprechenden Hinweis, hat das allenfalls sozialversicherungsrechtliche Folgen. Den Arbeitgeber trifft **keine Schadensersatzpflicht.**

## 4.5.6 Inhalt des Aufhebungsvertrags

Wichtige Regelungen im Aufhebungsvertrag sind der **Zeitpunkt und der Anlass** der Beendigung des Arbeitsverhältnisses, die Freistellung des Arbeitnehmers und evtl. noch bestehende Urlaubsansprüche, eine mögliche Abfindung und Gratifikationsansprüche des Arbeitnehmers.

Festlegungen im Aufhebungsvertrag über den Zeitpunkt und den Grund der Beendigung des Arbeitsverhältnisses können für den Arbeitnehmer nachteilige sozialversicherungsrechtliche Folgen haben. Grundsätzlich muss der Arbeitnehmer bei der vertraglichen Beendigung des Arbeitsverhältnisses allerdings selbst seine Interessen wahren und sich über die **rechtlichen Folgen eines Aufhebungsvertrags** Klarheit verschaffen, zum Beispiel indem er fachkundigen Rat einholt. Sie als Arbeitgeber trifft grundsätzlich keine Verpflichtung, den Arbeitnehmer über die rechtlichen Folgen des Vertrags aufzuklären (vgl. dazu auch 4.5.5). Gleichwohl kann es im Sinne einer partnerschaftlichen Beendigung des Arbeitsverhältnisses sinnvoll sein, den Arbeitnehmer darauf hinzuweisen, dass er rechtzeitig mit der Agentur für Arbeit Kontakt aufnimmt und sich über die sozialversicherungsrechtlichen Konsequenzen der Auflösung des Arbeitsverhältnisses informiert. Durch entsprechende Regelungen im Arbeitsvertrag können so auch die Interessen des Arbeitnehmers gewahrt werden.

### Anlass der Beendigung des Arbeitsverhältnisses

Beim Abschluss eines Aufhebungsvertrags droht dem Arbeitnehmer eine **Sperrzeit beim Bezug von Arbeitslosengeld.** Sie tritt ein, wenn der Arbeitnehmer das Arbeitsverhältnis gelöst und er dadurch seine Arbeitslosigkeit vorsätzlich oder zumindest grob fahrlässig herbeigeführt hat, ohne für sein Verhalten einen wichtigen Grund zu haben (§ 159 Abs. 1 Nr. 1 SGB III). Der Abschluss eines Aufhebungsvertrags kommt grundsätzlich für die Verhängung einer Sperrzeit in

Betracht, und zwar unabhängig davon, ob die Initiative zur einvernehmlichen Beendigung des Arbeitsverhältnisses vom Arbeitgeber oder vom Arbeitnehmer ausgegangen ist. Keine Bedeutung hat auch, ob dem Arbeitnehmer nach dem Aufhebungsvertrag eine Abfindung zusteht oder nicht. Eine Sperrzeit darf allerdings in den Fällen nicht verhängt werden, in denen der Arbeitnehmer für den Abschluss des Aufhebungsvertrags einen wichtigen Grund hat. Ein **wichtiger Grund** besteht unter anderem, wenn die vom Arbeitnehmer erwartete und verlangte Arbeit gegen gesetzliche Bestimmungen (z.B. Arbeitsschutzvorschriften) verstoßen würde oder erheblicher psychischer Druck oder Mobbing am Arbeitsplatz ausgeübt wird oder eine sexuelle Belästigung vorliegt. Auch eine drohende Arbeitgeberkündigung, die auf betriebliche Gründe gestützt wird, kann ein wichtiger Grund sein. In diesem Fall ist es wichtig, dass der Grund für die Auflösung des Arbeitsverhältnisses im Aufhebungsvertrag **ausdrücklich angegeben** wird.

Während der Sperrzeit ruht der Anspruch auf Arbeitslosengeld für die Dauer von **zwölf Wochen,** das heißt, es wird von der Agentur für Arbeit für diesen Zeitraum **kein Arbeitslosengeld** gezahlt. Darüber hinaus verringert sich die Gesamtanspruchsdauer auf Arbeitslosengeld (§ 148 Abs. 1 Nr. 4 SGB III).

## Zeitpunkt der Beendigung des Arbeitsverhältnisses

Arbeitgeber und Arbeitnehmer können den Zeitpunkt der Beendigung des Arbeitsverhältnisses **frei vereinbaren.** Wurde keine entsprechende Regelung getroffen, wird das Arbeitsverhältnis mit sofortiger Wirkung beendet. Nicht zulässig ist die rückwirkende Auflösung des Arbeitsverhältnisses, wenn der Arbeitnehmer bereits ein neues Beschäftigungsverhältnis aufgenommen hat.

Eine im Aufhebungsvertrag vereinbarte **Abfindung** für den Arbeitnehmer (vgl. dazu unten) kann diesen unter Umständen Arbeitslosengeld kosten. Der Anspruch auf eine Abfindung kann nämlich bei einer sich an die Beendigung des Arbeitsverhältnisses anschließende

Zeit der Arbeitslosigkeit zum Ruhen des Leistungsanspruchs führen. Nach § 158 Abs. 1 SGB III führt die Zahlung einer Abfindung, Entschädigung oder ähnliche Leistung (Entlassungsentschädigung), die für die Zeit nach dem Ende des Beschäftigungsverhältnisses wegen dessen Beendigung gezahlt wird, zum Ruhen des Anspruchs auf Arbeitslosengeld, wenn die für den Arbeitgeber geltende ordentliche Kündigungsfrist nicht eingehalten wurde. Dies bedeutet im Ergebnis, dass der Anspruch auf Arbeitslosengeld für die Zeit ruht, in der das Arbeitsverhältnis vorzeitig, also vor Ablauf der ordentlichen Kündigungsfrist, beendet worden ist.

Die Dauer der Ruhenszeit hängt vom maßgeblichen Kündigungszeitpunkt und der Höhe der Entlassungsentschädigung ab:

- Die **Ruhenszeit** kann nicht über den Zeitpunkt hinaus andauern, zu dem das Arbeitsverhältnis unter Beachtung der für den Arbeitgeber geltenden Kündigungsfrist hätte beendet werden können (vgl. dazu 4.2.1). Als Höchstgrenze des Ruhenszeitraums nach dem Ende des Arbeitsverhältnisses gilt allerdings ein Jahr.
- Die Abfindung wird nicht in voller Höhe, sondern nur zu einem bestimmten Prozentsatz angerechnet. **Anrechnungsfrei** bleiben grundsätzlich **40 % des Entschädigungsbetrags.** Und es werden nicht alle Leistungen, die bei Beendigung des Arbeitsverhältnisses fällig werden, als Abfindung angerechnet, insbesondere nicht Ansprüche auf einmalige oder wiederkehrende Sonderzahlungen, die bis zur Beendigung des Arbeitsverhältnisses erworben werden. Der anrechnungsfähige Teil der Abfindung wird für ältere Arbeitnehmer nach dem Lebensalter und nach der Dauer der Betriebszugehörigkeit des Arbeitnehmers ermittelt.

---

**Achtung:** Die Dauer des **Anspruchs auf Arbeitslosengeld** wird durch den Zeitraum des Ruhens des Arbeitslosengelds wegen einer Abfindung nicht gemindert. Es wird vielmehr lediglich der ungekürzte Leistungsanspruch des Arbeitslosen entsprechend der Dauer der Ruhenszeit zeitlich verlagert.

---

## Freistellung des Arbeitnehmers

Der Arbeitnehmer ist verpflichtet, seine Arbeitsleistung bis zum im Aufhebungsvertrag vereinbarten Ende des Arbeitsverhältnisses zu erbringen. In der Praxis wird aber häufig der Arbeitnehmer von seiner Arbeitspflicht suspendiert, insbesondere dann, wenn dem Aufhebungsvertrag streitige Auseinandersetzungen vorausgegangen sind.

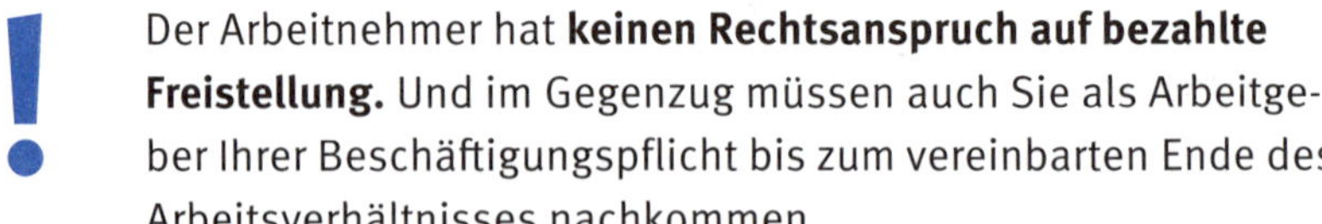

Der Arbeitnehmer hat **keinen Rechtsanspruch auf bezahlte Freistellung.** Und im Gegenzug müssen auch Sie als Arbeitgeber Ihrer Beschäftigungspflicht bis zum vereinbarten Ende des Arbeitsverhältnisses nachkommen.

In jedem Fall bedarf es also immer einer **ausdrücklichen Regelung** über die Freistellung im Aufhebungsvertrag. Die Freistellung kann widerruflich oder unwiderruflich erfolgen. Erfolgt die Freistellung ohne nähere Bestimmung, ist sie widerruflich. Üblich ist eine unwiderrufliche Freistellung des Arbeitnehmers unter Anrechnung auf noch bestehende Urlaubsansprüche. Voraussetzung hierfür ist, dass die Freistellung unwiderruflich erfolgt und die Urlaubsanrechnung entsprechend erklärt wird. Im Aufhebungsvertrag sollte auch geregelt werden, ob bei einer Freistellung ein anderweitiger Verdienst auf die Bezüge angerechnet wird. Fehlt es an einer entsprechenden Vereinbarung, gilt § 615 Satz 2 BGB; danach muss sich der Arbeitnehmer einen anderweitigen Verdienst auf die während der Freistellung geschuldete Vergütung anrechnen lassen.

---

**Achtung:** Eine Freistellung des Arbeitnehmers kann auch einseitig (widerruflich oder unwiderruflich) durch Sie als Arbeitgeber ausgesprochen werden. Erklären Sie gegenüber dem Arbeitnehmer, dass Sie ihn von der Arbeit freistellen, so ist der Arbeitnehmer von seiner Arbeitspflicht befreit und behält seinen **Vergütungsanspruch.** Er hat auch Anspruch auf Entgeltfortzahlung im Krankheitsfall. Und bei Gehaltsanhebungen während der Freistellungsphase (z.B. aufgrund der Bezugnahme auf die Vergütungsregelung in einem Tarifvertrag) ist auch der freigestellte Arbeitnehmer zu berücksichtigen.

---

## Urlaubsanspruch des Arbeitnehmers

Erfolgt keine Freistellung des Arbeitnehmers oder wird bei einer Freistellung der restliche noch bestehende Urlaub nicht angerechnet, muss bei der Auflösung des Arbeitsverhältnisses geklärt werden, was mit dem verbleibenden Urlaub wird. Hat der Arbeitnehmer den ihm zustehenden Urlaub bereits vollständig in Anspruch genommen oder nimmt der Arbeitnehmer den ihm zustehenden Resturlaub noch bis zum Beendigungszeitpunkt in Anspruch, kann dies im Aufhebungsvertrag entsprechend geregelt werden. Besteht noch ein Urlaubsanspruch, der bis zum Beendigungszeitpunkt nicht oder nicht vollständig genommen werden konnte, wandelt sich der Urlaubsanspruch nach § 7 Abs. 4 BUrlG in einen **Abgeltungsanspruch** um (vgl. dazu 3.9.10).

## Abfindung

Häufig wird im Aufhebungsvertrag vereinbart, dass der Arbeitnehmer im Rahmen der Auflösung des Arbeitsverhältnisses eine Abfindung erhält. Dabei handelt es sich um eine Entschädigung für den Verlust des Arbeitsplatzes.

Eine gesetzliche Verpflichtung, eine Abfindung zu zahlen, besteht für Sie als Arbeitgeber grundsätzlich nicht, und zwar auch dann nicht, wenn Sie die Auflösung des Arbeitsverhältnisses veranlasst haben. Eine Abfindung für die Beendigung des Arbeitsverhältnisses muss also **ausdrücklich vereinbart** werden.

Ob und in welcher Höhe eine Abfindung vereinbart wird, steht im Belieben der Vertragsparteien. Von Bedeutung wird dabei auch sein, wie groß das Interesse des Arbeitgebers ist, den Arbeitnehmer

»loszuwerden« bzw. das Interesse des Arbeitnehmers ist, sich vom Arbeitsverhältnis zu lösen. Konkret von Bedeutung sind neben der wirtschaftlichen Situation des Arbeitgebers und seinen Chancen, das Arbeitsverhältnis durch eine ordentliche Kündigung zu beenden, vor allem die Dauer des Arbeitsverhältnisses, der Familienstand des Arbeitnehmers und die Anzahl der unterhaltspflichtigen Personen, sein Lebensalter und seine Vermittlungsfähigkeit. Wegen der Höhe der Abfindung vgl. auch 4.7.5.

Wenn im Aufhebungsvertrag nichts anderes geregelt ist, ist die Abfindung **sofort fällig** (§ 271 BGB). Im Aufhebungsvertrag kann allerdings auch ein anderer Fälligkeitstermin vereinbart werden, so zum Beispiel, dass die Abfindung erst zum Zeitpunkt des Ausscheidens (so ist die übliche Praxis) fällig ist.

### Gratifikationsansprüche des Arbeitnehmers

Bei Gratifikationen wie Urlaubs- und Weihnachtsgeld oder Jubiläumszahlungen, deren rechtlicher Grund sich nicht aus dem Arbeitsvertrag ergibt, ist zu prüfen, ob sie dem Arbeitnehmer im Falle der Beendigung des Arbeitsverhältnisses gleichwohl zustehen.

---

**Achtung:** Unter Umständen muss der Arbeitnehmer bereits gezahlte **Gratifikationen zurückzahlen,** wenn er eine bestimmte Zeit nach ihrer Auszahlung aus dem Arbeitsverhältnis ausscheidet (vgl. dazu 3.6.4). Beträgt die Gratifikation mehr als 100,– €, aber weniger als ein Monatsgehalt, kann bei vorzeitiger Beendigung des Arbeitsverhältnisses bis zum 31.3. des Folgejahres die Rückzahlung vereinbart werden. Bei einer Gratifikation bei oder über einem Monatsgehalt ist es zulässig, dass bei vorzeitiger Beendigung des Arbeitsverhältnisses bis zum 30.6. des Folgejahres eine Rückzahlung vereinbart wird.

---

## 4.5.7 Beseitigung des Aufhebungsvertrags

Die rechtlichen Folgen des Aufhebungsvertrags, das heißt die einvernehmliche Beendigung des Arbeitsverhältnisses, können durch **Widerruf, Anfechtung** des Vertrags oder **Rücktritt** vom Vertrag beseitigt werden.

### Widerruf des Vertrags

Ein gesetzliches Widerrufsrecht besteht für den Aufhebungsvertrag nicht. Die Vereinbarung stellt kein Haustürgeschäft dar. Im Aufhebungsvertrag kann ein **Widerrufsrecht vereinbart** werden. In diesem Fall behalten sich die Vertragspartner vor, die Wirksamkeit des Vertrags innerhalb einer zu vereinbarenden Frist zu beseitigen. Im Falle des Widerrufs des Aufhebungsvertrags besteht das Arbeitsverhältnis fort. Der Widerruf kann beiden Vertragspartnern oder nur dem Arbeitnehmer eingeräumt werden.

### Anfechtung des Vertrags durch den Arbeitnehmer

Der Abschluss eines Aufhebungsvertrags hat für den Arbeitnehmer weitreichende Konsequenzen. Diese werden allerdings nicht immer in vollem Umfang bedacht. Unter Umständen besteht für den Arbeitnehmer damit das Bedürfnis, von einem einmal geschlossenen Aufhebungsvertrag wieder loszukommen. Diese Möglichkeit besteht. Abgesehen vom Fall des Widerrufs, sofern dieser möglich ist (vgl. dazu oben), besteht die Möglichkeit, den Vertrag anzufechten.

#### Anfechtung wegen widerrechtlicher Drohung

Die Anfechtung wegen widerrechtlicher Drohung (§ 123 Abs. 1 BGB) spielt in der Praxis als Anfechtungsgrund die wichtigste Rolle. In Betracht kommt insbesondere die Drohung des Arbeitgebers, den Arbeitsvertrag zu kündigen, wenn das Arbeitsverhältnis nicht einvernehmlich durch Aufhebungsvertrag beendet wird. Um in diesem

Fall den Aufhebungsvertrag anfechten zu können, muss die **Androhung der Kündigung widerrechtlich** sein. Das ist insbesondere der Fall, wenn für den Arbeitnehmer eindeutig erkennbar ist, dass die angedrohte Kündigung nicht zulässig ist, oder wenn sie einer arbeitsgerichtlichen Prüfung mit hoher Wahrscheinlichkeit nicht standhalten würde.

Die Anfechtung des Aufhebungsvertrags kommt grundsätzlich in Betracht, wenn der Arbeitgeber mit einer Kündigung wegen eines Fehlverhaltens des Arbeitnehmers droht, das ihn ohne vorherige Abmahnung nicht zur Kündigung berechtigt (z.B. bei einem einmaligen Zuspätkommen). Dagegen ist die Androhung einer fristlosen Kündigung wegen des Vortäuschens einer Arbeitsunfähigkeit nicht widerrechtlich.

---

**Urteil**

*Droht der Arbeitgeber dem Arbeitnehmer mit einer fristlosen Kündigung, die ein verständiger Arbeitgeber nicht in Betracht gezogen hätte, um den Arbeitnehmer zum Abschluss eines Aufhebungsvertrags zu veranlassen, wird die Widerrechtlichkeit der Drohung nicht durch eine dem Arbeitnehmer vom Arbeitgeber eingeräumten Bedenkzeit beseitigt. Ohne Hinzutreten weiterer Umstände ändert eine dem Arbeitnehmer eingeräumte Bedenkzeit auch nichts an der Ursächlichkeit der Drohung für den späteren Abschluss des Aufhebungsvertrags. Für eine von der Drohung nicht mehr maßgeblich beeinflusste Willensbildung spricht jedoch, dass der Anfechtende die Bedenkzeit dazu genutzt hat, die zwischen den Parteien getroffene Vereinbarung durch aktives Verhandeln – zum Beispiel neue eigene Angebote – erheblich zu seinen Gunsten zu beeinflussen, insbesondere, wenn er selbst rechtskundig ist oder zuvor Rechtsrat eingeholt hat bzw. aufgrund der Dauer der eingeräumten Bedenkzeit hätte einholen können.*

BAG, Az. 6 AZR 1108/06

---

Eine widerrechtliche Drohung liegt nicht bereits dann vor, wenn der Arbeitnehmer beim Abschluss des Aufhebungsvertrags unter Zeitdruck gesetzt oder ihm keine Überlegungsfrist eingeräumt wurde.

Die Anfechtung des Aufhebungsvertrags wegen widerrechtlicher Drohung hat dessen Nichtigkeit zur Folge (§ 142 Abs. 1 BGB). Sie muss innerhalb eines Jahres erklärt werden; die Frist beginnt mit dem Zeitpunkt, in welchem die Zwangslage aufhört (§ 124 BGB).

### Anfechtung wegen arglistiger Täuschung

In Ausnahmefällen kann auch die Anfechtung des Aufhebungsvertrags wegen arglistiger Täuschung in Betracht kommen (§ 123 Abs. 1 BGB). Sie ist möglich, wenn der **Arbeitgeber Tatsachen vorspiegelt** oder unterstellt und damit beim Arbeitnehmer einen Irrtum veranlasst, der maßgebend für den Abschluss des Aufhebungsvertrags war.

Der Arbeitnehmer kann den Aufhebungsvertrag anfechten, wenn ihm der Arbeitgeber beim Vertragsschluss vorspiegelt, der Betrieb solle geschlossen werden, in Wahrheit jedoch die Veräußerung des Betriebs oder Teile davon geplant ist.

Wie die Anfechtung wegen widerrechtlicher Drohung muss auch hier die Anfechtung binnen Jahresfrist erfolgen; die Frist beginnt mit dem Zeitpunkt, in welchem der Arbeitnehmer die Täuschung entdeckt (§ 124 BGB). Die Anfechtung führt zur Nichtigkeit des Aufhebungsvertrags (§ 142 Abs. 1 BGB).

## Rücktritt vom Vertrag

Ist nach dem Aufhebungsvertrag der Arbeitgeber verpflichtet, an den Arbeitnehmer eine Abfindung zu zahlen und ist der **Arbeitgeber mit der Zahlung in Verzug,** so kann der Arbeitnehmer vom Vertrag zurücktreten. Voraussetzung für das Rücktrittsrecht ist, dass der Arbeitnehmer dem Arbeitgeber erfolglos eine angemessene Zahlungsfrist gesetzt hat (§ 323 BGB). Der Rücktritt erfolgt durch Erklärung gegenüber dem Arbeitgeber (§ 349 BGB).

## 4.6 Erreichen der Regelaltersgrenze

Wenn der Arbeitnehmer das gesetzliche Rentenalter erreicht, endet das Arbeitsverhältnis nicht automatisch. Deshalb sind Vereinbarungen, nach denen das Arbeitsverhältnis mit Erreichen der Regelaltersgrenze endet, üblich. Nach § 41 Satz 1 SGB VI ist der Anspruch des Versicherten auf eine Rente wegen Alters zwar nicht als Grund anzusehen, der die Kündigung eines Arbeitsverhältnisses durch den Arbeitgeber im Rahmen eines bestehenden allgemeinen Kündigungsschutzes rechtfertigen kann. § 41 Satz 2 SGB VI lässt jedoch eine **Vereinbarung über die Beendigung** des Arbeitsverhältnisses bei Erreichen der Regelaltersgrenze grundsätzlich zu.

Das Erreichen der Regelaltersgrenze ist ein sachlicher Grund zur **wirksamen Befristung** des Arbeitsverhältnisses nach § 14 Abs. 1 Nr. 6 TzBfG. Voraussetzung ist allerdings, dass der Arbeitnehmer im Zeitpunkt des Vertragsabschlusses bereits einen Anspruch auf gesetzliche Altersrente erworben hat oder nach Vertragsinhalt und -dauer die theoretische Möglichkeit zum Aufbau einer gesetzlichen Altersrente besteht.

Im Arbeitsvertrag kann etwa folgende Regelung getroffen werden: »Das Arbeitsverhältnis endet, ohne dass es einer Kündigung bedarf, mit Ablauf des Monats, in dem der Arbeitnehmer die Regelaltersgrenze der gesetzlichen Rentenversicherung erreicht. Zuvor kann es von beiden Seiten jederzeit ordentlich gekündigt werden.«

## 4.7 Folgen der Beendigung des Arbeitsverhältnisses

Nach einer Kündigung kann der Arbeitnehmer vom Arbeitgeber eine Freistellung zur Stellensuche verlangen. Der Arbeitnehmer hat Anspruch auf Erteilung eines Arbeitszeugnisses. Unter Umständen hat der Arbeitnehmer Anspruch auf Zahlung einer Abfindung. Bei Beendigung des Arbeitsverhältnisses ist der Arbeitgeber verpflichtet, dem Arbeitnehmer seine Arbeitspapiere herauszugeben.

### 4.7.1 Freistellung des Arbeitnehmers zur Stellensuche

Nach der Kündigung des Arbeitsverhältnisses ist der Arbeitgeber verpflichtet, dem Beschäftigten auf Verlangen angemessene Zeit zur Stellensuche zu gewähren (§ 629 BGB). Keine Bedeutung hat, ob der Arbeitgeber oder der Arbeitnehmer die Kündigung ausgesprochen hat. Der **Freistellungsanspruch** des Arbeitnehmers besteht auch, wenn das Arbeitsverhältnis durch Zeitablauf bei einem befristeten Arbeitsvertrag oder durch einen Aufhebungsvertrag endet.

Der Anspruch des Arbeitnehmers auf Freistellung zur Stellensuche besteht nicht nur für Vorstellungsgespräche, sondern auch für Eignungsuntersuchungen oder bei Terminen bei der Agentur für Arbeit. Auch für Termine zur Vervollständigung der Bewerbungsunterlagen ist der Arbeitnehmer freizustellen.

---

**Achtung:** Die Freizeitgewährung muss der Arbeitnehmer so rechtzeitig verlangen, dass der Arbeitgeber die notwendigen Vorkehrungen treffen kann, um Betriebsablaufstörungen zu vermeiden. Der Beschäftigte darf nicht eigenmächtig der Arbeit fernbleiben. Zur Stellensuche steht dem Beschäftigten also kein Recht auf Selbstbeurlaubung zu.

---

### 4.7.2 Erteilung eines Arbeitszeugnisses

Bei Beendigung des Arbeitsverhältnisses steht dem Arbeitnehmer ein gesetzlicher Anspruch auf Erteilung eines Zeugnisses zu (§ 630 BGB). Die Dauer des Arbeitsverhältnisses hat keine Bedeutung. Der Arbeitnehmer kann zwischen einem **einfachen und einem qualifizierten Zeugnis** wählen: Das einfache Zeugnis muss lediglich über die Art und Dauer des Arbeitsverhältnisses Auskunft geben. Das qualifizierte Zeugnis muss darüber hinaus auch eine Beurteilung der Leistung und des Verhaltens des Arbeitnehmers enthalten.

## Einfaches oder qualifiziertes Zeugnis

Der Arbeitnehmer kann zwischen einem einfachen und einem qualifizierten Zeugnis wählen:

Das einfache Zeugnis muss über die Art und Dauer des Arbeitsverhältnisses Auskunft geben. Es muss die Person des Arbeitgebers, die des Arbeitnehmers und dessen Anschrift enthalten. Die Art der Beschäftigung muss möglichst präzise beschrieben werden.

Der Arbeitgeber ist verpflichtet, dem Arbeitnehmer auf Verlangen ein qualifiziertes Zeugnis zu erteilen, das sich neben der Art und Dauer des Arbeitsverhältnisses zusätzlich auf Leistung, Verhalten und Führung des Arbeitnehmers erstreckt.

- Das **Leistungsvermögen** des Arbeitnehmers ist auf der Grundlage seines fachlichen Wissens und Könnens, seiner Arbeitsbereitschaft, der Arbeitsweise und des Arbeitserfolgs, der Sorgfältigkeit und der Arbeitsergebnisse zu beurteilen. Von Bedeutung ist in diesem Zusammenhang auch, ob und inwieweit der Arbeitnehmer während des Arbeitsverhältnisses an Schulungs- und Weiterbildungsmaßnahmen teilgenommen hat. Die **Leistungsbeurteilung** muss eine nachprüfbare und nach objektiven Gesichtspunkten ausgerichtete Gesamtbewertung enthalten. Einmalige Vorfälle oder Umstände positiver oder negativer Art haben dabei keine Bedeutung.
- Bei leitenden Angestellten und Mitarbeitern in Führungspositionen muss der Arbeitgeber deren **Führungsverhalten** beurteilen. Hierzu gehört neben der Darlegung von Führungserfolgen auch das Sozialverhalten gegenüber Mitarbeitern.
- Bei der Beurteilung des Verhaltens des Arbeitnehmers ist dessen **Sozialverhalten** gegenüber Vorgesetzten, Mitarbeitern, Gesprächspartnern und Kunden zu beurteilen.
- Außerdienstliches Verhalten oder Ereignisse, die für den Verlauf des Arbeitsverhältnisses nicht charakteristisch sind, dürfen nicht erwähnt werden. Das gilt insbesondere für seltene arbeitsvertragliche Pflichtverletzungen.

## Grundsätze für die Zeugniserteilung

Das Zeugnis muss wahr sein. Es muss dem neuen Arbeitgeber ein **richtiges und vollständiges Bild** des Arbeitnehmers vermitteln. Es muss klar und verständlich formuliert sein und darf keine Formulierungen enthalten, die eine andere als die aus dem Wortlaut ersichtliche Aussage über den Arbeitnehmer wiedergeben.

Das Arbeitszeugnis muss vollständig sein. Es müssen **alle wesentlichen Tatsachen und Bewertungen** in das Zeugnis aufgenommen und in eine Gesamtbeurteilung des Arbeitnehmers überführt werden.

Das Arbeitszeugnis muss wohlwollend sein. Es darf das berufliche Fortkommen des Arbeitnehmers nicht unnötig erschweren. Es muss entsprechend dem Wahrheitsgrundsatz zum Ausdruck bringen, wenn der Arbeitnehmer den an ihn gestellten Anforderungen nicht gerecht geworden ist, es muss aber auch dort, wo es gerechtfertigt ist, positive Hervorhebungen enthalten, weil sonst ungerechtfertigt ein negativer Eindruck entstehen würde.

## Formale Anforderungen

Das vom Arbeitgeber zu erteilende Arbeitszeugnis muss auch bestimmten **formalen Anforderungen** entsprechen:

- Aus dem Zeugnis muss der Aussteller, also der Arbeitgeber, der das Zeugnis erteilt, erkennbar sein. Das Zeugnis muss auf einem **Firmenbriefbogen** erteilt werden.
- Die **Person des Arbeitnehmers** mit Vor- und Familiennamen, Beruf und gegebenenfalls akademischem Grad muss genau bezeichnet werden.
- Das Zeugnis muss sauber und ordentlich in **Maschinenschrift** geschrieben sein.
- Notwendig ist die Angabe des **Ausstellungsdatums.**
- Das Zeugnis muss am Ende **handschriftlich unterzeichnet** sein.

### 4.7.3 Urlaubsbescheinigung

Wechselt der Arbeitnehmer im Laufe des Jahres den Arbeitsplatz, ist der Arbeitgeber verpflichtet, eine Urlaubsbescheinigung über den im Kalenderjahr bereits **gewährten oder abgegoltenen Urlaub** auszuhändigen (§ 6 Abs. 2 BUrlG). Dadurch soll verhindert werden, dass der den Arbeitsplatz wechselnde Arbeitnehmer für ein Urlaubsjahr zweimal für denselben Zeitraum Urlaub erhält. Im nachfolgenden Arbeitsverhältnis besteht der Anspruch auf Urlaub nämlich nicht, soweit dem Beschäftigten für das laufende Kalenderjahr bereits vom früheren Arbeitgeber Urlaub gewährt wurde (§ 6 Abs. 1 BurlG).

Die Urlaubsbescheinigung benötigt der Arbeitnehmer zur Vorlage bei seinem neuen Arbeitgeber. Sie muss **schriftlich erteilt** werden und folgende Angaben enthalten:

- Name des Beschäftigten und gegebenenfalls Geburtsdatum und Anschrift,
- Kalenderjahr, für das die Bescheinigung ausgestellt wird,
- Zeitraum, für den das Arbeitsverhältnis bestanden hat,
- Höhe des in diesem Urlaubsjahr entstandenen Urlaubsanspruchs,
- Zeitraum, in dem Urlaub gewährt und genommen wurde,
- Anzahl der Urlaubstage, für die eine Abgeltung gezahlt wurde (vgl. dazu 3.9.10).

Die Urlaubsbescheinigung ist dem Arbeitnehmer unaufgefordert mit den Arbeitspapieren am letzten Tag des Arbeitsverhältnisses zur Abholung zur Verfügung zu stellen.

### 4.7.4 Herausgabe der Arbeitspapiere

Bei Beendigung des Arbeitsverhältnisses ist der Arbeitgeber verpflichtet, die Arbeitspapiere des Arbeitnehmers an diesen herauszugeben. Zu den Arbeitspapieren gehören insbesondere

- das **Arbeitszeugnis,**
- die **Urlaubsbescheinigung** bei Beendigung des Arbeitsverhältnisses im Verlaufe eines Kalenderjahres (§ 6 Abs. 2 BUrlG),
- die **Arbeitsbescheinigung** nach § 312 Abs. 1 SGB III,
- die **Versicherungskarte** und
- **Bewerbungsunterlagen,** die der Arbeitnehmer auf Aufforderung des Arbeitgebers vorgelegt hat.

---

**Achtung:** Die Aushändigung der Arbeitspapiere dürfen Sie als Arbeitgeber nicht deshalb verweigern, weil eventuell noch Schadensersatzansprüche oder Ansprüche auf Rückgabe von Werkzeug oder Arbeitskleidung bestehen. Händigen Sie dem Arbeitnehmer die Arbeitspapiere verspätet oder unvollständig aus, können Sie sich schadensersatzpflichtig machen.

---

### 4.7.5 Abfindung

Grundsätzlich haben Arbeitnehmer bei Beendigung des Arbeitsverhältnisses **keinen Anspruch** gegenüber dem Arbeitgeber auf Zahlung einer Abfindung. Nicht selten wird allerdings im Rahmen der einvernehmlichen Beendigung des Arbeitsverhältnisses in einem Aufhebungsvertrag eine Abfindung vereinbart (vgl. dazu 4.5.6). Auch im Wege der Kulanz kann der Arbeitgeber dem Arbeitnehmer – ohne Anerkennung einer rechtlichen Verpflichtung – eine Abfindung zahlen.

Ein gesetzlicher Anspruch auf eine Abfindung besteht auch nicht bei einer **betriebsbedingten Kündigung.** Kündigt der Arbeitgeber wegen dringender betrieblicher Erfordernisse und erhebt der Arbeitnehmer bis zum Ablauf der Klagefrist keine Klage auf Feststellung, dass das Arbeitsverhältnis durch die Kündigung nicht aufgelöst ist, hat der Arbeitnehmer nach § 1a Abs. 1 KSchG mit dem Ablauf der Kündigungsfrist Anspruch auf eine Abfindung. Allerdings findet das Kündigungsschutzgesetz keine Anwendung. Das Gesetz ist nur dann anwendbar, wenn in einem Betrieb mehr als zehn Arbeitnehmer beschäftigt werden (vgl. dazu 4.2.2).

Wollen Sie in einem Kleinbetrieb ohne rechtliche Verpflichtung dem Arbeitnehmer bei Beendigung des Arbeitsverhältnisses eine Abfindung zahlen, steht deren Höhe grundsätzlich in Ihrem Belieben. Nach einer Faustformel, die häufig angewendet wird, wird als Abfindung ein halbes Bruttomonatsgehalt für jedes Beschäftigungsjahr des Arbeitnehmers gezahlt.

# Abkürzungsverzeichnis

| | |
|---|---|
| **Abs.** | Absatz |
| **AGG** | Allgemeines Gleichbehandlungsgesetz |
| **ArbnErfG** | Arbeitnehmererfindungsgesetz |
| **ArbZG** | Arbeitszeitgesetz |
| **Art.** | Artikel |
| **Az.** | Aktenzeichen |
| **BAG** | Bundesarbeitsgericht |
| **BBiG** | Berufsbildungsgesetz |
| **BDSG** | Bundesdatenschutzgesetz |
| **BEEG** | Gesetz zum Elterngeld und zur Elternzeit |
| **BGB** | Bürgerliches Gesetzbuch |
| **BUrlG** | Bundesurlaubsgesetz |
| **DSGVO** | Datenschutz-Grundverordnung |
| **EFZG** | Entgeltfortzahlungsgesetz |
| **ff.** | fortfolgende |
| **FPfZG** | Familienpflegezeitgesetz |
| **GewO** | Gewerbeordnung |
| **HGB** | Handelsgesetzbuch |
| **JArbSchG** | Jugendarbeitsschutzgesetz |
| **KAPOVAZ** | Kapazitätsorientierte variable Arbeitszeit |
| **KSchG** | Kündigungsschutzgesetz |
| **LAG** | Landesarbeitsgericht |
| **MiLoG** | Mindestlohngesetz |
| **MuSchG** | Mutterschutzgesetz |
| **NachwG** | Nachweisgesetz |
| **Nr.** | Nummer |
| **PflegeZG** | Pflegezeitgesetz |

**SGB II** Sozialgesetzbuch Zweites Buch – Grundsicherung für Arbeitsuchende

**SGB III** Sozialgesetzbuch Drittes Buch – Arbeitsförderung

**SGB IV** Sozialgesetzbuch Viertes Buch – Gemeinsame Vorschriften für die Sozialversicherung

**SGB V** Sozialgesetzbuch Fünftes Buch – Gesetzliche Krankenversicherung

**SGB VI** Sozialgesetzbuch Sechstes Buch – Gesetzliche Rentenversicherung

**SGB VII** Sozialgesetzbuch Siebtes Buch – Gesetzliche Unfallversicherung

**SGB IX** Sozialgesetzbuch Neuntes Buch – Rehabilitation und Teilhabe von Menschen mit Behinderungen

**TzBfG** Teilzeit- und Befristungsgesetz

**vgl.** vergleiche

**z.B.** zum Beispiel

# Index

## B



## D

## E



## F



## G



## H



## J



## K



## M

## V



## W